中国企业财务管理协会高校财税专业建设与发展委员会指定教材

新编精讲

管理会计必修宝典

编著 颜 萍 王管谈

（上）税务应用篇

副主编：李 敏 吕 宁 于树兰 宋 飞
　　　　李文华 赵增林 杜 娟 刘 凯

中国商业出版社

图书在版编目（CIP）数据

管理会计必修宝典 / 颜萍，王管谈编著． -- 北京：中国商业出版社，2020.3
ISBN 978-7-5208-1009-8

Ⅰ．①管⋯ Ⅱ．①颜⋯ ②王⋯ Ⅲ．①管理会计 Ⅳ．①F234.3

中国版本图书馆 CIP 数据核字(2019)第 267169 号

责任编辑：巫皆富

中国商业出版社出版发行

010-63180647　www.c-cbook.com

（100053　北京广安门内报国寺1号）

新华书店经销

廊坊市旭日源印务有限公司印刷

＊

787毫米×1092毫米　16开　21印张　173千字

2020 年 3 月第 1 版 2020 年 3 月第 1 次印刷

定价：138.00元

＊＊＊＊

（如有印装质量问题可更换）

前言

随着现代化生产的迅速发展，经济管理水平的提高，会计工作从传统的事后记账、算账、报账，转为事前的预测与决策、事中的监督与控制、事后的核算与分析。"全面推进我国管理会计体系建设，是适应我国经济转型升级的必然要求。"财政部党组成员、部长助理余蔚平表示，财政部已将管理会计列入今后会计改革发展的重点方向。

百练教育科技集团在社会对会计专业人才的需求以及管理会计发展大趋势下，组织一批具有丰富实战经验的财税专家，联合相关高校财税方面的知名教授，结合企业实际应用案例编纂了《管理会计必修宝典》系列丛书，该丛书内容精练、覆盖面广，结构合理，读者可在较短时间内快速掌握管理会计相关知识，并胜任其业务岗位的要求。

本丛书分为上下两个部分，上部是税务相关内容，以我国现行税法和会计准则（制度）为法规依据，基于税务会计与财务会计适度分离的原则，系统地阐述了税务会计理论结构和纳税基础；以增值税会计、所得税会计为重点，分述符合税法要求的各税种会计的确认、计量与申报。从企业经营实际出发，帮助企业财会人员，厘清常见经济事项的会计和税务处理，对日常工作中容易遇到重、难点财税事项，结合案例进行了详细阐释。

下部包括成本会计、财务报表的编制和分析、财务预测、财务预算体系的运用、财务分析的阐述，更加注重从业者综合运用财务会计知识能力的培养，有利于促进会计主管由单纯的会计核算向价值管理提升，为企业内控及投融资活动提供决策支持。在成本会计部分，重视知识的可操作性，通过一个完整案例展示给读者；财务报表填制部分，则按照企业会计准则的相关要求进行编写。

本书由百练教育科技集团颜萍担任主编，对全书的结构及体例进行总纂。李敏主任担任副主编。具体编写分工如下：颜萍（第一、二、三、四、五章）；山东轻工职业学院吕宁副教授、潍坊理工学院于树兰副教授（第六、七、八章）；衡水职业技术学院李敏副教授（第九、十章）；其余部分内容由百练教育科技集团等诸多一线实战专家集体编写。本书在编写过程参考了有关专家的教材和专著，在此一并感谢！

会计是一个博大精深的学科，本书中所涉及的税务会计、成本会计核算和财务报表填制，均以实用性见长，并没有长篇累牍的罗列过多的方法，旨在使广大读者通过该丛书的学习，能在短期内迅速成长为管理型财务人员。

目 录

第一章 增值税 1
  第一节 增值税纳税人与扣缴义务人 2
  第二节 增值税征税范围及税率 5
  第三节 增值税的计税方法 13
  第四节 一般纳税人应纳税额的计算 14
  第五节 小规模纳税人应纳税额的计算 19
  第六节 增值税的税收优惠 20
  第七节 增值税的税收管理 22

第二章 消费税 25
  第一节 消费税纳税人和征税范围 25
  第三节 消费税的计税依据 36
  第四节 应纳税额的计算 39

第三章 资源税 45
  第一节 资源税的纳税人和扣缴义务人 45
  第二节 资源税的税目和税率 47
  第三节 计税依据与应纳税额的计算 50
  第四节 资源税税收优惠和征收管理 54
  第五节 资源税的征收管理 56

第四章 城市维护建设税 58
  第一节 城市维护建设税的纳税人 58
  第二节 城市维护建设税的税率 59
  第三节 城市维护建设税的计算 59
  第四节 城市维护建设税的税收优惠 61
  第五节 城市维护建设税的税收管理 62

第五章 教育费附加 63

第六章 企业所得税 64
  第一节 企业所得税概述 64
  第二节 企业所得税的应纳税所得额 67
  第三节 企业所得税税收优惠 74
  第四节 企业所得税征收管理 79
  第五节 会计科目与案例分析 81

第七章 个人所得税 85
  第一节 个人所得税纳税人 85
  第二节 个人所得税征税对象及其税目 89
  第三节 个人所得税税率 91
  第四节 应纳税所得额的计算 93

第五节　个人所得税税收优惠及征税管理政策 98
第八章　土地增值税 101
　　第一节　土地增值税纳税义务人及征税范围 101
　　第二节　土地增值税税率及计税依据 105
　　第三节　土地增值税应纳税额的计算 111
　　第四节　土地增值税税收优惠 113
　　第五节　土地增值税征收管理 114
第九章　房产税 117
　　第一节　房产税纳税人 117
　　第二节　房产税征税范围 119
　　第三节　房产税计税依据 120
　　第四节　房产税应纳税额的计算 122
　　第五节　房产税税收优惠及其税收管理 123
第十章　契税 126
　　第一节　契税纳税人及其征税范围 126
　　第二节　契税税率以及计税依据 128
　　第三节　契税税收优惠 129
　　第四节　契税征收管理 130
第十一章　城镇土地使用税 131
　　第一节　城镇土地使用税纳税人与征收范围 131
　　第二节　城镇土地使用税税率及其计税依据 133
　　第三节　城镇土地使用税税收优惠 135
　　第四节　城镇土地使用税征收管理 141
第十二章　耕地占用税 142
　　第一节　纳税义务人与征税范围 143
　　第二节　税率、计税依据和应缴税额的计算 144
　　第三节　税收优惠和征收管理 146
第十三章　车辆购置税 148
　　第一节　纳税义务人与征税范围 148
　　第二节　税率与计税依据 150
　　第三节　应纳税额计算 153
　　第五节　税收管理 156
第十四章　车船税 160
　　第一节　车船税纳税义务人 160
　　第二节　车船税征税范围及税率 161
　　第三节　车船税应纳税额的计算 166
　　第四节　车船税税收优惠政策 167
　　第五节　车船税征收管理 169

第十五章 印花税 175
　第一节 印花税纳税义务人 175
　第二节 印花税的税目与税率 178
　第三节 应纳税额的计算及案例分析 185
　第四节 印花税税收优惠和征收管理 190
第十六章 关税法律制度 195
　第一节 关税纳税义务人及税目 196
　第二节 关税税率及其计税依据 197
　第三节 关税应纳税额的计算 202
　第四节 关税税收优惠及税收管理政策 203

第一章 增值税

增值税 以商品（含应税劳务和应税服务）在流转过程中产生的增值额作为征税对象而征收的一种流转税。

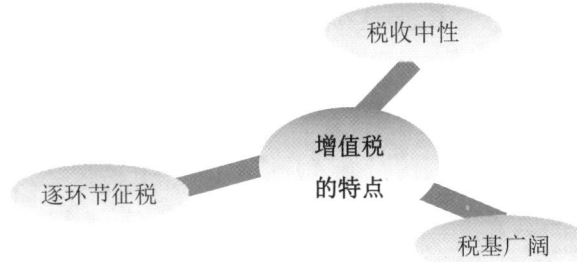

- 税收中性，即不重复征税。增值税只对货物或劳务销售额中没有征过税的那部分增值额征税，对销售额中属于转移过来的，以前环节已征过税的那部分销售额则不再征税，从而有效地排除了重复征税因素。
- 逐环节征税，逐环节扣税，最终消费者是全部税款的承担者。各环节的经营者作为纳税人只是把从买方收取的税款抵扣自己支付给卖方的税款后的余额缴给政府，而经营者本身实际上并没有承担增值税税款。这样，随着各环节交易活动的进行，经营者在出售货物的同时也出售了该货物所承担的增值税税款，直到货物卖给最终消费者时，货物在以前环节已纳的税款连同本环节的税款也一同转嫁给了最终消费者。可见，最终消费者才是全部税款的承担者。
- 税基广阔，具有征收的普遍性和连续性。无论是从横向还是纵向来看，增值税都有广阔的税基。

什么是增值额？

增值额这一概念可以从以下两个方面理解：

第一，从一个生产经营单位来看，增值额是指该单位销售货物或提供劳务的收入额扣除为生产经营这种货物（包括劳务，下同）而外购的那部分货物价款后的余额。

第二，从一项货物来看，增值额是该货物经历的生产和流通的各个环节所创造的增值额之和，也就是该项货物的最终销售价格。

第一节 增值税纳税人与扣缴义务人

一、增值税纳税人

根据《增值税暂行条例》的规定,增值税的纳税人,在中华人民共和国境内销售货物或者提供加工、修理修配劳务,销售服务、无形资产、不动产以及进口货物的单位和个人。

"单位"是指企业、行政单位、事业单位、军事单位、社会团体及其他单位。

"个人"是指个体工商户和其他个人。

> **在中国境内销售货物或者提供加工、修理修配劳务,是指:**
> 1. 销售货物的起运地或者所在地在境内;
> 2. 提供的应税劳务发生在境内。
>
> **在中华人民共和国境内提供应税服务,是指应税服务提供方或者接受方在中国境内。下列情形不属于在中国境内提供应税服务:**
> 1. 境外单位或者个人向境内单位或者个人提供完全在境外消费的应税服务;
> 2. 境外单位或者个人向境内单位或者个人出租完全在境外使用的、有形动产;
> 3. 财政部和国家税务总局规定的其他情形。

根据纳税人的经营规模以及会计核算的健全程度不同,增值税的纳税人,可以分为小规模纳税人和一般纳税人。

我是小规模纳税人

> 小规模纳税人是指年销售额在规定标准以下,并且会计核算不健全,不能按规定报送有关税务资料的增值税纳税人。
> 会计核算不健全是指不能正确核算增值税的销项税额、进项税额和应纳税额。

1.认定为小规模纳税人的情形：

增值税小规模纳税人标准为年应征增值税销售额500万元及以下。

2.可选择认定为小规模纳税人的情形：

（1）按照《中华人民共和国增值税暂行条例实施细则》第二十八条规定已登记为增值税一般纳税人的单位和个人，在2018年12月31日前，可转登记为小规模纳税人，其未抵扣的进项税额作转出处理。但如果属于营改增试点纳税人，已登记为一般纳税人的，仍应遵循国家税务总局令第43号第十条的规定，不得转为小规模纳税人。

（2）旅店业和饮食业纳税人销售非现场消费的食品，属于不经常发生增值税应税行为，根据《增值税暂行条例实施细则》的规定，可以选择按小规模纳税人缴纳增值税。

（3）兼有销售货物、提供加工修理修配劳务以及应税服务，且不经常发生应税行为的单位和个体工商户可选择按照小规模纳税人纳税。

小规模纳税人实行简易征税办法，并且一般不使用增值税专用发票，但基于增值税征收管理中一般纳税人与小规模纳税人之间客观存在的经济往来的实情，小规模纳税人可以到税务机关代开增值税专用发票。

一般纳税人，是指年应税增值税销售额与应税服务年销售额超过《增值税暂行条例实施细则》规定的小规模纳税人标准的企业和企业性单位（以下简称企业）。

年应税销售额，是指纳税人在连续不超过12个月或四个季度的经营期内累计应征增值税销售额，包括纳税申报销售额、稽查查补销售额、纳税评估调整销售额。

纳税人偶然发生的销售无形资产、转让不动产的销售额，不计入应税行为年应税销售额。

> **登记制**
>
> 　　增值税一般纳税人资格实行登记制，登记事项由增值税纳税人向其主管税务机关办理。
> 　　按照《增值税暂行条例》及其实施细则的相关规定，转登记纳税人今后如果年应税销售额超过财政部和税务总局规定的小规模纳税人标准，就应当登记为一般纳税人，而且，转登记纳税人按规定再次登记为一般纳税人后，也不能再转登记为小规模纳税人。

二、扣缴义务人

中华人民共和国境外的单位或者个人在境内提供应税劳务和应税服务，在境内未设有经营机构的，以其境内代理为扣缴义务人；在境内没有代理人的，以购买方为扣缴义务人。

第二节 增值税征税范围及税率

根据《增值税暂行条例》的规定,我们将增值税的征税范围分为一般规定和特殊规定。

一、征税范围的一般规定

增值税的征收范围为在我国境内"销售或者进口货物,提供加工、修理修配劳务"及"销售应税服务、无形资产或者不动产"。

（一）销售或者进口货物

1. 货物：指"有形动产",包括电力、热力、气体。
2. 有偿：指从购买方取得货币、货物或者"其他经济利益"。
3. 进口：指申报进入中国海关境内的货物。

（二）提供加工、修理修配劳务

【注意】加工、修理的对象为有形动产。

（三）销售服务、无形资产或者不动产

1. 交通运输服务

包括：陆路运输、水路运输、航空运输、管道运输

【注意1】出租车公司向使用本公司自有出租车的出租车司机收取的管理费用,属于"陆路运输服务"。

【注意2】远洋运输的"程租""期租"业务属于"水路运输服务"；航空运输的"湿租"业务属于"航空运输服务"。

【注意3】远洋运输的"光租"业务；航空运输的"干租"业务属于"现代服务—租赁服务"税目。

【注意4】"航天运输"属于"航空运输服务",但适用"零税率"。

【注意5】"无运输工具承运业务",按"交通运输服务"缴纳增值税。

【理解】实质重于形式：程租、期租、湿租是连人带交通工具一起租,实质是提供运输服务；干租、光租是只租交通工具不带人,实质是租赁。

2. 邮政服务

包括：邮政普遍服务、邮政特殊服务、其他邮政服务

【注意】"邮政储蓄业务"按"金融服务"缴纳增值税。

3. 电信服务

（1）基础电信服务：通话；出租带宽等

（2）增值电信服务：短（彩）信；互联网接入；卫星电视信号落地转接等

4.建筑服务

子目	具体项目
安装服务	生产设备、动力设备、起重设备、运输设备、传动设备、医疗实验设备以及其他各种设备、设施的装配、安置工程作业 【注意】"固定电话、有线电视、宽带、水、电、燃气、暖气"等经营者向用户收取的"安装费、初装费、开户费、扩容费"以及类似收费，按照"建筑服务~安装服务"缴纳增值税
修缮服务	对建筑物、构筑物进行修补、加固、养护、改善，使之恢复原来的使用价值或者延长其使用期限的工程作业 【注意】区别有形动产的"加工、修理修配劳务"
装饰服务	对建筑物、构筑物进行修饰装修，使之美观或者具有特定用途的工程作业
其他建筑服务	钻井（打井）、拆除建筑物或者构筑物、平整土地、园林绿化、疏浚、建筑物平移、搭脚手架、爆破、矿山穿孔、表面附着物（包括岩层、土层、沙层等）剥离和清理等 【注意1】"疏浚"属于"建筑服务—其他建筑服务"，但"航道疏浚"属于"现代服务—物流辅助服务" 【注意2】"建筑物平移"属于"建筑服务—其他建筑服务"

5.金融服务

子目	具体项目
贷款服务	金融商品持有期间（含到期）利息（保本收益、报酬、资金占用费、补偿金等）收入、信用卡透支利息收入、买入返售金融商品利息收入、融资融券收取的利息收入，以及融资性售后回租、押汇、罚息、票据贴现、转贷等业务取得的利息及利息质的收入 【注意1】区别"贷款服务"与其他金融服务，贷款服务的收入为各种占用、拆借资金而取得的"利息" 【注意2】以"货币投资"收取"固定利润或保底利润"按照"金融服务—贷款服务"缴纳增值税 【注意3】"融资性售后回租"属于"金融服务—贷款服务"；"融资租赁"属于"现代服务—租赁服务"
直接收费金融服务	提供货币兑换、账户管理、电子银行、信用卡、信用证、财务担保、资产管理、信托管理、基金管理、金融交易场所（平台）管理、资金结算、资金清算、金融支付等服务，而直接取得的收入

	【举例】银行卡收单业务手续费、发卡行服务费、网络服务费
保险服务	人身保险服务和财产保险服务
金融商品转让	转让外汇、有价证券、非货物期货和其他金融商品（基金、信托、理财产品等各类资产管理产品和各种金融衍生品）的"所有权"取得的收入

6.现代服务（生产性）

子目	具体项目
研发和技术服务	研发服务、合同能源管理服务、工程勘察勘探服务、专业技术服务
信息技术服务	软件服务、电路设计及测试服务、信息系统服务、业务流程管理服务和信息系统增值服务
文化创意服务	设计服务、知识产权服务、广告服务和会议展览服务
物流辅助服务	航空服务、港口码头服务、货运客运场站服务、打捞救助服务、仓储服务、装卸搬运服务和收派服务 【注意1】与"交通运输服务"做准确区别 【注意2】"货运客运场站服务"中的"车辆停放服务"属于"不动产租赁服务"
租赁服务	融资租赁服务：有形动产融资租赁、不动产融资租赁 经营租赁服务：有形动产经营租赁、不动产经营租赁 【注意1】"租赁服务"分为"动产租赁"和"不动产租赁"分别适用不同税率 【注意2】"车辆停放服务""道路通行服务（过路、过桥、过闸费）"属于"不动产经营租赁服务" 【注意3】将动产、不动产上的广告位出租，属于"经营租赁服务" 【注意4】"融资性售后回租"属于"金融服务—贷款服务"
鉴证咨询服务	认证服务、鉴证服务和咨询服务 【注意】"翻译服务、市场调查服务"属于此税目
广播影视服务	广播影视节目的制作服务、发行服务和播映服务 【注意】"广告的制作、发布"均属于"文化创意服务—广告服务"
商务辅助服务	企业管理服务、经纪代理服务、人力资源服务、安全保护服务 【注意】"货物运输代理"属于"经纪代理服务"而"无运输工具承运"属于"交通运输服务"

| 其他现代服务 | 除上述八项以外的现代服务 |

7.生活服务

文化体育服务、教育医疗服务、旅游娱乐服务、餐饮住宿服务、居民日常服务、其他生活服务

【注意】居民日常服务包括"**市容市政管理**"、家政、婚庆、养老、殡葬、照料和护理、救助救济、美容美发、按摩、桑拿、氧吧、足疗、沐浴、洗染、摄影扩印等。

8.销售无形资产

子目	具体项目
技术	专利技术、非专利技术
商标	—
著作权	—
商誉	—
自然资源使用权	土地使用权、海域使用权、探矿权、采矿权、取水权和其他自然资源使用权
其他权益性无形资产	基础设施资产经营权、公共事业特许权、配额、经营权（包括特许经营权、连锁经营权、其他经营权）、经销权、分销权、代理权、会员权、席位权、网络、游戏虚拟道具、域名、名称权、肖像权、冠名权、转会费等

9.销售不动产

【注意】单独转让"土地使用权"，按照"销售无形资产"缴纳增值税；转让不动产时"一并"转让其所占土地的使用权的，按照"销售不动产"缴纳增值税。

二、征税范围的特殊规定

（一）征税范围的特殊行为

视同销售货物行　　混合销售与兼营　　视同销售服务、无形资产或不动产

1.视同销售货物行为

单位或者个体工商户的下列行为，视同销售行为：

（1）将货物交付其他单位或者个人代销；

（2）销售代销货物；

（3）设有两个以上机构并实行统一核算的纳税人，将货物从一个机构移送至其他机构用于销售，但相关机构设在同一县（市）的除外；

（4）将自产或者委托加工的货物用于非增值税应税项目；

（5）将自产、委托加工的货物用于集体福利或者个人消费；

（6）将自产、委托加工或者购进的货物作为投资，提供给其他单位或者个体工商户；

（7）将自产、委托加工或者购进的货物分配给股东或者投资者；

（8）将自产、委托加工或者购进的货物无偿赠送其他单位或者个人；

（9）单位和个体工商户向其他单位或者个人无偿提供应税服务，但以公益活动为目的或者以社会公众为对象的除外；

（10）财政局和国家税务总局规定的其他情形。

2.混合销售与兼营

	行为特征	判定标准	税务处理	典型案例
混合销售	"一项"销售行为	"经营主体"从事货物生产、批发或零售	按销售货物缴纳增值税	超市销售货物同时提供送货上门服务
		"经营主体"从事其他行业	按提供服务缴纳增值税	娱乐场所提供娱乐服务同时销售烟、酒、饮料
兼营	"多元化"经营	增值税不同税目混业经营，不发生在同一项销售行为中	分别核算分别缴纳；未分别核算"从高"适用税率	商场销售商品，并经营美食城

【注意】纳税人销售活动板房、机器设备、钢结构件等自产货物的同时提供建筑、安装服务，不属于混合销售，应**"分别核算"**货物和建筑服务的销售额，**"分别适用"**不同的税率或者征收率。

3.视同销售服务、无形资产或不动产

（1）单位或者个体工商户向其他单位或者个人**"无偿"**提供服务；

（2）单位或者个人向其他单位或者个人**"无偿"**转让无形资产或者不动产。

【注意】用于**"公益事业"**或者以**"社会公众"**为对象的除外。

三、税率

我国增值税采用比例税率，适用于一般纳税人的税率有四档：

13%；9%；6%；0

（一）"13%"

1.销售和进口除执行9%低税率的货物以外的货物；

2.提供加工、修理修配劳务；

3.有形动产租赁服务。

（二）"9%"

1.货物

销售货物设置低税率的根本目的是鼓励消费，或者说是保证消费者对基本生活必需品的消费。

（1）粮食、食用植物油、食用盐、农产品；

（2）自来水、暖气、冷气、热水、煤气、石油液化气、天然气、沼气、居民用煤炭制品；

（3）图书、报纸、杂志、音像制品、电子出版物；

（4）饲料、化肥、农药、农机、农膜、二甲醚。

【记忆提示】低税率四大类：基本温饱、生活用能源、精神文明、农业生产。

2.销售服务、无形资产和不动产交通运输、邮政、基础电信、建筑、不动产租赁服务、销售不动产、转让土地使用权。

（三）"6%"

增值电信、金融、现代服务（租赁除外）、生活服务、销售无形资产（转让土地使用权除外）。

【注意1】动产租赁税率16%的原因：动产是企业购买的，购买时适用的税率是16%，前后对应。

【注意2】不动产租赁税率10%的原因：不动产是企业自建或者购买的，自建时，涉及的建筑服务和转让土地使用权的税率是10%，购买时适用的税率是10%，前后对应。

【注意3】融资性售后回租税率6%的原因：融资性售后回租实质是抵押贷款，分期支付利息，不满足收入的确认条件，因此按照金融服务—贷款服务的税率6%。

【注意4】融资租赁税率16%的原因：企业融资租入的设备（动产）是租赁公司购买的，购买时适用的税率是16%，前后对应。

（四）"0"

1.纳税人"出口"货物，税率为零；但是，国务院另有规定的除外。

2.单位和个人提供的"跨境应税行为"税率为零。

【"跨境"行为"零税率"项目】

服务项目		具体内容
国际运输服务		
航天运输服务		
向境外单位提供的**完全在境外**消费的部分服务	研发和技术服务	研发服务；合同能源管理服务
	信息技术服务	软件服务；电路设计及测试服务；信息系统服务；业务流程管理服务；离岸服务外包业务
	文化创意服务	设计服务
	广播影视服务	广播影视节目（作品）的**制作和发行**服务
	销售无形资产	转让技术
【提示】现代服务和销售无形资产中"**技术含量较高**"的部分服务、无形资产		

四、征收率

增值税对小规模纳税人及一些特殊情况采用简易征收办法，对小规模纳税人及特殊情况适用的税率称为征收率。

（一）"3%"

1.小规模纳税人：除销售"旧货""自己使用过的固定资产"、取得（或房地产企业小规模纳税人自建）的"不动产"和"进口货物"外的应税行为。

【理解】旧货，是指进入二次流通的具有部分使用价值的货物，但不包括自己使用过的物品。

【注意】小规模纳税人"销售旧货和自己使用过的固定资产"减按2%征收；小规模纳税人取得的不动产按照5%征收率，进口货物不区分纳税人，一律按适用税率计算纳税。

2.一般纳税人下列销售行为，按照3%的征收率纳税。

（1）寄售商店代销寄售物品；（寄售代销）

（2）典当业销售死当物品。（死当销售）

3.一般纳税人销售下列自产货物，"**可选择**"按照3%的征收率纳税。

（1）县级及以下小型水力发电单位生产的**电力**；

（2）建筑用和生产**建筑材料**所用的砂、土、石料；

（3）以自己采掘的砂、土、石料或其他矿物连续生产的砖、瓦、石灰；

（4）用微生物、人或动物的血液或组织等制成的**生物制品**；

（5）自来**水**；

（6）商品混凝土。

【注意1】上述六项内容是否执行3%的征收率由纳税人**选择**，如：自来水可以选择执行11%的税率，也可以执行3%的征收率，执行11%税率可以抵扣进项税额，执行3%的征收率按简易办法征税。

【注意2】选择简易办法后，"36个月"内不得变更。

（二）依照3%征收率减按"2%"征收

应税项目			计算方法
销售旧货			
销售自己使用过的固定资产	购入时不得抵扣且未抵扣过进项税	（1）小规模纳税人 （2）2009年以前购入的固定资产 （3）2013年8月1日以前购入的2艇1艇（小汽车、摩托车、游艇） （4）购入固定资产时取得**普通发票**	含税售价÷（1+3%）×**2%**
	购入时抵扣过进项税		按16%的税率征收

（三）5%

	身份	项目
小规模纳税人	非房地产开发企业	转让、出租其"**取得**"的不动产（不含个人出租住房）
	房地产开发企业	销售"**自行开发**"的房地产项目
一般纳税人	非房地产开发企业	转让、出租其2016年4月30日前"**取得**"的不动产且选择**简易方法**计税的
	房地产开发企业	销售"**自行开发**"的房地产**老**项目且选择**简易方法**计税的
个人出售住房		购买年限<2 / 全额
		购买年限≥2 / 北、上、广、深**非普通住房** / 差额
		其他 / 免征

【注意】纳税人提供"劳务派遣服务"，选择差额纳税的，按照5%的征收率征收增值税。

第三节 增值税的计税方法

增值税的计税方法,包括一般计税方法、简易计税方法和扣缴计税方法。

一、一般纳税人适用的计税方法

一般纳税人销售货物或者提供应税劳务和应税服务适用一般计税方法。其计算公式为:

$$当期应纳增值税税额=当期销项税额-当期进项税额$$

但是一般纳税人销售或提供财政部和国家税务总局规定的特定的货物、应税劳务、应税服务,可以选择适用简易计税方法计税,一经选择,36个月内不得变更。

二、小规模纳税人适用的计税方法

小规模纳税人销售货物、提供应税劳务和应税服务适用简易计税方法计税。但是上述一般纳税人销售或提供财政部和国家税务总局规定的特定的货物、应税劳务、应税服务,也可选择适用简易计税方法计税。简易计税方法的公式是:

$$当期应纳增值税税额=当期销售额(不含增值税)×征收率$$

三、扣缴义务人适用的计税方法

境外单位或者个人在境内提供应税服务,在境内未设有经营机构的,扣缴义务人按照下列公式计算应扣缴税额:

$$应扣缴税额=接受方支付的价款÷(1+税率)×税率$$

第四节 一般纳税人应纳税额的计算

我国目前对一般纳税人采用的计税方法是国际上通行的购进扣税法，即先按当期销售额和适用税率计算出销项税额（这是对销售全额的征税），然后对当期购进项目向对方支付的税款进行抵扣，从而间接计算出对当期增值额部分的应纳税额。

增值税一般纳税人销售货物或者提供应税劳务和应税服务的应纳税额，应该等于当期销项税额抵扣当期进项税额后的余额。其计算公式为：

当期应纳增值税税额＝当期销项税额－当期进项税额
　　　　　　　　　＝当期销售额×适用税率－当期进项税额

当期销项税额小于当期进项税额不足抵扣时，其不足部分可以结转下期继续抵扣。

由此可见，增值税一般纳税人当期应纳税额的多少，取决于当期销项税额和当期进项税额这两个因素，而当期销项税额的确定关键在于确定当期销售额。

销售额的确定　　　　　　　进项税额的确定

一、销售额的确定

（一）一般销售方式下的销售额

根据《增值税暂行条例》及其实施细则的规定，销售额是指纳税人销售货物或者提供应税劳务向购买方收取的全部价款和价外费用，但是不包括收取的销项税额。

价外费用，包括价外向购买方收取的手续费、补贴、基金、集资费、返还利润、奖励费、违约金、滞纳金、延期付款利息、赔偿金、代收款项、代垫款项、包装费、包装物租金、储备费、优质费、运输装卸费以及其他各种性质的价外收费。

上述价外费用无论其会计制度如何核算，均应并入销售额计算销项税额。但下列项目不包括在销售额内：

（1）受托加工应征消费税的消费品所代收代缴的消费税。

（2）同时符合以下条件的代垫运输费用：

①承运部门的运输费用发票开具给购买方的；

②纳税人将该项发票转交给购买方的。

（3）同时符合以下条件代为收取的政府性基金或者行政事业性收费：

①国务院或者省级人民政府及其财政、价格主管部门批准设立的行政事业性收费；

②收取时开具省级以上财政部门印制的财政票据；

③所收款项全额上缴财政。

（4）销售货物的同时代办保险等而向购买方收取的保险费，以及向购买方收取的代购买方缴纳的车辆购置税、车辆牌照费。

> 税法规定各种性质的价外收费都要并入销售额计算征税，目的是防止以各种名目的收费减少销售额逃避纳税的现象。上述四项允许不计入价外费用是因为在满足了上述相关条件后可以确认销售方在其仅仅是代为收取了有关费用，这些价外费用确实没有形成销售方的收入。
>
> 应当注意，根据国家税务总局规定：对增值税一般纳税人（包括纳税人自己或代其他部门）向购买方收取的价外费用和逾期包装物押金，应视为含税收入，在征税时换算成不含税收入再并入销售额。
>
> 不含税销售额＝含税销售额÷（1+增值税税率）

（二）视同销售货物行为销售额的确定

视同销售行为一般不以资金的形式反映出来，因而会出现无销售额的情况。税法规定，对视同销售征税而无销售额的按下列顺序确定其销售额：

1. 按纳税人最近时期同类货物的平均销售价格确定；

2. 按其他纳税人最近时期同类货物的平均销售价格确定；

3. 按组成计税价格确定。其计算公式为：

组成计税价格＝成本×（1+成本利润率）+消费税税额

或：组成计税价格＝成本×（1+成本利润率）÷（1-消费税税率）

或：组成计税价格＝[成本×（1+成本利润率）+课税数量×消费税定额税率]÷（1-消费税税率）

公式中的成本分两种情况：一是销售自产货物的为实际生产成本；二是销售外购货物的为实际采购成本。公式中的成本利润率由国家税务总局确定。但属于应从价定率征收消费税的货物，其组成计税价格公式中的成本利润率，为《消费税若干具体问题的规定》中规定的成本利润率。

纳税人销售货物或者提供应税劳务的价格明显偏低并无正当理由的，由主管税务机关按照上述方法核定其销售额。

（三）兼营行为销售额的确定

纳税人销售货物、加工修理修配劳务、服务、无形资产或者不动产适用不同税率或者征收率的，应当分别核算适用不同税率或者征收率的销售额，未分别核算销售额的，按照以下方法适用税率或者征收率：

1. 兼有不同税率的销售货物、加工修理修配劳务、服务、无形资产或者不动产，从高适用税率。

2. 兼有不同征收率的销售货物、加工修理修配劳务、服务、无形资产或者不动产，从高适用征收率。

3. 兼有不同税率和征收率的销售货物、加工修理修配劳务、服务、无形资产或者不动产，从高适用税率。

（四）免税减税销售额的确定

纳税人兼营免税、减税项目的，应当分别核算免税、减税项目的销售额，未分别核算的，不得免税、减税。

二、进项税额的确定

进项税额是指纳税人购进货物或者接受应税劳务支付或者负担的增值税额。在从销项税额中抵扣时，税法做了严格的规定。

（一）准予从销项税额中抵扣的进项税额

根据《增值税暂行条例》的规定，准予从销项税额中抵扣的进项税，限于下列增值税扣税凭证上注明的增值税税额和按规定的扣除率计算的进项税额：

1. 从销售方提供或者取得的增值税专用发票上注明的增值税税额。
2. 从海关取得的海关进口增值税专用缴款书上注明的增值税税额。

纳税人进口货物，凡已缴纳了进口环节增值税的，不论其是否已经支付货款，其取得的海关进口增值税专用缴款书均可作为增值税进项税额抵扣凭证，在规定的期限内申报抵扣进项税额。

> 纳税人在进行增值税账务处理时，每抵扣一笔进项税额，就要有一份记录该进项税额的法定扣税凭证与之相对应；没有从销售方或海关取得注明增值税税额的法定扣税凭证，就不能抵扣进项税额。

3.购进农产品,除取得增值税专用发票或者海关进口增值税专用缴款书外,按照农产品收购发票或者销售发票上注明的农产品买价和10%的扣除率计算的进项税额。其计算公式为:

$$进项税额＝买价\times 扣除率$$

买价包括纳税人购进农产品在农产品收购发票或者销售发票上注明的价款和按规定缴纳的烟叶税。

纳税人购进用于生产销售或委托加工16%税率货物的农产品,按照12%的扣除率计算进项税额。

4.纳税人从境外单位或者个人购进服务、无形资产或不动产,按照规定应当扣缴增值税的,准予从销项税额中抵扣的进项税额为从税务机关或者代理人取得的解缴税款的税收缴款凭证上注明的增值税额。

5.纳税人自用的应征消费税的摩托车、汽车、游艇、其进项税额准予从销项税额中抵扣。

(二)不得从销项税额中抵扣的进项税额

按照《增值税暂行条例》及其实施细则的规定,下列项目的进项税额不得从销项税额中抵扣:

1.用于免征增值税项目、集体福利或者个人消费的购进货物或者应税劳务。

2.非正常损失的购进货物及相关的应税劳务。

非正常损失,是指因管理不善造成的被盗、丢失、霉烂变质的损失以及被执法部门依法没收或者强令自行销毁的货物。

3.非正常损失的在产品、产成品所耗用的购进货物或者应税劳务。

4.国务院财政、税务主管部门规定的纳税人自用消费品。

> 上述第1-4项规定的货物的运输费用和销售免税货物的运输费用,其进项税额也不得从销项税额中抵扣。

5.纳税人购进货物或者应税劳务,取得的增值税扣税凭证不符合法律、行政法规或者国务院税务主管部门有关规定的,其进项税额不得从销项税额中抵扣。

增值税扣税凭证包括增值税专用发票、海关进口增值税专用缴款书、农产品收购发票和农产品销售发票发及税收缴款凭证。

6.一般纳税人按照简易办法征收增值税的,不得抵扣进项税额。

7.一般纳税人兼营免税项目而无法划分不得抵扣的进项税额,按下列公式计算不得抵扣的进项税额：

不得抵扣的进项税额＝当月无法划分的全部进项税额×当月免税项目销售额/当月全部销售额合计

8.有下列情形之一者，应按销售额依照增值税税率计算应纳税额，不得抵扣进项税额，也不得使用增值税专用发票：

（1）一般纳税人会计核算不健全或者不能够提供准确税务资料的；

（2）除《增值税暂行条例实施细则》第二十九条外，纳税人销售额超过小规模纳税人标准，未申请办理一般纳税人认定手续的。

三、应纳税额的计算

当期应纳增值税税额＝当期销项税额－当期进项税额

为了保证计算应纳税的合理、准确性，纳税人必须严格把握当期进项税额从当期销项税额抵扣这个要点。"当期"是个重要的时间限定，具体是指税务机关依照税法规定对纳税人确定的纳税期限；只有在纳税期限内实际发生的销项税额、进项税额，才是法定的当期销项税额或当期进项税额。

第五节 小规模纳税人应纳税额的计算

一、应纳税额的计算公式

根据《增值税暂行条例》的规定，小规模纳税人销售货物或提供应税劳务和服务，按简易方法计算，即按销售额和规定征收率计算应纳税额，不得抵扣进项税额，同时，销售货物或提供应税劳务和服务也不得自行开具增值税专用发票。其应纳税额计算公式为：

$$应纳税额 = 销售额 \times 征收率$$

小规模纳税人取得的销售额与一般纳税人的销售额所包含的内容是一致的，都是销售货物或提供应税劳务向购买方收取的全部价款和价外费用，但是不包括从买方取得的增值税税额。

二、含税销售额的换算

由于小规模纳税人销售货物自行开具的发票是普通发票，发票上列示的是含税销售额，因此，在计税时需要将其换算为不含税销售额。换算公式如下：

$$不含税销售额 = 含税销售额 \div (1 + 征收率)$$

纳税人提供的适用简易计税方法计税的应税服务，因服务中止或者折让而退还给接受方的销售额，应当从当期销售额中扣减。扣减当期销售额后仍有余额造成多缴的税款，可以从以后的应纳税额中扣减。

三、主管税务机关为小规模纳税人代开发票应纳税额的计算

小规模纳税人销售货物或提供应税劳务，可以申请由主管税务机关代开发票。主管税务机关为小规模纳税人（包括小规模纳税人中的企业、企业性单位及其他小规模纳税人，下同）代开专用发票，应在专用发票"单价"栏和"金额"栏分别填写不含增值税税额的单价和销售额，因此，其应纳税额按销售额依照征收率计算。

第六节 增值税的税收优惠

一、法定免税项目

《增值税暂行条例》及其实施细则规定的免税项目包括：

1. 农业生产销售的自产农产品。

农业，是指种植业、养殖业、林业、牧业、水产业。

农业生产者，包括从事农业生产的单位和个人。

农业生产者销售的自产农产品，是指直接从事植物的种植、收割和动物的饲养、捕捞的单位和个人销售的自产农产品。

农产品是指初级农产品，具体范围由财政部、国家税务总局确定。

2. 避孕药品和用具。

3. 古旧图书。古旧图书，是指向社会收购的古书和旧书。

4. 直接用于科学研究、科学实验和教学的进口仪器、设备。

5. 外国政府、国际组织无偿援助的进口物资和设备。

6. 由残疾人的组织直接进口供残疾人专用的物品。

7. 销售自己使用过的物品。自己使用过的物品，是指其他个人自己使用过的物品。

除上述规定外，增值税的免税、减税项目由国务院规定，任何地区、部门均不得规定免税、减税项目。

> 纳税人兼营免税、减税项目的，应当分别核算免税、减税项目的销售额；未分别核算销售额的，不得免税、减税。
>
> 纳税人销售货物或者应税劳务适用免税规定的，可以放弃免税，依照《增值税暂行条例》的规定缴纳增值税。放弃免税后，36个月内不得再申请免税。

二、起征点

对于个人销售额未达到规定起征点的，免征增值税。增值税起征点的适用范围限于个人，不包括认定为一般纳税人的个体工商户。

增值税起征点的幅度规定如下：

1. 销售货物的，为月销售额 5 000~20 000 元。

2. 销售应税劳务的，为月销售额 5 000~20 000 元。

3. 按次纳税的，为每次（日）销售额 300~500 元。

三、小微企业免税规定

1.增值税小规模纳税人,月销售额不超过 10 万元（含 10 万元,下同）的,免征增值税。其中,以 1 个季度为纳税期限的增值税小规模纳税人,季度销售额不超过 30 万元的,免征增值税。

2.增值税小规模纳税人月销售额不超过 10 万元（按季纳税 30 万元）的,当期因代开增值税专用发票（含货物运输业增值税专用发票）已经缴纳的税款,在专用发票全部联次追回或者按规定开具红字专用发票后,可以向主管税务机关申请退还。

3.其他个人出租不动产,月租金收入不超过 10 万元的,可享受小微企业免征增值税的优惠政策。

第七节 增值税的税收管理

一、纳税义务发生时间

《增值税暂行条例》明确规定了增值税纳税义务的发生时间。

（一）销售货物或者提供应税劳务的纳税义务发生时间

销售货物或者应税劳务，为收讫销售款项或者取得索取销售款项凭据的当天；先开具发票的，为开具发票的当天。收讫销售款项或者取得索取销售款项凭据的当天，按销售结算方式的不同，具体为：

采取直接收款方式销售货物，不论货物是否发出，均为收到销售款或者取得索取销售款凭据的当天。

采取托收承付和委托银行收款方式销售货物，为发出货物并办妥托收承付的当天。

纳税人发生视同销售货物行为，为货物移送的当天。

采取赊销和分期收款方式销售货物，为书面合同约定的收款日期的当天，无书面合同的或者书面合同没有约定收款日期的，为货物发出的当天。

销售应税劳务，为提供劳务同时收讫销售款或者取得索取销售款的凭据的当天。

采取预收货款方式销售货物，为货物发出的当天，但生产销售生产工期超过12个月的大型机械设备、船舶、飞机等货物，为收到预收款或者书面合同约定的收款日期的当天。

委托其他纳税人代销货物，为收到代销单位的代销清单或者收到全部或者部分货款的当天。未收到代销清单及货款，为发生代销货物满180天的当天。

（二）提供应税服务的纳税义务发生时间

1.提供应税服务，为提供服务并收讫销售款项或者取得索取销售款项凭据的当天；先开具发票的，为开具发票的当天。

2.纳税人提供有形动产租赁采取预收款方式的，其纳税义务发生时间为收到预收款的当天。

3.纳税人发生视同提供应税服务的，其纳税义务发生时间为应税服务完成的当天。

（三）进口货物的纳税义务发生时间

纳税人进口货物，其纳税义务发生时间为报关进口的当天。

（四）扣缴义务的发生时间

增值税扣缴义务发生时间为纳税人增值税纳税义务发生的当天。

> 上述销售货物或应税劳务及应税服务纳税义务发生时间的确定，明确了企业在计算应纳税额时，对"当期销项税额"时间的限定，是增值税计税和征收管理中重要的规定。企业必须按上述规定的时限及时、准确地记录销售额和计算当期销项税额。

二、纳税期限

根据《增值税暂行条例》及其实施细则的规定，增值税的纳税期限分别为1日、3日、5日、10日、15日、1个月或者1个季度。

纳税人的具体纳税期限，由主管税务机关根据纳税人应纳税额的大小分别核定；不能按照固定期限纳税的，可以按次纳税。以1个季度为纳税期限的规定仅适用于小规模纳税人。小规模纳税人的具体纳税期限，由主管税务机关根据其应纳税额的大小分别核定。

纳税人以1个月或者1个季度为1个纳税期的，自期满之日起15日内申报纳税；以1日、3日、5日、10日或者15日为1个纳税期的，自期满之日起5日内预缴税款，于次月1日起15日内申报纳税并结清上月应纳税款。

扣缴义务人解缴税款的期限，依照上述规定执行。

纳税人进口货物，应当自海关填发进口增值税专用缴款书之日起15日内缴纳税款。

三、纳税地点

固定业户应当向其机构所在地主管税务机关申报纳税。总机构和分支机构不在同一县（市）的，应当分别向各自所在地的主管税务机关申报纳税；经国务院财政、税务主管部门或者其授权的财政、税务机关批准，可以由总机构汇总向总机构所在地的主管税务机关申报纳税。

固定业户到外县（市）销售货物或者应税劳务，应当向其机构所在地的主管税务机关申请开具外出经营活动税收管理证明，并向其机构所在地的主管税务机关申报纳税；

未开具证明的，应当向销售地或者劳务发生地的主管税务机关申报纳税；未向销售地或者劳务发生地的主管税务机关申报纳税的，由其机构所在地的主管税务机关补征税款。

非固定业户销售货物或者应税劳务，应当向销售地或者劳务发生地的主管税务机关申报纳税；未向销售地或者劳务发生地的主管税务机关申报纳税的，由其机构所在地或者居住地的主管税务机关补征税款。

进口货物，应当向报关地海关申报纳税。

扣缴义务人应当向其机构所在地或者居住地的主管税务机关申报缴纳其扣缴的税款。

四、纳税申报

结合各省份线上申报系统。

第二章 消费税

消费税 是指对消费品和特定的消费行为按消费流转额征收的一种商品税。

第一节 消费税纳税人和征税范围

一、消费税纳税人

在中华人民共和国境内生产、委托加工和进口《消费税暂行条例》规定的消费品的单位和个人,以及国务院确定的销售消费税暂行条例规定的消费品的其他单位和个人,为消费税的纳税人。

"单位"是指企业、行政单位、事业单位、军事单位、社会团体及其他单位;

"个人"是指个体工商户和其他个人。

在中华人民共和国境内,是指生产、委托加工和进口属于应当缴纳消费税的消费品起运地或者所在地在境内。

二、消费税的征税范围

根据《消费税暂行条例》及其实施细则的规定,结合消费税的纳税环节,消费税的征收范围包括下列内。

(一)生产应税消费品

纳税人生产的应税消费品,于纳税人销售时纳税。

纳税人自产自用的应税消费品,用于连续生产应税消费品的,不纳税;用于其他方面的，于移送使用时纳税。

工业企业以外的单位和个人的下列行为视为应税消费品的生产行为，按规定征收消费税：

（1）将外购的消费税非应税产品以消费税应税产品对外销售的；

（2）将外购的消费税低税率应税产品以高税率应税产品对外销售的。

> ●用于连续生产应税消费品，是指纳税人将自产自用应税消费品作为直接材料生产最终应税消费品，自产自用应税消费品构成最终应税消费品的实体。
> ●用于其他方面，是指纳税人将自产自用应税消费品用于生产非应税消费品、在建工程、管理部门、非生产机构、提供劳务、馈赠、赞助、集资、广告、样品、职工福利、奖励等方面。

（二）委托加工应税消费品

委托加工的应税消费品，是指由委托方提供原料和主要材料，受托方只收取加工费和代垫部分辅助材料加工的应税消费品。对于由受托方提供原材料生产的应税消费品，或者受托方先将原材料卖给委托方，然后再接受加工的应税消费品，以及由受托方以委托方名义购进原材料生产的应税消费品，不论在财务上是否作为销售处理，都不得作为委托加工应税消费品，而应当按照销售自制应税消费品缴纳消费税。

委托加工的应税消费品，除受托方为个人外，由受托方在向委托方交货时代收代缴消费税。委托个人加工的应税消费品，由委托方收回后缴纳消费税。

委托加工的应税消费品，委托方用于连续生产应税消费品的，所纳税款准予按规定抵扣。

> 委托方将收回的应税消费品，以不高于受托方的计税价格出售的，为直接出售，不再缴纳消费税；委托方以高于受托方的计税价格出售的，不属于直接出售，需要按照申报缴纳税消费税，在计税时准予扣除受托方已代收代缴的消费税。

（三）进口应税消费品

单位和个人进口应税消费品，于报关进口时缴纳消费税。为了减少征税成本，进口环节缴纳的消费税由海关代征。

（四）商业零售金银首饰

自1995年1月1日起，金银首饰消费税由生产销售环节征收改为零售环节征收。

改在零售环节征收消费税的金银首饰仅限于金基、银基合金首饰以及金、银和金基、银基合金的镶嵌首饰。在零售环节征收消费税的金银首饰的范围，不包括镀金（银）、包金（银）首饰，以及镀金（银）、包金（银）的镶嵌首饰。另外，对于铂金首饰、钻石及钻石饰品，也在零售环节征收消费税。

对既销售金银首饰，又销售非金银首饰的生产、经营单位，应将两类商品划分清楚，分别核算销售额。凡划分不清楚或不能分别核算的，在生产环节销售的，一律从高适用税率征收消费税；在零售环节销售的，一律按金银首饰征收消费税。

金银首饰与其他产品组成成套消费品销售的，应按销售额全额征收消费税。

带料加工的金银首饰，应按受托方销售同类金银首饰的销售价格确定计税依据征收消费税。没有同类金银首饰的销售价格的，按照组成计税价格计算纳税。

纳税人采用以旧换新（含翻新改制）方式销售的金银首饰，应按实际收取的不含增值税的全部价款确定计税依据征收消费税。

（五）批发销售卷烟

自 2015 年 5 月 10 日起，将卷烟批发环节从价税税率由 5% 提高至 11%，并按 0.005 元/支加征从量税。

卷烟消费税改为在生产和批发两个环节征收后，批发企业在计算应纳税额时不得扣除已含的生产环节的消费税税款。

纳税人兼营卷烟批发和零售业务的，应当分别核算批发和零售环节的销售额、销售数量；未分别核算批发和零售环节销售额、销售数量的，按照全部销售额、销售数量计征批发环节消费税。

> 烟草批发企业卷烟销售给其他烟草批发企业的，不缴纳消费税。

第二节 消费税税目及税率

一、税目

按照《消费税暂行条例》规定，2014年12月调整后，确定征收消费税的共有烟、酒、化妆品等15个税目，有的税目还进一步划分若干子目。消费税属于价内税，一般在应税消费品的生产、委托加工和进口环节缴纳。

（一）烟

凡是以烟叶为原料加工生产的产品，不论使用何种辅料，均属于本税目的征收范围。具体包括卷烟、雪茄烟和烟丝。

> 卷烟分为"甲类卷烟"和"乙类卷烟"。
> 甲类卷烟，是指每标准条（200支）调拨价格在70元（不含增值税）以上（含70元）的卷烟。
> 乙类卷烟，是指每标准条（200支）调拨价格在70元（不含增值税）以下的卷烟。

（二）酒

酒是酒精度在1度以上的各种酒类饮料，包括白酒、薯类白酒、黄酒、啤酒和其他酒。

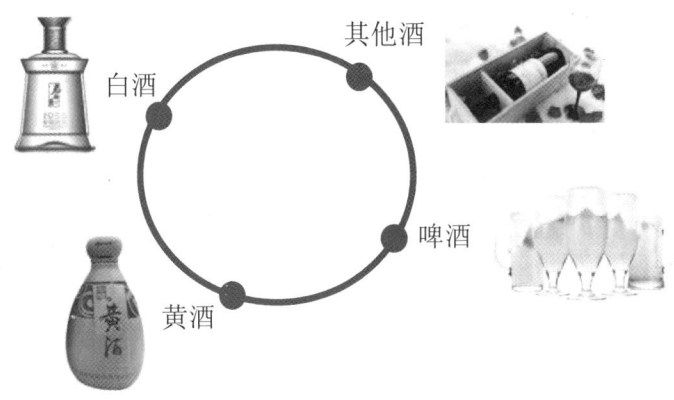

啤酒分为"甲类啤酒"和"乙类啤酒"。

甲类啤酒,是指每吨出厂价(含包装物及包装物押金)在3000元(含3000元,不含增值税)以上的啤酒。

乙类啤酒,是指每吨出厂价(含包装物及包装物押金)在3000元(不含增值税)以下的啤酒。

包装物押金不包括重复使用的塑料周转箱的押金。

果啤属于啤酒,按啤酒征收消费税。

配制酒(露酒)是指发酵酒、蒸馏酒或食用酒精为酒基,加入可食用或药食两用的辅料或食品添加剂,进行调配、混合或再加工制成的并改变了其原酒基风格的饮料酒。

葡萄酒消费税适用"酒"税目下设的"其他酒"子目。葡萄酒是指以葡萄为原料,经过破碎(压榨)、发酵而成的酒精度在1度(含)以上的葡萄原酒和成品酒(不含以葡萄为原料的蒸馏酒)。

> 对饮食业、商业、娱乐业举办的啤酒屋(啤酒坊)利用啤酒生产设备生产的啤酒,应当征收消费税。

(三)化妆品

本税目征收范围包括各类美容、修饰类化妆品、高档护肤类化妆品和成套化妆品。

美容、修饰类化妆品是指香水、香水精、香粉、口红、指甲油、胭脂、眉笔、触笔、蓝眼油、眼睫毛以及成套化妆品。

高档护肤类化妆品征收范围另行制定。

> 舞台、喜剧、影视演员化妆用的上装油、卸妆油、油彩,不属于本税目的征税范围。

（四）贵重首饰及珠宝玉石

本税目的征收范围包括以金、银、白金、宝石、珍珠、钻石、翡翠、珊瑚、玛瑙等高贵稀有物质以及其他金属、人造宝石等制作的各种纯金银首饰及镶嵌首饰和经采掘、打磨、初级加工的各种珠宝玉。

对出国人员免税商店销售的金银首饰征收消费税。

（五）鞭炮、焰火

本税目征收范围包括各种鞭炮、焰火。

体育上用的发令纸、鞭炮药引线，不按本税目征收。

（六）成品油

本税目包括汽油、柴油、石脑油、溶剂油、航空煤油、润滑油、燃料油7个子目；航空煤油暂缓征收。

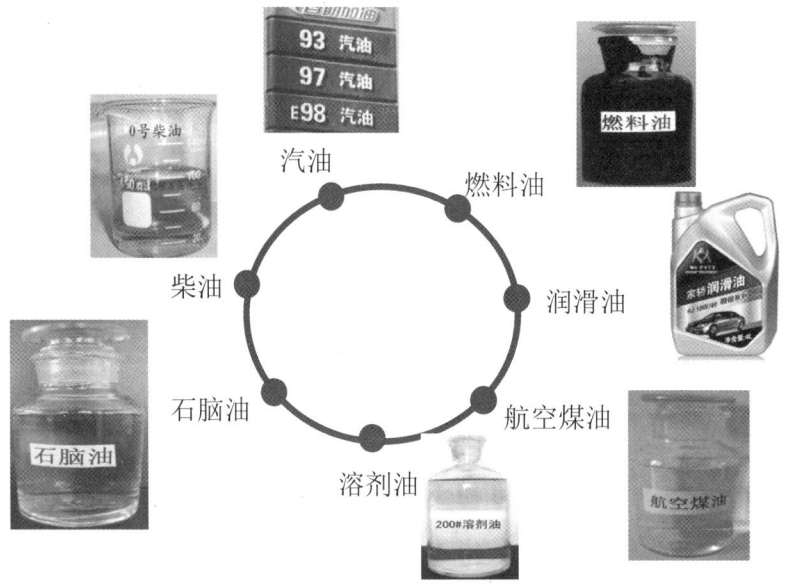

1. 汽油

汽油是指用原油或其他原料加工生产的辛烷值不小于 66 的可用作汽油发动机燃料的各种轻质油。取消车用含铅汽油消费税，汽油税目不再划分二级子目，统一按照无铅汽油税率征收消费税。

以汽油、汽油组分调和生产的甲醇汽油、乙醇汽油也属于本税目征收范围。

2. 柴油

柴油是指原油或其他原料加工生产的凝点或倾点在-50℃～-30℃的可用作柴油发动机燃料的各种轻质油和以柴油组分为主、经调和精制可用作柴油发动机燃料的非标志油。

以柴油、柴油组分调和生产的生物柴油也属于本税目征收范围。

3. 石脑油

石脑油又叫化工轻油，是以原油或其他原料加工生产的用于化工原料的轻质油。

石脑油的征收范围包括除汽油、柴油、航空煤油、溶剂油以外的各种轻质油。非标汽油、重整生成油、拔头油、戊烷原料油、轻裂解料（减压柴油 VGO 和常压柴油 AGO）、重裂解料、加氢裂化尾油、芳烃油余油均属于轻质油，属于石脑油征收范围。

4. 溶剂油

溶剂油是以石油加工生产的涂料、油漆、食用油、印刷油墨、皮革、农药、橡胶、化妆品生产和机械清洗、胶粘行业的轻质油。

橡胶填充油、溶剂油原料，属于溶剂油征收范围。

5. 航空煤油

航空煤油也叫喷气燃料，是用原油或其他原料加工生产的用作喷气发动机和喷气推进系统中作为能源的石油燃料。

6. 润滑油

润滑油是用原油或其他原料加工生产的用于内燃机、机械加工过程的润滑产品。润滑油分为矿物性润滑油、植物性润滑油、动物性润滑油和化工原料合成润滑油。

润滑油的征收范围包括矿物性润滑油、矿物性润滑油基础油、植物性润滑油、动物性润滑油和化工原料合成润滑油。以植物性、动物性和矿物性基础油（或矿物性润滑油）混合掺配而成的"混合性"润滑油，不论矿物性基础油（或矿物性润滑油）所占比例高低，均属于润滑油的征收范围。

7. 燃料油

燃料油也称重油、渣油，是用原油或其他原料加工生产，主要用作电厂发电、锅炉用燃料、加热炉燃料、冶金和其他工业炉燃料的各类燃料油。腊油、船用重油、压重油、减压重油、180CTS 燃料油、7 号燃料油、糠醛油、工业燃料、4-6 号燃料油等油品的主要用途作为燃料燃烧，属于燃料油征收范围。

（七）摩托车

包括轻便摩托车和摩托车两种。对最大设计车速不超过 50 公里/小时，发动机气缸总工作容量不超过 50 毫升的三轮摩托车不征收消费税。气缸容量为 250 毫升（不含）以下的小排量摩托车不征收消费税。

（八）小汽车

汽车是指由动力驱动，具有 4 个或 4 个以上车轮的非轨道承载的车辆。

本税目征收范围包括含驾驶员座位在内最多不超过 9 个座位（含）的，在设计和技术特性上用于载运乘客和货物的各类乘用车和含驾驶员座位在内的座位数在 10~23 座（含 23 座）的设计在技术特性上用于载运乘客和货物的各类中轻型商用客车。

用排气量小于 1.5 升（含）的乘用车底盘（车架）改装、改制的车辆属于乘用车征收范围。用排气量大于 1.5 升的乘用车底盘（车架）或用中轻型商用客车底盘（车架）改装、改制的车辆属于中轻型商用客车征收范围。

含驾驶员人数（额定载客）为区间值的（如 8-10 人、17-26 人）小汽车按其区间值下限人数确定征收范围。

电动车不属于税目征收范围。

车身长度大于 7 米（含），并且座位在 10-23 座（含）以下的商用客车，不属于中轻型商用客车征税范围，不征消费税。

沙滩车、雪地车、卡丁车、高尔夫车不属于消费税征收范围，不征收消费税。

（九）高尔夫球及球具

本税目征税范围包括高尔夫球、高尔夫球杆及高尔夫球包（袋）、高尔夫球杆的杆头、杆身和握把。

（十）高档手表

高档手表是指销售价格（不含增值税）每只在 10000 元（含）以上的各类手表。本税目征收范围包括符合以上标准的各类手表。

（十一）游艇

游艇是指长度大于 8 米小于 90 米，船体由玻璃钢、钢、铝合金、塑料等多种材料制作，可以在水上移动的浮载体。按照动力划分，游艇分为无动力艇、帆艇、和机动艇。

本税目征收范围包括艇身长度大于 8 米（含）小于 90 米（含），内置发动机，可以在水上移动，一般为私人或团体购置，主要用于水上运动和休闲娱乐等非营利活动的各类机动艇。

（十二）木质一次性筷子

木质一次性筷子，又称卫生筷子，是指以木材为原材料经过锯段、浸泡、旋切、刨切、烘干、筛选、打磨、倒角、包装等环节加工而成的各类一次性使用的筷子。

本税目征收范围包括各种规格的木质一次性筷子。未经打磨、倒角的木质一次性筷子属于本税目征税范围。

（十三）实木地板

实木地板是指以木材为原料，经锯割、干燥、刨光、截断、开榫、涂漆等工序加工而成的块状或条状的地面装饰材料。实木地板按生产工艺不同，可分为独板（块）实木地板、实木指接地板和实木复合地板三类；按表面处理状态不同，可分为未涂饰地板（白坯板、塑板）和漆饰地板两类。

本税目征收范围包括各类规格的实木地板、实木指接地板、实木复合地板及用于装饰墙壁、天棚的侧端面为榫、槽的实木装饰板以及未经涂饰的素板。

（十四）电池

电池，是一种将化学能、光能等直接转换为电能的装置，一般由电极、电解质、容器、极端，通常还有隔离层组成的基本功能单元，以及用一个或多个基本功能单元装配成的电池组。范围包括：原电池、蓄电池、燃料电池、太阳能电池和其他电池。

自 2015 年 2 月 1 日对电池（铅蓄电池除外）征收消费税；对无汞原电池、金属氰化物镍蓄电池（又称"氢镍蓄电池"或"镍氢蓄电池"）、锂原电池、锂离子蓄电池，太阳能电池、燃料电池和全钒液流电池免征消费税。

2015 年 12 月 31 日前对铅蓄电池缓征消费税；自 2016 年 1 月 1 日起，对铅蓄电池按 4%税率征收消费税。

（十五）涂料

涂料是一种涂于物体表面能形成具有保护、装饰或特殊性能的固态涂膜的一类液体或固体材料之总称。自 2015 年 2 月 1 日起对涂料征收消费税，施工状态下挥发性有机物（Volatile Organic Compounds, VOC）含量低于 420 克/升（含）的涂料免征消费税。

二、税率

消费税采取比例税率和定额税率两种形式，以适应不同应税消费品的实际情况。

消费税根据不同的税目或子目确定相应的税率或单位税额。

消费税税目、税率表

税目	税率
一、烟 1.卷烟 （1）甲类卷烟（生产或进口环节） （2）乙类卷烟（生产或进口环节） （3）批发环节 2.雪茄烟 3.烟丝	 56%加 0.003 元/支 36%加 0.003 元/支 11%加 0.005 元/支 36% 30%
二、酒 1.白酒 2.黄酒 3.啤酒 　　（1）甲类啤酒 　　（2）乙类啤酒 4.其他酒	 20%加 0.5 元/500 克（或者 500 毫升） 240 元/吨 250 元/吨 220 元/吨 10%
三、化妆品	30%
四、贵重首饰及珠宝玉石 　1.金银首饰、铂金首饰和钻石及钻石饰品 　2.其他贵重首饰和珠宝玉石	 5% 10%
五、鞭炮、焰火	15%
六、成品油 　1.汽油 　2.柴油 　3.航空煤油 　4.石脑油 　5.溶剂油 　6.润滑油 　7.燃料油	 1.52 元/升 1.2 元/升 1.2 元/升 1.52 元/升 1.52 元/升 1.52 元/升 1.2 元/升
七、摩托车 　1.气缸容量为 250 毫升 　2.气缸容量为 250 毫升以上的	 3% 10%
八、小汽车 1.乘用车 （1）气缸容量（排气量，下同）在 1.0 升（含 1.0 升）以下的 （2）气缸容量在 1.0 升以上至 1.5 升（含 1.5 升）的 （3）气缸容量在 1.5 升以上至 2.0 升（含 2.0 升）的 （4）气缸容量在 2.0 升以上至 2.5 升（含 2.5 升）的 （5）气缸容量在 2.5 升以上至 3.0 升（含 3.0 升）的 （6）气缸容量在 3.0 升以上至 4.0 升（含 4.0 升）的 （7）气缸容量在 4.0 升以上的 2.中轻型商用客车	 1% 3% 5% 9% 12% 25% 40% 5%
九、高尔夫球及球具	10%
十、高档手表	20%
十一、游艇	10%

十二、木制一次性筷子	5%
十三、实木地板	5%
十四、电池	4%
十五、涂料	4%

消费税采取列举法按具体应税消费品税目税率，征税界限清楚，一般不易发生错用税率的情况。但是，存在下列情况时，纳税人应按照相关规定确定适应税率：

1.纳税人兼营不同税率的应税消费品，应当分别核算不同税率应税消费品的销售额、销售数量。未分别核算销售额、销售数量的，或者将不同税率的应税消费品组成成套的消费品销售的，从高适用税率。

2.配制酒适用税率的确定，配制酒（露酒）是指以发酵酒、蒸馏酒或食用酒精为酒基，加入可使用或药食两用的辅料或者食品添加剂，进行调配、混合或再加工制成的并改变了其原酒基风格的饮料酒。

（1）以蒸馏酒或食用酒精为酒基，同时符合以下条件的配制酒，按其他酒税率征收消费税。

①具有国家相关部门批准的国食健字或卫食健字文号；

②酒精度低于38度（含）。

（2）以发酵酒为酒基，酒精度数低于20度（含）的配制酒，按其他酒税率征收消费税。

（3）其他配置酒，按白酒税率征收消费税。

上述蒸馏酒或食用酒精为酒基是指酒基中蒸馏酒或食用酒精的比重超过80%（含）；发酵为酒基是指酒基中发酵酒的比重超过80%（含）。

3.纳税人自产自用的卷烟应当按照纳税人生产的同牌号规格的卷烟销售价格确定征税类别和适用税率。

4.卷烟由于接装过滤嘴、改变包装或者其他原因提高销售价格后，应按照新的销售价格确定征税类别和适用税率。

5.委托加工的卷烟按照受托方同牌号规格卷烟的征税类别和适用税率征税。没有同牌号规格卷烟的，一律按卷烟最高税率征税。

6.残次品卷烟应该按照同品牌好规格正品卷烟的征税类别确定适用税率。

7.下列卷烟不分征税类别一律按照56%卷烟税率征税，并按照规定额每标准箱150元计算征税：①白包卷烟；②手工卷烟；③未经国务院批准纳入计划的企业和个人生产的卷烟。

第三节 消费税的计税依据

根据现行消费税法的基本规定,消费税应纳税额的计算分为从价计征、从量计征和从价从量复合计征三种方法。

一、从价计征

在从价定率计算方法下:

应纳税额=应税消费品的销售额×适用税率

应纳税额的多少取决于应税消费品的销售额和适用税率两个因素。

销售额的确定:

销售额,是指纳税人销售应税消费品向购买方收取的全部价款和价外费用,不包括应向购买方收取的增值税税款。

价外费用,是指价外向购买方取得手续费、补贴、基金、资金费、返还利润、奖励费、违约金、滞纳金、延期付款利息、赔偿金、代收款项、代垫款项、包装费、包装物租金、储备费、优质费、运输装卸费以及其他各种性质的价外收费。价外费用无论是否属于纳税人的收入,均应并入销售额计算征税。但下列项目不包括在销售额内:

1. 同时符合以下条件的代垫运输费用:

(1) 承运部门的运输费用发票开具给购买方的;

(2) 纳税人将该发票转交给购买方的。

2. 同时符合以下条件代为收取的政府性基金或者行政事业性收费:

(1) 由国务院或者财政部批准设立的政府型基金,由国务院或者省级人民政府及其财政、价格或者财政部批准设立的政府性基金,由国务院或省级人民政府及其财政、价格主管部门批准设立的行政事业性收费;

(2) 收取时开具省级以上政府部门印制的财政票据;

(3) 所收款项全额上缴财政。

纳税人销售的应税消费品,以外汇结算销售额的,其销售额的人民币折合率可以选择结算的当天或者当月1日的国家外汇牌价(原则上为中间价)。纳税人应在事先确定采取何种折合率,确定后1年内不得变更。

实行从价定率办法计算应纳税额的应税消费品连同包装销售的,无论包装物是否单独计价以及在会计上如何核算,均应并入应税消费品的销售额中缴纳消费税。如果包装物不作价随同产品销售,而是收取押金,此项押金则不应并入应税消费品的销售额中征税。但是因逾期未收回的包装物不再退还的或者已收取的时间超过12个月押金,并入应税消费品的销售额,按照应税消费品的适用税率缴纳消费税。

对既作价随同应税消费品销售,又另外收取的包装的押金,凡纳税人在规定的期限内没有退还的,均应并入应税消费品的销售额,按照应税消费品的适用税率缴纳消费税。

应税消费品在缴纳消费税的同时,与一般货物一样,还应缴纳增值税。按照《消费税暂行条例实施细则》的规定,应税消费品的销售额,不包括应向购货方收取的增值税税款。如果纳税人应税消费品的销售额中未扣除增值税税款或者因不得开具增值税专用票而发生价款和增值税税款合并收取的,在计算消费税时,应将含增值税额换算为不含增值税税款的销售额。其换算公式为:

应税消费品的销售额=含增值税的销售额÷(1+增值税税率或征收率)

在使用换算公式时,应根据纳税人的具体情况分别适用增值税税率或者征收率;如果消费税的纳税人是增值税小规模纳税人的,应使用3%的征收率。

二、从量计征

在从量定额计算方法下:

应纳税额=应税消费品的销售数量×单位税额

应纳税额的多少取决于应税消费品的销售数量和单位税额两个因素。

(一)销售数量的确定

销售数量是指纳税人生产、加工和进口应税消费品的数量。具体规定为:

1.销售应税消费品的,为应税消费品的销售数量。

2.自产自用应税消费品,为应税消费品的移送使用数量。

3.委托加工应税消费品的,为纳税人收回的应税消费品数量。

4.进口应税消费品的,为海关核定的应税消费品进口征税数量。

（二）从量定额的换算标准

为了规范不同产品的计量单位，以确定计算应纳税额，《消费税暂行条例实施细则》规定了吨与升两个计量单位的换算标准。

计量单位换算表

序号	名称	计量单位的换算标准
1	黄酒	1 吨=962 升
2	啤酒	1 吨=988 升
3	汽油	1 吨=1388 升
4	柴油	1 吨=1176 升
5	航空煤油	1 吨=1246 升
6	石脑油	1 吨=1385 升
7	溶剂油	1 吨=1282 升
8	润滑油	1 吨=1126 升
9	燃料油	1 吨=1015 升

三、复合计征销售额和销售数量的确定

根据消费税法的规定，卷烟和白酒实施从价定率和从量定额相结合的复合计征办法征收消费税。

销售额为纳税人生产销售卷烟、白酒向购买方收取的全部价款和价外费用。销售数量为纳税人生产销售、进口、委托加工、自产自用卷烟、白酒的销售数量、海关核定数量、委托方收回数量和移送使用数量。

四、计税依据的特殊规定

1.纳税人通过自设非独立核算门市部销售的自产应税消费品，应当按照门市部对外销售额或者销售数量征收消费税。

2.纳税人用于换取生产资料和消费资料、投资入股和抵偿债务等方面的应税消费品，应当以纳税人同类应税消费品的最高销售价格作为计税依据计算消费税。

3.酒类关联企业间关联交易消费税。白酒生产企业向商业销售单位收取的"品牌使用费"是随着应税白酒的销售而向购货方收取的，属于应税白酒销售价款的组成部分，因此，不论企业采取何种方式或以何种名义收取价款，均应并入应税消费品的销售额中缴纳消费税。

对酒类生产企业销售酒类产品而收取的包装物押金，无论押金是否返还及会计上如何核算，均应并入酒类产品销售额，征收消费税。

第四节 应纳税额的计算

一、生产销售应纳消费税的计算

纳税人在生产销售环节应缴纳的消费税，包括直接对外销售应税消费品应缴纳的消费税和自产自用应税消费品应缴纳的消费税。

（一）直接对外销售应纳税的计算

1. 实行从价定率计征消费税的，其计算公式为：

$$应纳税额＝销售额×比例税率$$

2. 实行从量定额计征消费税的，其计算公式为：

$$应纳税额＝销售数量×定额税率$$

3. 实行从价定率和从量定额复合方法计征消费税的，其计算公式为：

$$应纳税额＝销售额×比例税率＋销售数量×定额税率$$

现行消费税的征税范围中，只有卷烟、白酒采用复合计算方法。

（二）自产自用应纳消费税的计算

纳税人自产自用的应税消费品，用于连续生产应税消费品的，不纳税；凡用于其他方面的，于移送使用时，按照纳税人生产的同类消费品的销售价格计算纳税。

没有同类消费品价格的，按照组成计税价格计算纳税。

（1）实行从价定率办法计征消费税的：

$$组成计税价格＝（成本＋利润）÷（1－比例税率）$$

$$应纳税额＝组成计税价格×比例税率$$

（2）实行复合计税办法计征消费税的，其计算公式为：

$$组成计税价格＝（成本＋利润＋自产自用数量×定额税率）÷（1－比例税率）$$

$$应纳税额＝组成计税价格×比例税率＋自产自用数量×定额税率$$

> 上述公式所说的"成本"，是指应税消费品的产品生产成本。
> 上述公式中所说的"利润"，是指各种应税消费品的全国平均成本利润计算的利润。应税消费品全国平均成本利润率由国家税务总局确定。

同类消费品的销售价格是指纳税人或者代收代缴义务人当月销售的同类消费品的销售价格，如果当月同类消费品各期销售价格高低不同，应按销售数量加权平均计算。但销售的应税消费品有下列情况之一的，不得列入加权平均计算：

①销售价格明显偏低且无正当理由的；

②无销售价格的。

如果当月无销售或者当月未完结,应按照同类消费品上月或者最近月份的销售价格计算纳税。

二、委托加工的应纳税的计算

委托加工的应税消费品,按照受托方的同类消费品的销售价格计算纳税。没有同类消费品销售的,按照组成计税价格计算纳税。

(1) 实行从价定率办法计征消费税的其计算公式为:

组成计税价格=(材料成本+加工费)÷(1-比例税率)

应纳税额=组成计税价格×比例税率

(2) 实行复合计税办法计征消费税的,其计算公式为:

组成计税价格=(材料成本+加工费+委托加工数量×定额税率)÷(1-比例税率)

应纳税额=组成计税价格×比例税率+委托加工数量×定额税率

> 材料成本,是指委托加工所提供加工材料的实际成本,委托加工应税消费品的纳税人,必须在委托加工合同上如实注明(或以其他方式提供)材料成本,凡未提供材料成本的,受托方主管税务机关有权核定其材料成本。
> 加工费,是指受托方加工应税消费品向委托方所收取的全部费用(包括代垫辅助材料的实际成本)不包括增值税税款。

三、进口环节应纳消费税的计算

纳税人进口应税消费品,按照组成计税价格和规定的税率计算应纳税额。

(1) 实行从价定率计征消费税的,其计算公式为:

组成计税价格=(关税完税价格+关税)÷(1-消费税比例税率)

应纳税额=组成计税价格×消费税比例税率

公式中所称"关税完税价格",是指海关核定的关税计税价格。

(2) 实行从量定额计征消费税的,其计算公式为:

应纳税额=应税消费品数量×消费税定额税率

(3) 实行复合计税办法计征消费税的,其计算公式为:

组成计税价格=(关税完税价格+关税+进口数量×定额税率)÷(1-消费税比例税率)

应纳税额=组成计税价格 × 消费税比例税率 + 进口数量 × 定额税率

进口环节消费税除国务院另有规定外,一律不得给予减税、免税。

四、已纳消费税的扣除

为了避免重复征税，现行消费税规定，将外购消费品和委托加工收回的应税消费品继续生产应税消费品销售的，可以将外购消费品和委托加工收回应税消费品已缴纳的消费税给予扣除。

（一）外购应税消费品已纳税款的扣除

由于某些应税消费品是用外购已缴纳消费税的应税消费品连续生产出来的，在对这些连续生产出来的应税消费品计算征税时，税法规定应按当期生产领用数量准予扣除外购的应税消费品已纳的消费税税款。扣除范围包括：

（1）外购已税烟丝生产的卷烟；
（2）外购已税化妆品生产的化妆品；
（3）外购已税珠宝、玉石生产的贵重首饰及珠宝、玉石；
（4）外购已税鞭炮、焰火生产的鞭炮、焰火；
（5）外购已税杆头、杆身和握把为原料生产的高尔夫球杆；
（6）外购已税木制一次性筷子为原料生产的木制一次性筷子；
（7）外购已税实木地板为原料生产的实木地板；
（8）外购已税石脑油、润滑油、燃料油为原料生产应税成品油；
（9）外购已税汽油、柴油为原料生产的汽油、柴油。

上述当期准予扣除应税消费品已纳消费税税款的计算公式为：

当期准予扣除的外购应税消费品已纳税款=当期准予扣除的外购应税消费品买价×外购应税消费品适用税率

当期准予扣除的外购应税消费品买价=期初库存的外购应税消费品的买价+当期购进的应税消费品的买价－期末库存的外购应税消费品的买价

外购已税消费品的买价是指购货发票上注明的销售额（不包括增值税税款）。

纳税人用外购的已税珠宝、玉石原料生产的改在零售环节征收消费税的金银首饰（镶嵌首饰），在计税时一律不得扣除外购珠宝、玉石的已纳税款。

> 对自己不生产的应税消费品，而只是购进后再销售应税消费品的工业企业，其销售的化妆品、护肤品、鞭炮焰火和珠宝玉石，凡不能构成最终消费品直接进入消费品市场，而需进一步生产加工的（如需进一步深加工）、包装、贴标，组合的珠宝玉石、化妆品、酒、鞭炮焰火等，应当征收消费税，同时允许扣除上述外购应税消费品的已纳税款。

（二）委托加工收回的应税消费品已纳税款的扣除

委托加工的应税消费品因为已由受托方代收代缴消费税，因此，委托方收回货物后用于连续生产应税消费品的，其已纳税款准予按照规定从连续生产的应税消费品应纳消费税税额中抵扣。按照国家税务总局的规定，下列连续生产的应税消费品准予从应纳消费税税额中按当期生产领用数量计算扣除委托加工收回的应税消费品已纳消费税税款。

（1）以委托加工收回的已税烟丝为原料生产的卷烟；

（2）以委托加工收回的已税化妆品为原料生产的化妆品；

（3）以委托加工收回的已税珠宝、玉石原料生产的贵重首饰及珠宝、玉石；

（4）以委托加工收回的已税鞭炮、焰火为原料生产的鞭炮、焰火；

（5）以委托加工收回的已税杆头、杆身和握把为原料生产的高尔夫球杆；

（6）以委托加工收回的已税木制一次性筷子为原料生产的木制一次性筷子；

（7）以委托加工收回的已税实木地板为原料生产的实木地板；

（8）以委托加工收回的已税石脑油、润滑油、燃料油为原料生的成品油；

（9）以委托加工收回的已税汽油、柴油为原料生产的汽油、柴油。

上述当期准予扣除委托加工收回的应税消费品已纳消费税税款的计算公式为：

当期准予扣除的委托加工应税消费品已纳税款＝期初库存的委托加工应税消费品已纳税款＋当期收回的委托加工应税消费品已纳税款－期末库存的委托加工应税消费品的税款

纳税人以进口、委托加工收回应税油品连续生产应税成品油，分别依据《海关进口消费税专用缴款书》《税收缴款书（代扣代收专用）》，按照现行政策规定计算扣除应税油品已纳消费税税款。

需要说明的是，纳税人用委托加工收回的已税珠宝、玉石原料生产的改在零售环节征收消费税的金银首饰，在计税时一律不得扣除委托加工收回的珠宝、玉石的已纳消费税税款。

第五节 消费税的征收管理

一、纳税义务发生时间

消费税纳税义务发生时间,以货款结算方式或行为发生时间分别确定。

销售应税消费品

委托加工应税消费品

自产自用应税消费品

进口应税消费品

1.纳税人销售的应税消费品,其纳税义务的发生时间为:

(1)纳税人采取赊销和分期收款结算方式的,为书面合同约定的收款日期的当天,书面合同没有约定收款日期或者无书面合同的,为发出应税消费品的当天。

(2)纳税人采取预收货款结算方式的,其纳税义务的发生时间,为发出应税消费品当天。

(3)纳税人采取托收承付和委托银行收款方式销售的应税消费品,其纳税义务的发生时间,为发出应税消费品并办妥托收手续的当天。

(4)纳税人采取其他结算方式的,其纳税义务的发生时间,为收讫销售款或者取得索取销售款凭据的当天。

2.纳税人自产自用的应税消费品,其纳税义务的发生时间,为移送使用的当天。

3.纳税人委托加工的应税消费品,其纳税义务的发生时间,为纳税人提货的当天。

4.纳税人进口的应税消费品,其纳税义务的发生时间,为报关进口的当天。

二、纳税期限

按照《消费税暂行条例》规定,消费税的纳税期限分别为1日、3日、5日、10日、15日、1个月或者1个季度。纳税人的具体纳税期限,由主管税务机关根据纳税人应纳税额的大小分别核定;不能按照固定期限纳税的,可以按次纳税。

纳税人以1个月或者1个季度为一个纳税期的,自期满之日起15日内申报纳税;以1日、3日、5日、10日或者15日为一个纳税期的,自期满之日起5日内预缴税款,于次月1日起至15日内申报纳税并结清上月应纳税款。

纳税人进口应税消费品,应当自海关填发海关进口消费税专用缴款之日起15日内缴纳税款。

如果纳税人不能按照规定的纳税期限依法纳税,将按《税收征收管理法》的有关规定处理。

三、纳税地点

消费税具体纳税地点有:

1.纳税人销售的应税消费品,以及自产自用的应税消费品,除国务院财政、税务主管部门另有规定外,应当向纳税人机构所在地或者居住地的主管税务机关申报纳税。

2.委托加工的应税消费品,除受托方为个人外,由受托方向机构所在地或者居住地的主管税务机关解缴消费税税款。

3.进口的应税消费品,由进口人或者其代理人向报关地海关申报纳税。

4.纳税人到外县(市)销售或者委托外县(市)代销自产应税消费品的,于应税消费品销售后,向机构所在地或者居住地主管税务机关申报纳税。

纳税人的总机构与分支机构不在同一县(市),但在同一省(自治区、直辖市)范围内,经省(自治区、直辖市)财政厅(局)、国家税务总局审批同意,可以由总机构汇总向总机构所在地的主管税务机关申报缴纳消费税。

省(自治区、直辖市)财政厅(局)、国家税务总局应将审批同意的结果,上报财政部、国家税务总局备案。

5.纳税人销售的应税消费品,如因质量等原因由购买者退回时,经所在地主管税务机关审核批准后,可退还已征收的消费税税款,但不能自行直接抵减应纳税款。

第三章 资源税

资源税 是对中华人民共和国领域及管辖海域从事应税矿产品开采和生产盐的单位和个人课征的一种税，属于对自然资源占用课税的范畴。

第一节 资源税的纳税人和扣缴义务人

一、纳税人

资源税的纳税义务人是指在中华人民共和国领域及管辖海域开采应税资源的矿产品或者生产盐的单位和个人。

单位是指国有企业、集体企业、私营企业、股份制企业、其他企业和行政单位、事业单位、军事单位、社会团体及其他单位；

个人是指个体经营者和其他个人；

其他单位和其他个人包括外商投资企业、外国企业及外籍人员。

二、扣缴义务人

扣缴义务人是指收购未税矿产品的单位或中外合作开采油气田作业者。主要是为了加强资源税的征管，适应税源小、零散，不定期开采、易漏税情形。扣缴义务具体包括：

1.独立矿山、联合企业收购未税矿产品的单位，按照本单位应税产品税额、税率标准，依据收购的数量，代扣代缴资源税。

2.其他收购单位收购的未税矿产品，按税务机关核定的应税产品税额、税率标准，依据收购的数量代扣代缴资源税。

3.开采海洋或者陆上油气资源的中外合作油气田，按实物量计算缴纳资源税，以该气油田开采的原油、天然气扣除作业用量和损耗之后的原油、天然气产量作为课税数量。中外合作油气田的资源税由作业者负责代扣，申报缴纳事宜有参与合作的中国石油公司负责办理。计征的原油、天然气资源税实物随同中外合作气油田的原油、天然气一并销售，按实际销售额（不含增值税）扣除其本身所发生的实际销售费用后入库。海上自营气油田比照此规定执行。

收购未税产品的单位是指独立矿山、联合企业和其他单位。

独立矿山是指只有采矿或只有采矿和选矿，独立核算、自负盈亏的单位，其生产的原矿和精矿主要用于对外销售。

联合企业是指采矿、选矿、冶炼（或加工）连续生产的企业或采矿、冶炼（或加工）连续生产的企业，其采矿单位，一般是该企业的二级或二级以下核算单位。其他单位也包括收购未税矿产品的个体户在内。

第二节 资源税的税目和税率

一、税目

资源税税目包括 7 大类，在 7 个税目下面又设有若干个子目。现行资源税的税目及子目主要是根据资源税应税产品和纳税人开采资源的行业特点设置的。

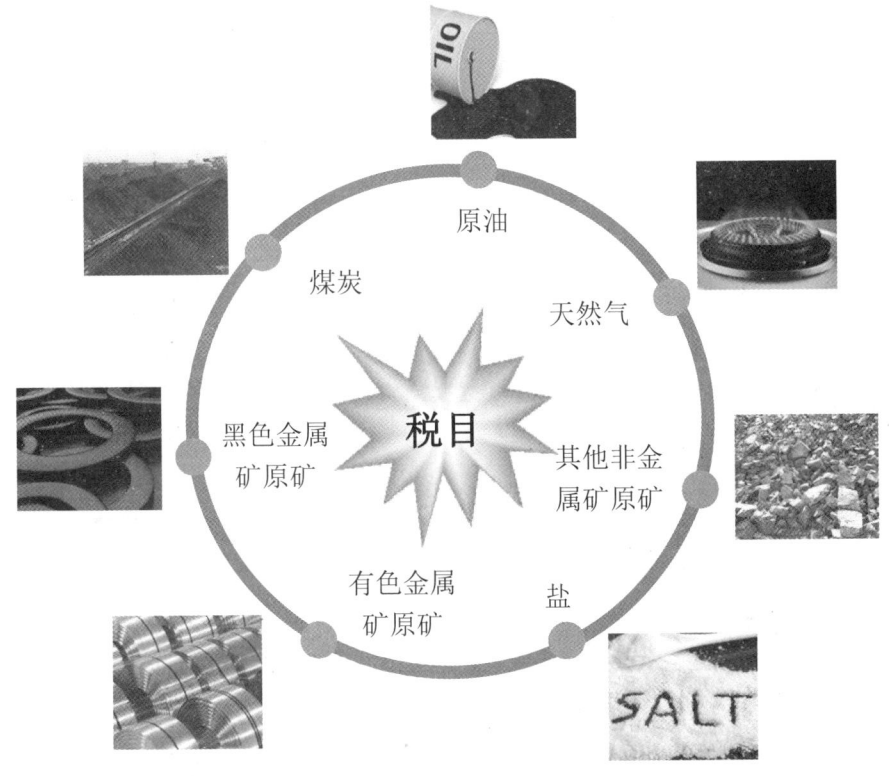

1.原油，是指开采的天然原油，不包括人造石油。

2.天然气，是指专门开采或者原油同时开采的天然气。

3.煤炭，包括原煤和以未税原煤加工的洗选煤。

4.其他非金属矿原矿，是指上列产品和井矿盐以外的非金属矿原矿。包括宝石、金刚石、玉石、膨润土、石墨、石英砂、萤石、重晶石、毒重石、蛭石、长石、氟石、滑石、白云石、硅灰石、凹凸棒石黏土、高岭石土、耐火黏土、云母、大理石、花岗石、石灰石、菱镁矿、天然碱、石膏、硅线石、工业用金刚石、石棉、硫铁矿、自然硫、磷铁矿等。

5.黑色金属矿原矿，是指纳税人开采后自用、销售的、用于直接入炉冶炼或作为主产品先入选精矿、制造人工矿，在最终入炉冶炼的黑色金属矿石原矿，包括铁矿石、锰矿石和铬矿石。

6.有色金属矿原矿，包括铜矿石、铅锌矿石、铝土矿石、钨矿石、锡矿石、锑矿石、铝矿石、镍矿石、黄金矿石、钒矿石（含石煤钒）等。

7.盐，一是固体盐，包括海盐原盐、湖盐原盐和井矿盐；二是液体盐（卤水），是指氯化钠含量达到一定浓度的溶液，适用于生产碱和其他产品的原料。

> 纳税人在开采主矿产品的过程中伴采的其他应税矿产品，凡未单独规定适用税额的，一律按主矿产品或视同主矿产品税目征收资源税。未列举名称的其他非金属矿原矿和其他有色金属矿原矿，由省、自治区、直辖市人民政府决定征收或暂缓征收资源税，并报财政部和国家税务总局备案。

二、税率

资源税采取从价定率或者从量定额的办法计征，分别以应税产品的销售额乘以纳税人具体使用的比例税率或者以应税产品的销售数量乘以纳税人具体适用的定额税率计算，实施"级差调节"的原则。级差调节是指运用资源税对因资源储存状况、开采条件、资源优劣、地理位置等客观存在的差别而产生的资源级差收入，通过实施差别税额标准进行调节。资源条件好的，税率、税额高一些；资源条件差的，税率、税额低一些。具体规定见下面税目、税率：

资源税税目、税率表

税目		税率
一、原油		销售额的 6%～10%
二、天然气		销售额的 6%～10%
三、煤炭		销售额的 2%～10%
四、其他非金属矿原矿	普通非金属矿原矿	每吨或者每立方米 0.5～20 元
	贵重非金属矿原矿	每千克或者每克拉 0.5～20 元
五、黑色金属矿原矿		每吨 2～30 元
六、有色金属矿原矿	稀土矿	销售额的 7.5%～27%
	钨	销售额的 6.5%
	钼	销售额的 11%
七、盐	固体盐	每吨 10～60 元
	液体盐	每吨 2～10 元

对于划分资源等级的应税产品，参照《资源税税目税率明细表》和《几个主要品种的矿山资源等级表》中确定的临近矿山或者资源状况、开采条件相近矿山的税率标准，在浮动30%的幅度内核定，并报财政部和国家税务总局备案。

煤炭资源税税率幅度为2%～10%，具体适用税率由省级财政部门在此幅度内，根据本地区清理收费基金、企业承受能力、煤炭资源条件等因素提出来建议，报省级人民政府拟定。结合当前煤炭行业实际情况,现行税费负担较高的地区要适当降低负担水平。省级人民政府需将拟定的适用税率在公布前报财政部、国家税务总局审批,跨省煤田的适用税率由财政部、国家税务总局确定。

纳税人开采或者生产不同税目应税产品的,应当分别核算不同税目应税产品的销售额或者销售数量;未分别核算或者不能准确提供不同税目应税产品的销售额或者销售数量的,从高适用税率。

第三节 计税依据与应纳税额的计算

一、计税依据

(一) 从价定率征收的计税依据

实行从价定率征收的以销售额作为计税依据:销售额是指为纳税人销售应税产品向购买方收取的全部价款和价外费用,但不包括收取的增值税销项税额。

1.全部价款

纳税人开采应税矿产品有其关联单位对外销售的,按其关联单位的销售额征收资源税。纳税人既有对外销售应税产品,又有将应税产品用于除连续生产应税产品以外的其他方面的,则自用的这部分应税产品按纳税人对外销售应税产品的平均价格计算销售额征收资源税。

纳税人将其开采的应税产品直接出口的,按其离岸价格(不含增值税)计算销售额征收资源税。

2.价外费用

价外费用,包括价外税向购买方收取的手续费、补贴、基金、集资费、返还利润、奖励费、违约金、滞纳金、延期付款利息、赔偿金、代收款项、包装费、包装物租金、储备费、优质费、运输装卸费(原煤销售额不含从矿口到车站、码头或用户指定运达地点的运输费用)以及其他各种性质的价外收费。但下列项目不包括在内:

(1) 同时符合以下条件的代垫运输费用:

①承运部门的运输费用发票开具给购买方;

②纳税人将该项发票转交给购买方的。

(2) 同时符合以下条件代为收取的政府性基金或者行政事业性收费:

① 由国务院或者财政部批准设立的政府性基金,由国务院或省级人民政府及其财政、价格主管部门审批设立的行政事业性收费;

② 收取时开具省级以上财政部门印制的财政票据;

③ 所有款项全额上缴财政。

纳税人以人民币以外的货币结算销售额的,应当折合成人民币计算。其销售额的人民币折合率可以选择销售额发生的当天或者当月1日的人民币汇率中间价,纳税人应在事先确定采用何种折合率方法,确定后1年内不得变更。

（二）从量定额征收的计税依据

实行从量定额征收的以销售数量为计税依据。销售数量的具体规定为：

1.销售数量，包括纳税人开采或者生产应税产品的实际销售数量和视同销售的自用数量。

2.纳税人不能准确提供应税产品销售数量的，以应税产品的产量或者主管税务机关确定的折算比换算成的数量为计征资源税的销售数量。

3.纳税人在资源纳税申报时，除财政部、国家税务总局有规定外，应当将其应税和减免项目分别计算和报送。

4.对于连续加工前无法正确计算原煤移送使用量的煤炭，可按加工产品的综合回收率，将加工产品实际销量和自用量折算成原煤数量，以此作为课税数量。

5.金属和非金属矿产品原矿，因无法准确掌握纳税人移送使用原矿数量的，可将其精矿按选矿比折算成原矿数量，以此作为课税数量其计算公式为：

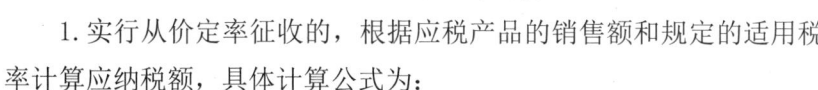

选矿比＝精矿数量 ÷ 耗用原矿数量

6.纳税人以自产的液体盐加工固体盐，按固体盐税额征税，以加工的固体盐数量为课税数量。纳税人以外购的液体盐加工成固体盐，其加工固体盐所耗用液体盐的已纳税额准予抵扣。

二、应纳税额的计算

资源税的应纳税额，按照从价定率或者从量定额的办法，分别以应税产品的销售额乘以纳税人具体适用的比例税率或者以应税产品的销售数量乘以纳税人具体适用的定额税率计算。

1.实行从价定率征收的，根据应税产品的销售额和规定的适用税率计算应纳税额，具体计算公式为：

应纳税额＝ 销售额×适用税率

2.实行从量定额征收的，根据应税产品的课税数量和规定的单位税额计算应纳税额，具体计算公式为：

应纳税额＝课税数量×单位税额

代扣代缴应纳税额＝收购未税矿产品的数量×适用的单位税额

3.自2014年12月1日起在全国范围内实施煤炭资源税从价计征改革，煤炭应税产品包括原煤和以未税原煤加工的洗选煤。

（1）应纳税额的计算公式如下：

应纳税额＝应税煤炭销售额×适用税率

纳税人开采原煤直接对外销售的,以原煤销售额作为应税煤炭销售额计算缴纳资源税。

原煤应纳税额＝原煤销售额×适用税率

(2)纳税人将其开采的原煤,自用连续生产洗选煤的,在原煤移送使用环节不缴纳资源税;自用于其他方面的,视同销售原煤,计算缴纳资源税。

(3)纳税人将其开采的原煤加工为洗选煤销售的,以洗选煤销售额乘以折算率作为应税煤炭销售额计算缴纳资源税。

洗选煤应纳税额＝洗选煤销售额×折算率×适用税率

折算率可通过洗选煤销售额扣除洗选环节成本、利润计算,也可以通过洗选煤市场价格与其所用同类原煤市场价格的差额及综合回收率计算。折算率由省、自治区、直辖市财税部门或其授权地区市级财税部门确定。

(4)原煤及洗选煤销售额中包含的运输费用、建设基金以及随运销产生的装卸、仓储、港杂等费用应与煤价分别核算,凡取得相应凭据的,允许在计算煤炭计税销售额时予以扣减。

(5)纳税人将其开采的原煤加工为洗选煤自用的,视同销售洗选煤,计算缴纳资源税。

(6)纳税人同时销售(包括视同销售)应税原煤和洗选煤,应当分别核算原煤和洗选煤的销售额;未分别核算或者不能准确提供原煤洗选煤销售额的,一并视同销售原煤按上文(1)计算缴纳资源税。

纳税人同时以自采未税原煤和外购已税原煤加工洗选煤的,应当分别核算;未核算的,按上文(3)计算缴纳资源税。

4.为便于征管,对开采稠油、高凝油、高含硫天然气、低丰度油气资源及三次采油的陆上油气企业,根据 2014 年以前年度符合减税规定的原油、天然气销售额占其原油、天然气总销售额的比例,确定资源税综合减征率和实际征收率,计算资源税应纳税额。计算公式为:

综合减征率＝∑（减税项目销售额× 减征幅度 ×6%）÷ 总销售额

实际征收率＝6％ － 综合减征率

应纳税额＝ 总销售额 ×实际征收率

5.自 2015 年 5 月 1 日起稀土、钨、钼由从量定额计征改为从价定率计征,其应税产品包括原矿和以自采原矿加工的精矿。

（1）应纳税额的计算公式如下：

$$应纳税额＝精矿销售额×适用税率$$

纳税人将其开采的原矿加工为精矿销售的，按精矿销售额（不含增值税）和适用税率计算缴纳的资源税。纳税人开采并销售原矿的，将原矿销售额（不含增值税）换算为精矿销售额计算缴纳资源税。

（2）精矿销售额的计算公式为：

$$精矿销售额＝精矿销售数量×单位价格$$

精矿销售额不包括从洗选厂到车站、码头或用户指定运达地点的运输费用。

（3）原矿销售额与精矿销售额的换算。纳税人销售（或者视同销售）其自产原矿的，可采用成本法或市场法将原矿销售额换算为精矿销售额计算缴纳资源税。其中

成本法计算公式为：

$$精矿销售额＝原矿销售额＋原矿加工为精矿的成本×（1＋成本利润率）$$

市场法计算公式为：

$$精矿销售额＝原矿销售额×换算比$$

$$换算比＝同类精矿单位价格÷（原矿单位价格×选矿比）$$

$$选矿销售＝加工精矿耗用的原矿数量÷精矿数量$$

原矿销售额不包括从矿区到车站、码头或用户指定运达地点的运输费用。

（4）纳税人将其开采的原矿加工为精矿销售的，在销售环节计算缴纳资源税。

纳税人将其开采的原矿，自用于连续生产精矿销售的，在原矿移送使用环节不缴纳资源税，加工为精矿后按规定计算缴纳资源税。

纳税人将自采原矿加工为精矿自用或者进行投资、分配、抵债以及以物易物等情形的，视同销售精矿，依照有关规定计算缴纳资源税。

纳税人将其开采的原矿对外销售的，在销售环节缴纳资源税；纳税人将其开采的原矿连续生产非精矿产品的，视同销售原矿，依照有关规定计算缴纳资源税。

（5）纳税人同时以自采未税原矿和外购已税原矿加工精矿的，应当分别核算；未分别核算的，一律视同以未税原矿加工精矿，计算缴纳资源税。

第四节 资源税税收优惠和征收管理

一、减税、免税项目

资源税贯彻普遍征收、级差调节的原则思想，因此规定的减免税项目比较少。

1.开采原油过程中用于加热、修井的原油，免税。

2.纳税人开采或者生产应税产品过程中，因意外事故或者自然灾害等原因遭受重大损失的，由省、自治区、直辖市的人民政府酌情决定减税或者免税。

3.铁矿石资源税减按40%征收资源税。

4.尾矿再利用的，不再征收资源税。

5.从2007年1月1日起，对地面抽采煤层气暂不征收资源税。煤层气是指赋存于煤层及其围岩中与煤炭资源伴生的非常规天然气，也称煤矿瓦斯。

6.自2010年6月1日起，纳税人在新疆开采的原油、天然气，自用于连续生产原油、天然气的，不缴纳资源税；自用于其他方面的，视同销售，依照本规定计算缴纳资源税。

7.有下列情形之一的，免征或者减征资源税：

（1）油田范围内运输稠油过程中用于加热的原油、天然气、免征资源税。

（2）稠油、高凝油和高含硫天然气资源税减征40%。

稠油，是指地层原油黏度大于或等于50毫帕/秒或原油密度大于或等于0.92克/立方厘米的原油。高凝油，是指凝固点大于40℃的原油。高含硫天然气，是指硫化氢含量大于或等于30克/立方米的天然气。

（3）三次采油资源税减征30%。三次采油，是指二次采油后继续以聚合物驱、三元复合驱、泡沫驱、二氧化碳驱、微生物驱等方式进行采油。

（4）对地风度油气田资源税暂减征20%。

陆上低丰度油田，是指每平方公里原油可采储量丰度在25万立方米（不含）以下的油田；陆上低丰度油田，是指每平方公里天然气可采储量丰度在2.5亿立方米（不含）以下的气田。

海上低丰度油田，是指每平方公里原油可采储量丰度在60万立方米（不含）以下的油田；海上低丰度油气田，是指每平方公里天然气可采储量丰度在6亿立方米（不含）以下的气田。

（5）对深水油气天资源税减征30%。

深水油气田，是指水深超过300米（不含）的油气田。

符合上述减免规定的原油、天然气划分不清的，一律不予减免资源税；同时符合上述两项及两项以上减税规定的，只能选择其中一项执行，不能叠加适用。财政部和国家税务总局根据国家有关规定及实际情况的变化适时对上述政策进行调整。

（6）对衰竭期煤矿开采的煤炭，资源税减征30%。

衰竭期煤矿，是指剩余可采储量下降到原设计可采储量的20%（含）以下，或者剩余服务年限不超过5年的煤矿。

（7）对填充开采置换出来的煤炭，资源税减征50%。

纳税人开采的煤炭，同时符合上述减税情况的，纳税人只能选择其中一项执行，不能叠加使用。

二、出口应税产品不退（免）资源税的规定

资源税规定仅对在中国境内开采或生产应税产品的单位和个人征收，进口的矿产品和盐不征收资源税。由于对进口应税产品不征收资源税，相应对出口应税产品也不免征或退还已纳资源税。

第五节　资源税的征收管理

一、纳税义务发生时间

销售应税产品

- 纳税人采取分期收款的结算方式的,其纳税义务发生时间,为销售合同规定的收款日期的当天。
- 纳税人采取预收货款结算方式的,其纳税义务发生时间,为发出应税产品的当天。
- 纳税人采取其他结算方式的,其纳税义务发生时间,为收讫销售款或者取得索取销售款凭据的当天。

自产自用应税产品

- 纳税人自产自用应税产品的纳税义务发生时间,为移送使用应税产品的当天。

代扣代缴税款

- 扣缴义务人代扣代缴税款的纳税义务发生时间,为支付首笔货款或首次开具支付货款凭据的当天。

二、纳税期限

1. 纳税期限是纳税人发生纳税义务后缴纳税款的期限。资源税的纳税期限为1日、3日、5日、10日、15日或者1个月,纳税人的纳税期限由主管税务机关根据实际情况具体核定。不能按固定期限计算纳税的,可以按此计算纳税。

2. 纳税人以1个月为一期纳税的,自期满之日起10天内申报纳税;以1日、3日、5日、10天或者15日为一期纳税的,自期满之日起5日内预缴税款,于次月1日起10日内申报纳税并结清上月税款。

三、纳税地点

1.凡是缴纳资源税的纳税人,都应当向应税产品的开采或者生产所在地主管税务机关缴纳税款。

2.如果纳税人在本省、自治区、直辖市范围内开采或者生产应税产品，其纳税地点需要调整的，由所在地省、自治区、直辖市税务机关决定。

3.如果纳税人应纳的资源税属于跨省开采，其下属生产单位与核算单位不在同一省、自治区、直辖市的，对其开采或者生产的应税产品，一律在开采地或者生产地纳税。实行从量计征的应税产品，其应纳税款一律由独立核算的单位按照每个开采地或者生产地的销售量及适用税率计算划拨；实行从价计征的应税产品，其应纳税款一律由独立核算的单位按照每个开采地或者生产地的销售量、单位销售价格及适用税率计算划拨。

4.扣缴义务人代扣代缴的资源税，也应当向收购地主管税务机关缴纳。

第四章 城市维护建设税

城市维护建设税 是对从事工商经营,缴纳增值税、消费税的单位和个人征收的一种税。

第一节 城市维护建设税的纳税人

城市维护建设税的纳税义务人,是指负有缴纳增值税、消费税义务的单位和个人,包括国有企业、集体企业、私营企业、股份制企业、其他企业和行政单位、事业单位、军事单位、社会团体、其他单位,以及个体工商户及其他个人。

> 自2010年12月1日起,对外商投资企业、国外企业及外籍个人(以下简称"外资企业")征收城市维护建设税。对外资企业2010年12月1日(含)之后发生纳税义务的增值税、消费税征收城市维护建设税;对外资企业2010年12月1日之前发生纳税义务的"两税",不征收城市维护建设税。

第二节 城市维护建设税的税率

城市维护建设税率,是指纳税人应缴纳的城市维护建设税税额与纳税人实际缴纳的增值税和消费税税额之间的比率。城市维护建设税按纳税人所在地的不同,设置了三档地区差别比例税率,除特殊规定外,即:

1.纳税人所在地为市区的,税率为7%。

2.纳税人所在地为县城、镇的,税率为5%。

3.纳税人所在地不在市区、县城或者镇的,税率为1%;开采海洋石油资源的中外合作油田所在地在海上,其城市维护建设税适用1%的税率。

> 城市维护建设税的适用税率,应当按纳税人所在地的规定税率执行。但是,对下列两种情况,可按缴纳增值税和消费税所在地的规定税率就地缴纳城市维护建设税:
> (1)由受托方代扣代缴、代收代缴"增值税和消费税"的单位和个人,其代扣代缴、代收代缴的城市维护建设税按受托方所在地适用税率执行;
> (2)流动经营等无固定纳税地点的单位和个人,在经营地缴纳"增值税和消费税"的其城市维护建设税的缴纳按经营地适用税率执行。

第三节 城市维护建设税的计算

一、城市维护建设税的计税依据

城市维护建设税的计税依据，是指纳税人实际缴纳的"两税"税额。纳税人违反了"两税"有关税法而加收的滞纳金和罚款，是税务机关对纳税人违法行为的经济制裁，不作为城市维护建设税的计税依据，但纳税人在被查补"两税"和被处以罚款时，应同时对其偷漏的城市维护建设税进行补税、征收滞纳金和罚款。

城市维护建设税以"两税"税额为计税依据并同时征收，如果免征或者减征"两税"，也就要同时免征或者减征城市维护建设税。但是对出口产品退还增值税、消费税的不退还已缴纳的城市维护建设税。

自2005年1月1日起，经国家税务总局正式审核批准的当期免抵的增值税税额应纳入城市维护建设税和教育费附加的计征范围，分别按规定的税（费）率征收城市维护建设税和教育税附加。

2005年1月1日前，已按抵免的增值税税额征收的城市维护建设税和教育费附加不再退还，未征的不再补征。

二、应纳税额的计算

城市维护建设税纳税人的应纳税额大小是由纳税人实际缴纳的"两税"税额决定的，计算公式为：

应纳税额=（纳税人实际缴纳的增值税、消费税额）×适用税率

由于城市维护建设税法实行纳税人所在地差别比例税率，所以在计算应纳税额时，应十分注意根据纳税人所在地来确定适用税率。

第四节 城市维护建设税的税收优惠

城市维护建设税原则上不单独减免,但因城市维护建设税又具附加税性质,当主税发生减免时,城市维护建设税相应发生税收减免。

城市维护建设税的税收减免具体有以下几种情况:

1.城市维护建设税按减免后实际缴纳的"两税"税收计征,即随"两税"的减免而减免。

2.对于因减免税而需进行"两税"退库的,城市维护建设税也可同时退库。

3.海关对进口产品代征的增值税、消费税、不征收城市维护建设税。

4.对"两税"实行先征后返、先征后退、即征即退办法的,除另有规定外,对随"两税"附征的城市维护建设税和教育费附加,一律不退(返)还。

5.为支持国家重大水利工程建设,对国家重大水利工程建设基金免征城市维护建设税。

第五节 城市维护建设税的税收管理

一、纳税环节

城市维护建设税的纳税环节，是指《城市维护建设税暂行条例》规定的纳税人应当缴纳城市维护建设税的环节。城市维护建设税的纳税环节，实际就是纳税人缴纳"两税"的环节，纳税人只要发生"两税"的纳税环节，就要在同样的环节，分别计算缴纳城市维护建设税。

二、纳税期限

由于城市维护建设税是由纳税人在缴纳"两税"时同时缴纳的，所以其纳税期限分别与"两税"的纳税期限一致，根据增值税法和消费税法规定，增值税、消费税的纳税期限分别为 1 日、3 日、5 日、10 日、15 日或者 1 个月；增值税、消费税的纳税人的具体纳税期限，由主管税务机关根据纳税人应纳税额大小分别核定；不能按照固定期限纳税的，可以按次纳税。

由于《城市维护建设税暂行条例》是在 1994 年分税制前制定的，1994 年后，增值税、消费税由国家税务局征收管理，而城市维护建设税由地方税务局征收管理，因此，在缴税入库的时间上不一定完全一致。

三、纳税地点

城市维护建设税以纳税人实际缴纳的增值税、消费税、营业税税额为计税依据，分别与"两税"同时缴纳。所以，纳税人缴纳"两税"的地点，就是该纳税人缴纳城市维护建设税的地点。但是，属于下列情况的，纳税地点为：

1.代扣代缴、代收代缴"两税"的单位和个人，同时也是城市维护建设税的代扣代缴、代收代缴义务人，其城市维护建设税的纳税地点在代扣代收地。

2.跨省开采的油田，下属生产单位与核算单位不在一个省内的，其生产的原油，在油井所在地缴纳增值税，其应纳税款由核算单位按照各油井的产量和规定税率，计算汇拨各油井缴纳。所以，各油井应纳的城市维护建设税，应有核算单位计算，随同增值税一并汇拨油井所在地，由油井在缴纳增值税的同时，一并缴纳城市维护建设税。

3.对管道局输油部分的收入，由取得收入的各管道局于所在地缴纳营业税，所以，其应纳城市维护建设税，也应由取得收入的各管道局于所在地缴纳营业税时一并缴纳。

4.对流动经营等无固定纳税地点的单位和个人，应随同"两税"在经营地按适用税率缴纳。

第五章 教育费附加

教育费附加 地方教育费附加 是对缴纳增值税、消费税的单位和个人,就其缴纳的税费为计算依据征收的一种附加费。

一、教育费附加和地方教育费附加的计税依据

教育费附加和地方教育附加对缴纳增值税和消费税的单位和个人征收,以其实际缴纳的增值税和消费税为计征依据,分别与增值税和消费税同时缴纳。

> 自2010年12月1日起,对外商投资企业、外国企业及外籍个人(以下简称"外资企业")征收教育费附加。对外资企业2010年12月1日(含)之后发生纳税义务的增值税、消费税征收教育费附加。

二、教育费附加和地方教育附加的计算

(一)计征比率

教育费附加 地方教育费附加2%

(二)教育费附加和地方教育附加的计算公式

应纳教育费附加或地方教育附加=(实际缴纳的增值税、消费税)×征收比率

三、教育费附加和地方教育附加的减免规定

1. 对海关进口的产品征收的增值税和消费税,不征收教育费附加。
2. 对由于减免增值税和消费税而发生退税的,可同时退还已征收的教育费附加。但对出口产品退还增值税、消费税的,不退还已征的教育费附加。
3. 对国家重大水利工程建设基金免征教育费附加。

第六章　企业所得税

企业所得税　国家对企业生产经营所得和其他所得征收的一种所得税。

第一节　企业所得税概述

一、企业所得税纳税人

在中华人民共和国境内，企业和其他取得收入的组织（以下统称"企业"），为企业所得税的纳税人，依照《企业所得税法》的规定缴纳企业所得税。企业所得税纳税人包括各类企业、事业单位、社会团体、民办非企业单位和从事经营活动的其他组织。

根据国际上通行的属地与属人原则，即来源地税收管辖权和居民税收管辖权原则，税法具体按照"登记注册地标准"和"实际管理机构标准"相结合原则，把企业分为居民企业和非居民企业，分别确定不同的纳税义务。

纳税人分类		纳税义务
居民纳税人	依法在中国境内成立，或者依照外国（地区）法律成立但实际管理机构在中国境内的企业	承担无限纳税义务，应就来源于中国境内、境外的全部所得纳税
非居民纳税人	依照外国（地区）法律成立且实际管理机构不在中国境内，但在中国境内设立机构、场所的，或者在中国境内未设立机构、场所，但有来源于中国境内所得的企业	承担有限纳税义务，一般只就来源于中国境内的所得税纳税

登记注册地：是指企业依照国家有关规定登记注册的住所地。
实际管理机构标准：是指企业的生产经营、人员、账务、财务等实施实质性全面管理和控制的机构。

三、　企业所得税的征税范围

> 依照中国法律、行政法规成立的个人独资企业、合伙企业，属于自然人性质企业，没有法人资格，须承担无限责任，所不属于企业所得税纳税义务人，不缴纳企业所得税。

	征税范围	具体内容	应税所得来源地标准
1	销售货物所得	企业销售商品、产品、原材料、包装物、低值易耗品以及其他存货取得的所得	交易活动发生地
2	提供劳务所得	企业从事建筑安装、修理修配、交通运输、仓储租赁、金融保险、邮电通信、咨询经纪、文化体育、科学研究、技术服务、教育培训、餐饮住宿、中介代理、卫生保健、社区服务、旅游、娱乐、加工以及其他劳务服务活动取得的所得	劳务发生地
3	转让财产所得	企业转让固定资产、生物资产、无形资产、股权、债权等财产取得的收入。转让财产收入应当按照财产受让方已收或应收的合同或协议价款确认所得	转让不动产按不动产所在地确定；转让动产按转让动产企业或机构、场所所在地确定
4	股息红利所得	企业因权益性投资从被投资方取得的收入	分配所得的企业所在地
5	利息所得	企业将资金提供他人使用但不构成权益性投资，或者因他人占用本企业资金取得的收入，包括存款利息、贷款利息、债券利息、欠款利息等所得	负担、支付所得的企业或机构、场所所在地，或者按照负担、支付所得的个人的住所地确定
6	租金所得	企业提供固定资产、包装物或者其他有形资产的使用权取得的所得	
7	特许权使用费所得	企业提供专利权、非专利技术、商标权、著作权以及其他特许权的使用权取得的所得。	
8	接受捐赠所得	企业接受的来自其他企业、组织或者个人无偿给予的货币性资金、非货币性资产	
9	其他所得	企业取得《企业所得税法》具体列举的收入外的其他所得，包括企业资产溢余所得、逾期未退回包装物押金所得、确实无法偿付的应付款项、已作坏账损失处理后又收回的应	由国务院财政、支付所得的个人的住所地确定

| | 收账款、债务重组所得、补贴所得、违约金所得、汇兑收益等 | |

三、企业所得税的税率

（一）法定税率

企业所得税实行比例税率。设有两档税率：

居民企业以及在中国境内设立机构、场所且取得的所得与其所设机构、场所有实际联系的非居民企业，应就其来源于中国境内、境外的所得缴纳企业所得税，适用税率为25%。

非居民企业在中国境内未设立机构、场所的，或者虽设立机构、场所但取得的所得与其所设机构、场所没有实际联系的，应当就其来源于中国境内的所得缴纳企业所得税，适用税率20%。

（二）优惠税率

优惠税率是指按低于法定税率25%对一部分特殊纳税人征收的特别税率，它是国家从国民经济发展大局和遵从国际惯例角度出发而采取的税收优惠措施。国家在税收法律法规中针对不同情况共规定了20%、15%、10%三种优惠税率。具体情况如下：

1.为了鼓励小型企业发展壮大，税法规定凡符合条件的小型微利企业，减按20%的税率征收企业所得税。

2.为了鼓励高新技术企业发展，税法规定对国家需要重点扶持的高新技术企业，减按15%的税率征收企业所得税。

3.在中国境内未设立机构、场所的，或者虽设立机构、场所但取得的所得与其所设机构、场所没有实际联系的，应当就其来源于中国境内的所得，减按10%的税率征收企业所得税。

第二节　企业所得税的应纳税所得额

应纳税所得额是企业所得税的计税依据。根据计算企业所得税纳税额的一般公式：

$$应纳税额=应纳税所得额×适用税率$$

计算企业应强调指出纳所得税的最关键步骤就是要计算出应纳税所得额,包括确认企业收入总额和确定企业成本费用的扣除额。

$$应纳税所得额=收入总额-不征税收入-免税收入-各项扣除-以前年度亏损$$

一、企业收入的确定

企业应纳税所得额的计算,以权责发生制为原则,属于当期的收入和费用,不论款项是否收付,均作为当期的收入和费用;不属于当期的收入和费用,即使款项已经在当期收付,均不作为当期的收入和费用。

（一）收入总额

销售货物收入

企业销售商品、产品、原材料、包装物、低值易耗品以及其他存货取得的收入。

股息、红利等权益性投资收益

提供劳务收入

企业从事建筑安装、修理修配、交通运输、仓储租赁、金融保险、邮电通信、咨询经纪、文化体育、科学研究、技术服务、教育培训、餐饮住宿、中介代理、卫生保健、社区服务、旅游、娱乐、加工以及其他劳务服务活动取得的收入。

转让财产收入

企业转让固定资产、生物资产、无形资产、股权、债权等财产取得的收入。转让财产收入应当按照财产受让方已收或应收的合同或协议价款确认收入。

利息收入

企业因权益性投资从被投资方取得的收入。股息、红利等权益性投资收益，除国务院财政、税务主管部门另有规定外，按照被投资方作出利润分配决定的日期确认收入的实现。

企业将资金提供他人使用但不构成权益性投资，或者因他人占用本企业资金取得的收入，包括存款利息、贷款利息、债券利息、欠款利息等收入。利息收入，按照合同约定的债务人应付利息的日期确认收入的实现。

租金收入

企业提供固定资产、包装物或者其他有形资产的使用权取得的收入。租金收入，按照合同约定的承租人应付租金的日期确认收入的实现。如果交易合同或者协议中规定租赁期限跨年度，且租金提前一次性支付的，出租人可对上述已确认的收入，在租赁期内，分期均匀计入相关年度收入。

特许权使用费收入

企业提供专利权、非专利技术、商标权、著作权以及其他特许权的使用权取得的收入，特许权使用费收入，按照合同约定的特许权使用人应付特许权使用费的日期确定收入的实现。

接受捐赠收入

企业接受的来自其他企业、组织或者个人无偿给予的货币性资金、非货币性资产。接受捐赠收入，按照实际收到捐赠资产的日期确认收入实现。

其他收入

企业取得《企业所得税法》具体列举的收入外的其他收入，包括企业资产溢余收入、逾期未退回包装物押金收入、确实无法偿付的应付款项、已作坏账损失处理后又收回的应收账款、债务重组收入、补贴收入、违约金收入、汇兑收益等。

（二）不征税收入

不征税收入，是指从性质和根源上不属于企业营利性活动带来的经济利益、不作为应纳税所得额组成部分的收入，不应列为征收范围的收入。

不征税收入包括财政拨款、依法收取并纳入财政管理的行政事业性收费、政府性基金以及国务院规定的其他不征税收入。

1. 财政拨款

是指各级人民政府对纳税人预算管理的事业单位、社会团体等组织拨付的财政资金，但国务院和国务院财政、税务主管部门另有规定的除外。

2. 依法收取并纳入财政管理的行政事业性收费、政府性基金

行政事业性收费，是指依照法律法规等有关规定，按照国务院规定程序批准，在实施社会公共管理，以及在向公民、法人或者其他组织提供特定公共服务过程中，向特定对象收取并纳入财政管理的费用。

政府性基金，是指企业依照法律、行政法规等有关规定，代政府收取的具有专项用途的财政资金。

3. 国务院规定的其他不征税收入

国务院规定的其他不征税收入，是指企业取得的，由国务院财政、税务主管部门规定专项用途并经国务院批准的财政性资金。

（三）免税收入

免税收入，是指属于企业的应税所得，但是按照《企业所得税法》的规定免予征收企业所得税的收入包括：

1. 国债利息收入。
2. 符合条件的居民企业之间的股息、红利等权益性投资收益。
3. 在中国境内设立机构、场所的非居民企业取得与该机构、场所有实际联系的股息、红利等权益性投资收益。
4. 符合条件的非营利组织的收入。

二、税前扣除项目及标准

（一）税前扣除项目的范围

企业实际发生的与取得收入有关的、合理支出，包括成本、费用、税金、损失和其他支出，准予在计算应纳税所得额时扣除。

合理的支出，是指符合生产经营活动常规，应当就当期损益或者有关资产成本的必要和正常的支出。除另有规定外，企业实际发生的成本、费用、税金、损失和其他支出，不得重复扣除。

扣除范围		具体含义
成本		企业在生产经营活动中发生的销售成本、销货成本、业务支出以及其他耗费。即企业销售商品（产品、材料、下脚料、废料、废旧物资等）、提供劳务、转让固定资产、无形资产的成本。
费用	销售费用	应由企业负担的为销售商品而发生的费用。
	管理费用	企业的行政部门为管理组织经营活动提供各项支援性服务而发生的费用，包括企业缴纳的房产税、车船税、城镇土地使用税、印花税等。
	财务费用	企业的筹集经营性资金而发生的费用。
税金		企业发生的除企业所得税和允许扣除的增值税以外的各项金额及其附加。即纳税人按照规定缴纳的消费税、营业税、资源税、土地增值税、关税、城市维护建设税、教育费附加等产品销售税金及附加。企业缴纳的增值税属于价外税，故不在扣除之列。
损失		企业在生产经营活动中发生的固定资产和存货的盘亏、毁损、报废损失，转让财产损失，呆账损失，坏账损失，以及自然灾害等不可抗力因素造成的损失及其他损失。
其他支出		除成本、费用、税金、损益外，企业在生产经营活动中发生的与生产经营活动有关的、合理的支出。

（二）扣除项目及其标准

扣除项目	扣除标准
工资、薪金支出	合理的工资薪金支出，准予扣除。
职工福利费	不超过工薪总金额14%的部分，准予扣除。
工会经费	不超过工资薪金总额2%的部分，准予扣除。
职工教育经费支出	不超过工资薪金总额的8%的部分，准予扣除；超过部分，准予在以后纳税年度结转扣除。
社会保险费	依照国务院有关主管部门或者省级人民政府规定的范围和标准为职工缴纳的基本养老保险、基本医疗保险费、失业保险费、工伤保险费、生育保险等基本社会保险费和住房公积金，准予扣除。
补充养老保险费、补充医疗保险费	分别在不超过职工工资总额5%标准内的部分，在计算应纳税所得额时准予扣除；超过的部分，不予扣除。
公益性捐赠支出	企业发生的，不超过年度利润总额12%的部分，准予在计算应纳税所得额时扣除。超过年度利润总额12%的部分，准予结转以后三年内在计算应纳税所得额时扣除。同时，在扣除次序中按照先发生先扣除的办法执行，最大限度地保障捐赠者的利益。
业务招待费	企业发生的与生产经营活动有关的业务招待支出，按照发生额的60%扣除，但最高不得超过当年销售（营业）收入的5‰。
广告费和业务宣传费	企业发生的符合条件的广告费和业务宣传费支出，除国务院财政、税务主管部门另有规定外，不超过当年销售（营业）收入15%的部分，准予扣除；超过部分准予在以后纳税年度结转扣除。 企业在筹建期间，发生的广告费和业务宣传费，可按实际发生额计入企业筹办费，并按有关规定在税前扣除。
亏损弥补	企业某一纳税年度发生的亏损可以用下一年度的所得弥补；下一年度的所得不足以弥补的，可以逐年延续弥补，但最长不得超过5年。

公益性捐赠是指企业通过公益性社会团体或者县级以上人民政府及其部门,用于《公益事业捐赠法》规定的公益事业的捐赠。

具体范围包括:
(1)救助灾害、救济贫困、扶助残疾人等困难的社会群体和个人的活动;
(2)教育、科学、文化、卫生、体育事业;
(3)环境保护、社会公共设施建设;
(4)促进社会发展和进步的其他社会公共和福利事业。

企业在筹建期间,发生的广告费和业务宣传费,可按实际发生额计入企业筹办费,并按有关规定在税前扣除。

企业申报扣除的广告费支出应与赞助支出严格区分。

企业申报扣除的广告费支出,必须符合下列条件:

广告是通过工商部门批准的专门机构制作的,已实际支付费用并已取得相应发票,通过一定的媒体传播。

(三)不得扣除的项目

在计算应纳税所得额时,下列支出不得扣除:

1. 向投资者支付的股息、红利等权益性投资性收益款项。
2. 企业所得税税款。
3. 罚金、罚款和被没收财产的损失。是指纳税人违反国家有关法律、法规规定,被有关部门处以的罚款,以及被司法机关的罚金和被没收的财物。
4. 超过规定标准的捐赠支出。
5. 赞助支出。具体是指企业发生的与生产经营活动无关的各种非广告性质支出。
6. 未经核定的准备金支出。具体是指不符合国务院财政、税务主管部门规定的各项资产减值准备、风险准备等准备金支出。
7. 企业之间支付的管理费、企业内营业机构之间支付的租金和特许权使用费,以及非银行企业内营业机构之间支付的利息,不得扣除。
8. 与取得收入无关的其他支出。

三、企业所得税应纳税额的计算

企业所得税的应纳税额的计算公式为:

应纳税额=应纳税所得额×适用税率-减免税额-抵免税额

减免税额和抵免税额,是指依照企业所得税法和国务院的税收优惠规定减征、免征和抵免的应纳税额。

企业取得的下列所得已在境外缴纳的所得税额,可以从其当期应纳税额中抵免,抵免限额为该项所依照《企业所得税法》规定计算的应纳税额;超过抵免限额的部分,可以在以后5个年度内,用每年抵免限额抵免当年应抵税额后的余额进行抵补:

(1)居民企业来源于中国境外的应税所得;

(2)非居民企业在中国境内设立机构、场所,取得发生在中国境外但与该机构、场所所有实际联系的应税所得。

第一,已在境外缴纳的所得税税额,是指企业来源于中国境外的所得依照中国境外税收法律以及相关规定相应缴纳并已经实际缴纳的企业所得税性质的税款。

第二,抵免限额,是指企业来源于中国境外的所得,依照规定计算的应纳税额。除国务院财政、税务主管部门另有规定外,该抵免限额应当分国(地区)不分项计算,计算公式如下:

抵免限额=中国境内境外所得的应纳税总额×来源于某国(地区)的应纳税所得额÷中国境内、境外应纳税所得总额

第三,所谓5个年度,是指企业取得的来源于中国境外的所得,已经在中国境外缴纳的企业所得税性质的税额超过抵免限额的当年的次年起连续5个纳税年度。

居民企业从其直接或间接控制的外国企业分得来源于中国境外的股息、红利等权益性投资收益,外国企业在境外实际缴纳的所得税税额中属于该项所得负担部分,可以作为该居民企业的可抵免境外所得税税额,在该法律规定的抵免限额内抵免。

直接控制是指居民企业直接持有的外国企业20%以上股份。间接控制是指居民企业以间接持股方式持有国外企业20%以上股份,具体认定办法由国务院财政、税务主管部门另行规定。企业按规定抵免企业所得税税额时,应当提供中国境外税务机关出具的税款所属年度有关纳税凭证。

第三节 企业所得税税收优惠

一、减、免税所得

（一）企业从事农、林、牧、渔项目的所得，可以免征、减征企业所得税

1.企业从事下列项目的所得，免征企业所得税：

（1）蔬菜、谷物、薯类、油料、豆类、棉花、麻类、糖料、水果、坚果的种植；

（2）农作物新品种的选育；

（3）中药材的种植；

（4）林木的培育和种植；

（5）牲畜、家禽的饲养；

（6）林产品的采集；

（7）灌溉、农产品初加工、收益、农技推广、农机作业和维修等农、林、牧、渔服务业项目；

（8）远洋捕捞。

2.企业从事下列项目的所得，减半征收企业所得税：

（1）花卉、茶以及其他饮料作物和香料作物的种植；

（2）海水养殖、内陆养殖。

（二）从事国际重点扶持的公共基础设施项目投资经营的所得

国家重点扶植的公共基础设施项目，是指《公共基础设施项目企业所得税额优惠目录》规定的港口码头、机场、铁路、城市公共交通、电力、水利项目等。

1.企业从事上述国家重点扶持的公共基础设施项目的投资经营的所得，自项目取得第1笔生产经营收入所属纳税年度起。第1年至第3年免征企业所得税，第4年至第6年减半征收企业所得税。

2.企业承包经营、承包建设和内部自建自用上述项目，不得享受上述企业所得优惠。

（三）从事符合条件的环境保护、节能节水项目的所得

符合条件的环境保护、节能节水项目，包括公共污水处理、公共垃圾处理沼气综合开发利用、节能减排技术改造、海水淡化等项目的具体条件和范围由国务院财政、税务主管部门和国务院有关部门制定，报国务院审批准后公布施行。

企业从事上述规定的符合条件的环境保护、节能节水项目的所得，自项目取得第1笔生产经营收入所属纳税年度起，第1年至第3年免征企业所得税，第4年至第6年减半征收企业所得税。

（四）符合条件的技术转让所得

符合条件的技术转让所得免征、减征企业所得税，是指一个纳税年度，居民企业技术转让所得不超过500万元的部分，减半征收企业所得税。

其计算公式：

技术转让所得=技术转让收入—技术转让成本—相关税费

二、低税率优惠

（一）非居民企业所得

在中国境内未设立机构、场所的，或者虽设立机构、场所但取得的所得与其所设机构、场所没有实际联系的非居民企业，其来源于中国境内的所得减按10%的税率代扣代缴企业所得税。

同时规定，下列所得可以免征企业所得税

1.外国政府向中国政府提供贷款取得的利息所得。

2.国际金融组织向中国政府和居民企业提供优惠贷款取得的利息所得。

3.经国务院批准的其他所得。

（二）小型微利企业所得

国家税务总局公告2019年第2号《国家税务总局关于实施小型微利企业普惠性所得税减免政策有关问题的公告》规定：

根据《中华人民共和国企业所得税法》及其实施条例、《财政部 税务总局关于实施小微企业普惠性税收减免政策的通知》（财税[2019]13号，以下简称《通知》）等规定，现就小型微利企业普惠性所得税减免政策有关问题公告如下：

1、自2019年1月1日至2021年12月31日，对小型微利企业年应纳税所得额不超过100万元的部分，减按25%计入应纳税所得额，按20%的税率缴纳企业所得税；对年应纳税所得额超过100万元但不超过300万元的部分，减按50%计入应纳税所得额，按20%的税率缴纳企业所得税。

小型微利企业无论按查账征收方式或核定征收方式缴纳企业所得税,均可享受上述优惠政策。

2.本公告所称小型微利企业是指从事国家非限制和禁止行业,且同时符合年度应纳税所得额不超过 300 万元、从业人数不超过 300 人、资产总额不超过 5000 万元等三个条件的企业。

（三）高新技术企业所得

对国家需要重点扶持的高新技术企业，减按 15%的税率征收企业所得税。

国家需要重点扶持的高新技术企业，是指拥有核心自主知识产权，并同时符合下列条件的企业：

（1）产品（服务）属于《国家重点支持的高新技术领域》规定范围；
（2）研究开发费用占销售收入的比例不低于规定的比例；
（3）高新技术产品（服务）收入占企业总收入的比例不低于规定比例；
（4）科技人员占企业职工总数的比例不低于规定比例；
（5）高新技术企业认定管理办法的其他条件。

（四）民族自治地区企业所得

民族自治区地方的自治机关对本民族自治地方的企业应缴纳的企业所得税中属于地方分享的部分，可以决定减征或者免征。自治州、自治县决定减征或者免征的，须报省、自治区、直辖市人民政府批准。

民族自治地方，是指依照《民族区域自治法》的规定，实行民族区域自治的自治区、自治州、自治县。

对民族自治地方内国家限制和禁止行业的企业，不得减征或者免征企业所得税。

另外，自 2011 年至 2020 年，对设在西部地区以《西部地区鼓励类产业项目》中规定的产业项目为主营业务，且当年度主营业务收入占企业收入总额 70%以上的企业，可按 15%税率征收企业所得税。

三、特别项目税收优惠

（一）加计扣除

企业的下列支出，可以在计算应纳税所得额时加计扣除：

1. 研究开发费用

研究开发费用的加计扣除，是指企业为开发新技术、新产品、新工艺发生的研究开发费用，未形成无形资产计入当期损益的，在按照规定据实扣除的基础上，按照研究开发费用的 75%加计扣除；形成无形资产的，按照无形资产成本的 175%摊销。

2. 安置残疾人员及国家鼓励安置的其他就业人员所支付的工资

企业安置残疾人员所支付的工资的加计扣除，是指企业安置残疾人员的，在按照支付给残疾人职工工资据实扣除的基础上,按照支付给残疾人职工工资的100%加计扣除。企业安置国家鼓励安置的其他就业人员所支付的工资的加计扣除办法,由国务院另行规定。

(二) 投资抵免优惠

创业投资企业采取股权投资方式投资于未上市的中小高新技术企业两年以上的,可以按照其投资额的70%在股权持有满两年的当年抵扣该创业投资企业的应纳税所得额;当年不足抵扣的,可以在以后纳税年度结转抵扣。

(三) 加速折旧

企业的固定资产由于技术进步等原因,确需加速折旧的,可以缩短折旧年限或者采取加速折旧的方式。可以采取缩短折旧年限或者采取加速折旧的方法的固定资产,包括:

1. 由于技术进步,产品更新换代较快的固定资产;
2. 常年处于强震动、高腐蚀状态的固定资产。

采取缩短折旧法年限方法的,最低折旧年限不得低于法定折旧年限的60%;采取加速折旧方法的,可以采取双倍余额递减法或者年数总和法。

①对符合相关条件的生物药品制造业,专用设备制造业,铁路、船舶、航空航天和其他运输设备制造业,计算机、通信和其他电子制造业,仪器仪表制造业,软件和信息技术服务等行业企业,2014年1月1日后购进的固定资产(包括自行建造);

②对符合相关条件的轻工、纺织、机械、汽车四个领域重点行业的企业,2015年1月1日后新购进的固定资产,允许按不低于企业所得税法规定折旧年限的60%缩短年限,或者选择采取双倍余额递减法或年数总和法进行加速折旧。

上述重点行业企业是指以上述行业业务为主营业务,其固定资产投入商用当年的主营业务收入占企业收入总额50%（不含）以上的企业。

企业2018年1月1日至2020年12月31日期间新购进的设备、器具,单位价值不超过500万元的,允许一次性在计入当期成本费用在计算应纳税所得额时扣除,不再分年度计算折旧;单位价值超过500万元的,仍按企业所得税法实施条例、《财政部 国家税务总局关于完善固定资产加速折旧企业所得税政策的通知》（财税〔2014〕75号）、《财政部 国家税务总局关于进一步完善固定资产加速折旧企业所得税政策的通知》（财税〔2015〕106号）等相关规定执行。

（四）减计收入

企业以《综合利用企业所得税优惠目录》规定的资源作为主要原材料,生产国家非限制和禁止并符合国家和行业相关标准的产品取得的收入,减按90%计入收入总额。前述所称原材料占生产产品材料的比例不得低于前述优惠目录规定的标准。

（五）应纳税额的抵减

企业以《资源综合利用所得税优惠目录》《节能节水专用设备企业所得税优惠项目》和《安全生产专用设备企业所得税优惠目录》规定的环境保护、节能节水、安全生产等专用设备的,该专用设备的投资额10%可以从企业当年的应纳税中抵免;当年不足抵免的,可以在以后5个纳税年度结转抵免。享受上述规定的企业所得税优惠的企业,应当实际购置并自身实际投入使用上述规定的专用设备;企业购置上述专用设备在5年内转让的、出租的,应当停止享受企业所得税优惠,并补缴已经抵免的企业所得税税款。

购置并实际使用的环境保护、节能节水和安全生产专用设备,包括承租方企业以融资租赁方式租入的、并在融资租赁合同中约定租赁期届满时租赁设备所有权转移给承租方企业,且符合规定条件的上述专用设备。凡融资租赁期届满后租赁设备所有权为转移至承租方企业的,承租企业应停止享受抵免企业所得税优惠,并补缴已经抵免的企业所得税税款。

第四节　企业所得税征收管理

一、纳税地点

（一）居民企业的纳税地点

除税收法律、行政法规另有规定外，居民企业以企业登记注册地为纳税地点；但登记注册地在境外的，以实际管理机构所在地为纳税地点。居民企业在中国境内设立不具有法人资格的营业机构的，应当汇总计算并缴纳企业所得税。

（二）非居民企业的纳税地点

非居民企业在中国境内设立机构、场所的，以机构、场所所在地为纳税地点。非居民企业在中国境内设立两个或者两个以上机构、场所的经税务机关审核批准，可以选择由其主要机构、场所汇总缴纳企业所得税。

在中国境内未设立机构、场所的，或者虽设立机构、场所但取得的所得与其所设机构、场所没有实际联系的非居民企业，以扣缴义务人所在地为纳税地点。

居民企业	一般情况	以登记注册地为纳税地点
	登记注册地在境外	以实际管理机构所在地为纳税地点
	居民企业在中国境内设立不具有法人资格的营业机构的，应当汇总计算并缴纳企业所得税	
非居民企业	在中国境内设立机构、场所	以机构、场所所在地为纳税地点。（不包括与所设立的机构场无关的境内所得）
	在中国境内未设立机构、场所的或者虽设立机构、场所但取得与其所设机构、场所没有实际联系	以扣缴义务人所在地为纳税地点

二、纳税期限

企业所得税按年计征，分月或者分季预缴，年终汇算清缴，多退少补。纳税年度自公历1月1日起至12月31日止。

企业在一个纳税年度中间开业,或者终止经营活动,是该纳税年度的实际经营期不足 12 个月的,应当以其实际经营期为纳税年度。企业依法清算时,应当清算期间作为 1 个纳税年度。

企业应当自年度终了之日起 5 个月内,向税务机关报送年度企业所得税纳税申报表,并汇缴清算,结清应缴应退税款。

企业在年度中间终止经营活动的,应当自实际经营终止之日起 60 天内,向税务机关办理当期企业所得税汇算清缴。

三、纳税申报

按月或按季预缴的,应当自月份或者季度终了之日起 15 日内,向税务机关报送预缴企业所得税纳税申报表,预缴税款。

企业在报送企业所得税纳税申报表时,应当按照规定附送财务会计报告和其他有关资料。

第五节　会计科目与案例分析

一、科目设置

企业应在"应交税费"下设置"应交所得税"明细科目和"所得税费用"对企业所得税进行核算。

二、所得税的计算

例：某居民企业2016年发生下列业务：

（1）销售产品收入2 000万元；

（2）接受捐赠材料一批，取得赠出方开具的增值税发票，注明价款10万元，增值税1.7万元；

（3）转让一项商标所有权，取得营业外收入60万元；

（4）收取当年让渡资产使用权的专利实施许可费，取得其他业务收入10万元；

（5）取得国债利息2万元；

（6）全年销售成本1 000万元；销售税金及附加100万元；

（7）全年销售费用500万元，含广告费400万元；全年管理费用200万元，含招待费80万元；全年财务费用50万元；

（8）全年营业外支出40万元，含通过政府部门对灾区捐款20万元；直接对私立小学捐款10万元；违反政府规定被工商局罚款2万元。

要求计算：

（1）该企业的会计利润总额；

（2）该企业对收入的纳税调整额；

（3）该企业对广告费用的纳税调整额；

（4）该企业对招待费的纳税调整额；

（5）该企业对营业外支出的纳税调整额；

（6）该企业应纳税所得额和应纳所得税额。

1. 免税收入

（1）国债利息收入。为鼓励企业积极购买国债，支援国家建设，税法规定，企业因购买国债所得的利息收入，免征企业所得税。

（2）符合条件的居民企业之间的股息、红利等权益性收益。是指居民企业直接投资于其他居民企业取得的投资收益。在中国境内设立机构、场所的非居民企业从居民企业取得与该机构、场所有实际联系的股息、红利等权益性投资收益。该收益都不包括连续持有居民企业公开发行并上市流通的股票不足12个月取得的投资收益。

（4）符合条件的非营利组织的收入。

企业所得税法第二十六条第四项所称符合条件的非营利组织的收入，不包括非营利组织从事营利性活动取得的收入，但国务院财政、税务主管部门另有规定的除外。

（5）非营利组织免税收入的范围。

2. 业务招待费

企业发生的与生产经营活动有关的业务招待费支出，按照发生额的60%扣除，但最高不得超过当年销售（营业）收入的5‰。

3. 广告费和业务宣传费

企业发生的符合条件的广告费和业务宣传费支出，除国务院财政、税务主管部门另有规定外，不超过当年销售（营业）收入15%的部分，准予扣除；超过部分，准予结转以后纳税年度扣除。

注意：自2016年1月1日起至2020年12月31日，化妆品制造、医药制造和饮料制造企业发生的不超过当年销售（营业）收入30%的部分，准予扣除；超过部分，准予结转以后纳税年度扣除。烟草企业的烟草广告费和业务宣传费支出，一律不得税前扣除。

4. 公益性捐赠支出

公益性捐赠，是指企业通过公益性社会团体或者县级（含县级）以上人民政府及其部门，用于《中华人民共和国公益事业捐赠法》规定的公益事业的捐赠。

企业发生的公益性捐赠支出，不超过年度利润总额12%的部分，准予扣除。年度利润总额，是指企业依照国家统一会计制度的规定计算的年度会计利润。

【答案及解析】

(1) 该企业的会计利润总额

企业会计利润 =2 000+10+1.7+60+10+2-1000-100-500-200-50-40=193.7（万元）

(2) 该企业对收入的纳税调减额 =2（万元） 国债利息属于免税收入。

(3) 该企业对广告费用的纳税调整额

以销售营业收入（2000+10）万元为基数，不能包括营业外收入。

广告费限额=（2000+10）×15%=301.5（万元）；广告费实际发生400万元，

广告费调增额=400-301.5=98.5（万元）

税前可以扣除的销售费用=500-98.5=401.5（万元）

(4) 该企业对招待费的纳税调整额

招待费限额计算：① 80×60%=48（万元）；

② （2 000+10）×5‰=10.05（万元）

招待费限额为10.05万元，超支69.95万元即调增额=69.95（万元）

税前可以扣除的管理费用=200-69.95=130.05（万元）

税前可以扣除的财务费用=50（万元）

(5) 该企业对营业外支出的纳税调整额

捐赠限额=193.7×12%=23.24（万元）

该企业20万元公益性捐赠可以扣除；直接对私立小学的捐赠不得扣除；行政罚款不得扣除。

对营业外支出的纳税调增额12万元

税前可以扣除的营业外支出=40-10-2=28（万元）

(6) 该企业应纳税所得额

间接法：193.7-2+98.5+69.95+12=372.15（万元）

直接法：2 000+10+1.7+60+10-1000-100-401.5-130.05-50-28=372.15（万元）

该企业应纳所得税额： 372.15×25%=93.04（万元）。

已知，该企业2016年预缴所得税48.43万元，企业在汇算清缴时应补缴44.61万元。则有如下分录

借：以前年度损益调整　　44.61
　　贷：应交税费—应交所得税　　44.61
借：利润分配—未分配利润　　44.61
　　贷：以前年度损益调整　　44.61

借：盈余公积—法定盈余公积　　　4.46
　　贷：利润分配—未分配利润　　　4.46

第七章 个人所得税

个人所得税 单位和个人,就其转让房地产所取得的增值税征收的一种税。

第一节 个人所得税纳税人

在中国境内有住所,或者无住所而一个纳税年度内在中国境内居住累计满183天的个人,为居民个人。居民个人从中国境内和境外取得的所得,依照本法规定缴纳个人所得税。

在中国境内无住所又不居住,或者无住所而一个纳税年度内在中国境内居住累计不满183天的个人,为非居民个人。非居民个人从中国境内取得的所得,依照本法规定缴纳个人所得税。

具体包括中国公民、个体工商户、外籍个人以及中国香港、澳门、台湾同胞等。

个人独资企业和合伙企业不缴纳企业所得税,只对投资者个人或自然人合伙人取得的生产经营所得税征收个人所得税。

> 个人独资企业和合伙企业分别是指依照我国相关法律登记成立的个人独资、合伙性质的企业、律师事务所以及其他相关机构或组织。个人独资企业以投资者个人为纳税义务人,合伙企业以每一个合伙人为纳税义务人。

个人独资企业投资人以其个人财产对企业债务承担无限责任。普通合伙人企业合伙人对合伙企业债务承担无限连带责任。有限合伙企业由普通合伙人和有限合伙人组成,普通合伙人对合伙企业账务承担无限连带责任,有限合伙人以其任教的出资额为限对合伙企业债务承担责任。

一、居民纳税人和非居民纳税人

对个人所得税的纳税人的界定通常有两种管辖权,即来源地税收管辖权和居民税收管辖权。在界定两者管辖权的标准上,通常采用住所标准和居住时间标准。我国的个人所得税制在纳税人的界定上既行使来源地税收管辖权,又行使居民税收管辖权,即把个人所得税的纳税义务划分为居民和非居民两类。居民纳税义务人承担无限纳税义务(即来源于境内外的全部所得都应纳税),非居民纳税义务人承担有限责任纳税义务(即只限来源于境内的所得纳税)。

1. 住所标准

住所通常是指居民长期生活和活动的主要场所。我国《民法通则》规定"公民以他的户籍所在地的居住地为住所"。

住所分为永久性住所和习惯性住所。

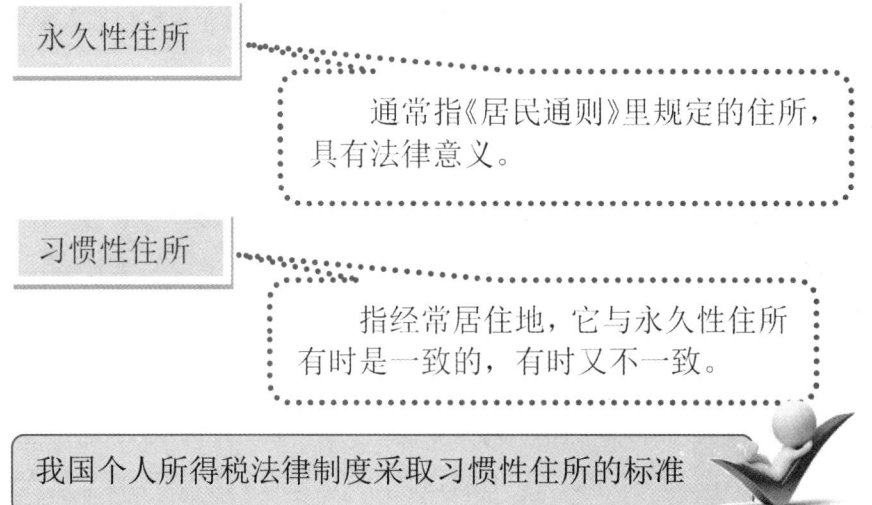

将在中国境内有住所的个人界定为:因户籍、家庭、经济利益关系而在中国境内习惯性居住的个人。这样就将中、外籍人员,以及港、澳、台同胞与内地公民区别开来。

所谓习惯性居住或住所,是在税收上判断居民和非居民的一个法律意义上的标准,不是指实际居住或在某一特定时期内的居住地。例如,个人因学习、工作、探亲、旅游等而在中国境外居住的,当其在境外居住的原因消除后,则必须回到中国境内居住。那么,即使该人并未居住在中国境内,仍应将其判定为在中国习惯性居住。

2.居住时间标准

在中国境内居住的时间按照在中国境内停留的时间计算。

在中国境内有住所,或者无住所而一个纳税年度内在中国境内居住累计满183天的个人,为居民个人。

在中国境内无住所又不居住,或者无住所而一个纳税年度内在中国境内居住累计不满183天的个人,为非居民个人。

二、居民纳税人和非居民纳税人的纳税义务

(一)居民纳税人的纳税义务

居民纳税人,应就其来源于中国境内和境外的所得,依照个人所得税法律制度的规定向中国政府履行全面纳税义务,缴纳个人所得税。

在中国境内无住所的居民个人,在境内居住累计满183天的年度连续不满五年的,或满五年但其间有单次离境超过30天情形的,其来源于中国境外的所得,经向主管税务机关备案,可以只就由中国境内企事业单位和其他经济组织或者居民个人支付的部分缴纳个人所得税;在境内居住累计满183天的年度连续满五年的纳税人,且在五年内未发生单次离境超过30天情形的,从第六年起,中国境内居住累计满183天的,应当就其来源于中国境外的全部所得缴纳个人所得税。

(二)非居民纳税人的纳税义务

非居民纳税人,仅就其来源于中国境内取得的所得,向我国政府履行有限纳税义务,缴纳个人所得税。

在中国境内无住所,且在一个纳税年度中在中国境内连续或者累计居住不超过90天的个人,其来源于中国境内的所得,由境外雇主支付并且不由该雇主在中国境内的机构、场所负担的部分,免予缴纳个人所得税。

暂不能确定纳税人为居民个人或者非居民个人的,应当按照非居民个人缴纳税款,年度终了确定纳税人为居民个人的,按照规定办理汇算清缴。

三、扣缴义务人

我国实行个人所得税代扣代缴和个人申报相结合的征收管理制度。税法规定，凡支付应纳税所得的单位或个人，都是个人所得税的扣缴义务人。扣缴义务人在向纳税义务人支付各项应纳税所得（个体工商户的生产、经营所得和企业、事业单位的承包经营，承租经营所得除外）时，必须履行代扣代缴税款的义务。

第二节 个人所得税征税对象及其税目

一、征税对象

个人所得税的征税对象是个人取得的应税所得。《个人所得税》规定的个人应税所得共有9项。

二、所得税来源的确定

下列所得，不论支付地点是否在中国境内，均来源于中国境内的所得：

1. 因任职、受雇、履约等而在中国境内提供劳务取得的所得；

2. 在中国境内开展经营活动而取得与经营活动相关的所得；

3. 将财产出租给承租人在中国境内使用而取得的所得；

4. 许可各种特许权在中国境内使用而取得的所得；

5. 转让中国境内的不动产、土地使用权取得的所得；转让对中国境内企事业单位和其他经济组织投资形成的权益性资产取得的所得；在中国境内转让动产以及其他财产取得的所得；

6. 由中国境内企事业单位和其他经济组织以及居民个人支付或负担的稿酬所得、偶然所得；

7. 从中国境内企事业单位和其他经济组织或者居民个人取得的利息、股息、红利所得。

三、个人所得税税目

按应纳税所得的来源划分。现行个人所得税共分为9个应税项目。

1. 工资、薪金所得，是指个人因任职或者受雇取得的工资、薪金、奖金、年终加薪、劳动分红、津贴、补贴以及与任职或者受雇有关的其他所得。

2. 劳务报酬所得，是指个人从事劳务取得的所得，包括从事设计、装潢、安装、制图、化验、测试、医疗、法律、会计、咨询、讲学、新闻、广播、翻译、审稿、书画、雕刻、影视、录音、录像、演出、表演、广告、展览、技术服务、介绍服务、经纪服务、代办服务以及其他劳务取得的所得。

3. 稿酬所得，是指个人因其作品以图书、报刊形式出版、发表而取得的所得；

4. 特许权使用费所得，是指个人提供专利权、商标权、著作权、非专利技术以及其他特许权的使用权取得的所得。提供著作权的使用权取得的所得，不包括稿酬所得。

5. 经营所得，是指：

（1）个人通过在中国境内注册登记的个体工商户、个人独资企业、合伙企业从事生产、经营活动取得的所得；

（2）个人依法取得执照，从事办学、医疗、咨询以及其他有偿服务活动取得的所得；

（3）个人承包、承租、转包、转租取得的所得；

（4）个人从事其他生产、经营活动取得的所得

6. 利息、股息、红利所得，是指个人拥有债权、股权等而取得的利息、股息、红利性质的所得

7. 财产租赁所得，是指个人出租不动产、土地使用权、机器设备、车船以及其他财产而取得的所得

8. 财产转让所得，是指个人转让有价证券、股权、合伙企业中的财产份额、不动产、土地使用权、机器设备、车船以及其他财产取得的所得

9. 偶然所得，是指个人得奖、中奖、中彩以及其他偶然性质的所得。

个人取得的所得，难以界定应纳税所得项目的，由主管税务机关确定。

居民个人取得前款第一项至第四项所得（以下简称"综合所得"），按纳税年度合并计算个人所得税；非居民个人取得前款第一项至第四项所得，按月或者按次分项计算个人所得税。纳税人取得前款第五项至第九项所得，依照本法规定分别计算个人所得税。

居民个人从境内和境外取得的综合所得或者经营所得，应当分别合并计算应纳税额；从境内和境外取得的其他所得应当分别单独计算应纳税额。

第三节 个人所得税税率

一、综合所得，适用3%至45%的超额累进税率

个人所得税税率表一

(综合所得适用)

级数	全年应纳税所得额	税率(%)
1	不超过36000元的部分	3
2	超过36000元至144000元的部分	10
3	超过144000元至300000元的部分	20
4	超过300000元至420000元的部分	25
5	超过420000元至660000元的部分	30
6	超过660000元至960000元的部分	35
7	超过960000元的部分	45

注1：本表所称全年应纳税所得额是指依照本法第六条的规定，居民个人取得综合所得以每一纳税年度收入额减除费用六万元以及专项扣除、专项附加扣除和依法确定的其他扣除后的余额。

注2：非居民个人取得工资、薪金所得，劳务报酬所得，稿酬所得和特许权使用费所得，依照本表按月换算后计算应纳税额。

按月计算速算扣除数可参考下表：

级数	应纳税所得额	税率	速算扣除数
1	<3000	3%	0
2	3000~12000	10%	210
3	12000~25000	20%	1410
4	25000~35000	25%	2660

| 5 | 35000~55000 | 30% | 4410 |

续表

级数	应纳税所得额	税率	速算扣除数
6	55000~80000	35%	7160
7	>80000	45%	15160

二、经营所得，适用 5%至 35%的超额累进税率

个人所得税税率表二

（经营所得适用）

级数	全年应纳税所得额	税率(%)
1	不超过 30000 元的部分	5
2	超过 30000 元至 90000 元的部分	10
3	超过 90000 元至 300000 元的部分	20
4	超过 300000 元至 500000 元的部分	30
5	超过 500000 元的部分	35

注：本表所称全年应纳税所得额是指依照本法第六条的规定，以每一纳税年度的收入总额减除成本、费用以及损失后的余额。

三、利息、股息、红利所得，财产租赁所得，财产转让所得和偶然所得，适用比例税率，税率为 20%

第四节 应纳税所得额的计算

一、居民个人的综合所得

以每一纳税年度的收入额减除费用 60000 元以及专项扣除、专项附加扣除和依法确定的其他扣除后的余额，为应纳税所得额。

劳务报酬所得、稿酬所得、特许权使用费所得以收入减除 20%的费用后的余额为收入额。稿酬所得的收入额减按 70%计算。

专项扣除、专项附加扣除和依法确定的其他扣除，以居民个人一个纳税年度的应纳税所得额为限额。一个纳税年度扣除不完的，不结转以后年度扣除。

其他扣除包括个人缴付符合国家规定的企业年金、职业年金，个人购买符合国家规定的商业健康保险、税收递延型商业养老保险的支出，以及国务院规定可以扣除的其他项目。

个人所得税专项附加扣除，是指个人所得税法规定的子女教育、继续教育、大病医疗、住房贷款利息、住房租金和赡养老人 6 项专项附加扣除。

（一）子女教育专项附加扣除

纳税人的子女接受学前教育和学历教育的相关支出，按照每个子女每年 12000 元（每月 1000 元）的标准定额扣除。

前款所称学前教育包括年满 3 岁至小学入学前教育。学历教育包括义务教育（小学和初中教育）、高中阶段教育（普通高中、中等职业教育）、高等教育（大学专科、大学本科、硕士研究生、博士研究生教育）。

受教育子女的父母分别按扣除标准的 50%扣除；经父母约定，也可以选择由其中一方按扣除标准的 100%扣除。具体扣除方式在一个纳税年度内不得变更。

（二）继续教育专项附加扣除

纳税人接受学历继续教育的支出，在学历教育期间按照每年 4800 元（每月 400 元）定额扣除。纳税人接受技能人员职业资格继续教育、专业技术人员职业资格继续教育支出，在取得相关证书的年度，按照每年 3600 元定额扣除。

个人接受同一学历教育事项，符合本办法规定扣除条件的，该项教育支出可以由其父母按照子女教育支出扣除，也可以由本人按照继续教育支出扣除，但不得同时扣除。

（三）大病医疗专项附加扣除

一个纳税年度内，在社会医疗保险管理信息系统记录的（包括医保目录范围内的自付部分和医保目录范围外的自费部分）由个人负担超过 15000 元的医药费用支出部分，为大病医疗支出，可以按照每年 60000 元标准限额据实扣除。大病医疗专项附加扣除由纳税人办理汇算清缴时扣除。

纳税人发生的大病医疗支出由纳税人本人扣除。

纳税人应当留存医疗服务收费相关票据原件（或复印件）。

（四）住房贷款利息专项附加扣除

纳税人本人或配偶使用商业银行或住房公积金个人住房贷款为本人或其配偶购买住房，发生的首套住房贷款利息支出，在偿还贷款期间，可以按照每年 12000 元（每月 1000 元）标准定额扣除。非首套住房贷款利息支出，纳税人不得扣除。纳税人只能享受一套首套住房贷款利息扣除。

经夫妻双方约定，可以选择由其中一方扣除，具体扣除方式在一个纳税年度内不得变更。

纳税人应当留存住房贷款合同、贷款还款支出凭证。

（五）住房租金专项附加扣除

纳税人本人及配偶在纳税人的主要工作城市没有住房，而在主要工作城市租赁住房发生的租金支出，可以按照以下标准定额扣除：

1.承租的住房位于直辖市、省会城市、计划单列市以及国务院确定的其他城市，扣除标准为每年 14400 元（每月 1200 元）；

2.承租的住房位于其他城市的，市辖区户籍人口超过 100 万的，扣除标准为每年 12000 元（每月 1000 元）；

3.承租的住房位于其他城市的，市辖区户籍人口不超过 100 万（含）的，扣除标准为每年 9600 元（每月 800 元）。

主要工作城市是指纳税人任职受雇所在城市，无任职受雇单位的，为其经常居住城市。城市范围包括直辖市、计划单列市、副省级城市、地级市（地区、州、盟）全部行政区域范围。

夫妻双方主要工作城市相同的，只能由一方扣除住房租金支出。夫妻双方主要工作城市不相同的，且各自在其主要工作城市都没有住房的，可以分别扣除住房租金支出。

住房租金支出由签订租赁住房合同的承租人扣除。

纳税人及其配偶不得同时分别享受住房贷款利息专项附加扣除和住房租金专项附加扣除。

纳税人应当留存住房租赁合同。

（六）赡养老人专项附加扣除

纳税人赡养 60 岁（含）以上父母以及其他法定赡养人的赡养支出，可以按照以下标准定额扣除：

1.纳税人为独生子女的，按照每年 24000 元（每月 2000 元）的标准定额扣除；

2.纳税人为非独生子女的，应当与其兄弟姐妹分摊每年 24000 元(每月 2000 元)的扣除额度，分摊方式包括平均分摊、被赡养人指定分摊或者赡养人约定分摊，具体分摊方式在一个纳税年度内不得变更。采取指定分摊或约定分摊方式的，每一纳税人分摊的扣除额最高不得超过每年 12000 元（每月 1000 元），并签订书面分摊协议。指定分摊与约定分摊不一致的，以指定分摊为准。纳税人赡养 2 个及以上老人的，不按老人人数加倍扣除。

其他法定赡养人是指祖父母、外祖父母的子女已经去世，实际承担对祖父母、外祖父母赡养义务的孙子女、外孙子女。

纳税人同时从两处以上取得工资、薪金所得，并由扣缴义务人办理专项附加扣除的，对同一专项附加扣除项目，纳税人只能选择从其中一处扣除。

二、非居民个人的工资薪金、劳务报酬、稿酬、特许权使用费所得

工资薪金所得以每月收入额减除费用 5000 元后的余额为应纳税所得额；劳务报酬所得、稿酬所得、特许权使用费所得，以每次收入额为应纳税所得额。

劳务报酬所得、稿酬所得、特许权使用费所得以收入减除 20%的费用后的余额为收入额。稿酬所得的收入额减按 70%计算。

三、经营所得

以每一纳税年度的收入总额减除成本、费用以及损失后的余额，为应纳税所得额。

成本、费用，是指个体工商户、个人独资企业、合伙企业以及个人从事其他生产、经营活动发生的各项直接支出和分配计入成本的间接费用以及销售费用、管理费用、财务费用；所称损失，是指个体工商户、个人独资企业、合伙企业以及个人从事其他生产经营活动发生的固定资产和存货的盘亏、毁损、报废损失，转让财产损失、坏账损失，自然灾害等不可抗力因素造成的损失以及其他损失。

个体工商户业主、个人独资企业投资者、合伙企业个人合伙人以及从事其他生产、经营活动的个人，以其每一纳税年度来源于个体工商户、个人独资企业、合伙企业以及其他生产、经营活动的所得，减除费用 60000 元、专项扣除以及依法确定的其他扣除后

的余额，为应纳税所得额。

四、财产租赁所得

每次收入不超过 4000 元的，减除费用 800 元；4000 元以上的，减除 20%的费用，其余额为应纳税所得额。

五、财产转让所得

以转让财产的收入额减除财产原值和合理费用后的余额，为应纳税所得额。

财产原值，按照下列方法计算：

（1）有价证券，为买入价以及买入时按照规定缴纳的有关费用；

（2）不动产，为建造费或者购进价格以及其他有关费用；

（3）土地使用权，为取得土地使用权所支付的金额、开发土地的费用以及其他有关费用；

（4）机器设备、车船，为购进价格、运输费、安装费以及其他有关费用。

其他财产，参照前款规定的方法确定财产原值。

纳税人未提供完整、准确的财产原值凭证，不能正确计算财产原值的，由主管税务机关核定其财产原值。

合理费用，是指卖出财产时按照规定支付的有关税费。

六、利息、股息、红利所得和偶然所得

以每次收入额为应纳税所得额。

上述所称每次，按照下列方法确定：

1.财产租赁所得，以一个月内取得的收入为一次；

2.利息、股息、红利所得，以支付利息、股息、红利时取得的收入为一次；

3.偶然所得，以每次取得该项收入为一次；

4.非居民个人取得的劳务报酬所得、稿酬所得、特许权使用费所得，属于一次性收入的，以取得该项收入为一次；属于同一项目连续性收入的，以一个月内取得的收入为一次。

5.财产转让所得，按照一次转让财产的收入额减除财产原值和合理费用后的余额，计算纳税。

两个或者两个以上的个人共同取得同一项目收入的，应当对每个人取得的收入分别按照个人所得税法规定减除费用后计算纳税。

七、个人捐赠的扣除

个人将其所得对教育、扶贫、济困等公益慈善事业进行捐赠，捐赠额未超过纳税人申报的应纳税所得额30%的部分，可以从其应纳税所得额中扣除；国务院规定对公益慈善事业捐赠实行全额税前扣除的，从其规定。

第五节 个人所得税税收优惠及征税管理政策

一、个人所得税税收优惠政策

1.下列各项个人所得，免征个人所得税

（1）省级人民政府、国务院部委和中国人民解放军军以上单位，以及外国组织、国际组织颁发的科学、教育、技术、文化、卫生、体育、环境保护等方面的奖金。

（2）国债和国家发行的金融债券利息。

国债利息，是指个人持有中华人民共和国财政部发行的债券而取得的利息；所称国家发行的金融债券利息，是指个人持有经国务院批准发行的金融债券而取得的利息。

（3）按照国家统一规定发给的补贴、津贴。

国家统一规定发给的补贴、津贴，是指按照国务院规定发给的政府特殊津贴、院士津贴，以及国务院规定免纳个人所得税的其他补贴、津贴。

（4）福利费、抚恤金、救济金。

福利费，是指根据国家有关规定，从企业、事业单位、国家机关、社会团体提留的福利费或者工会经费中支付给困难个人的生活补助费；所称救济金，是指各级人民政府民政部门支付给个人的生活困难补助费。

（5）保险赔款。

（6）军人的转业费、复员费、退役金。

（7）按照国家统一规定发给干部、职工的安家费、退职费、基本养老金或者退休费、离休费、离休生活补助费。

（8）依照有关法律规定应予免税的各国驻华使馆、领事馆的外交代表、领事官员和其他人员的所得。

（9）中国政府参加的国际公约、签订的协议中规定免税的所得。

（10）国务院规定的其他免税所得。

2.有下列情形之一的，可以减征个人所得税，具体幅度和期限，由省、自治区、直辖市人民政府规定，并报同级人民代表大会常务委员会备案：

（1）残疾、孤老人员和烈属的所得；

（2）因自然灾害遭受重大损失的。

二、个人所得税征收管理

1.个人所得税以所得人为纳税人，以支付所得的单位或者个人为扣缴义务人。

纳税人有中国公民身份号码的，以中国公民身份号码为纳税人识别号；纳税人没有中国公民身份号码的，由税务机关赋予其纳税人识别号。扣缴义务人扣缴税款时，纳税人应当向扣缴义务人提供纳税人识别号。

2.有下列情形之一的，纳税人应当依法办理纳税申报：

（1）取得综合所得需要办理汇算清缴；

需要办理汇算清缴，包括下列情形：

①在两处或者两处以上取得综合所得，且综合所得年收入额减去专项扣除的余额超过六万元；

②取得劳务报酬所得、稿酬所得、特许权使用费所得中一项或者多项所得，且综合所得年收入额减去专项扣除的余额超过60000元；

③纳税年度内预缴税额低于应纳税额的。

（2）取得应税所得没有扣缴义务人；

（3）取得应税所得，扣缴义务人未扣缴税款；

（4）取得境外所得；

（5）因移居境外注销中国户籍；

（6）非居民个人在中国境内从两处以上取得工资、薪金所得；

（7）国务院规定的其他情形。

扣缴义务人应当按照国家规定办理全员全额扣缴申报，并向纳税人提供其个人所得和已扣缴税款等信息。

3.居民个人取得综合所得，按年计算个人所得税；有扣缴义务人的，由扣缴义务人按月或者按次预扣预缴税款；需要办理汇算清缴的，应当在取得所得的次年3月1日至6月30日内办理汇算清缴。预扣预缴办法由国务院税务主管部门制定。

居民个人向扣缴义务人提供专项附加扣除信息的，扣缴义务人按月预扣预缴税款时应当按照规定予以扣除，不得拒绝。

非居民个人取得工资、薪金所得，劳务报酬所得，稿酬所得和特许权使用费所得，有扣缴义务人的，由扣缴义务人按月或者按次代扣代缴税款，不办理汇算清缴。

4.纳税人取得经营所得，按年计算个人所得税，由纳税人在月度或者季度终了后15日内向税务机关报送纳税申报表，并预缴税款；在取得所得的次年3月31日前办理汇算清缴。

纳税人取得利息、股息、红利所得，财产租赁所得，财产转让所得和偶然所得，按月或者按次计算个人所得税，有扣缴义务人的，由扣缴义务人按月或者按次代扣代缴税款。

5.纳税人取得应税所得没有扣缴义务人的，应当在取得所得的次月15日内向税务机关报送纳税申报表，并缴纳税款。

纳税人取得应税所得，扣缴义务人未扣缴税款的，纳税人应当在取得所得的次年6月30日前，缴纳税款；税务机关通知限期缴纳的，纳税人应当按照期限缴纳税款。

居民个人从中国境外取得所得的，应当在取得所得的次年3月1日至6月30日内申报纳税。

非居民个人在中国境内从两处以上取得工资、薪金所得的，应当在取得所得的次月十五日内申报纳税。

纳税人因移居境外注销中国户籍的，应当在注销中国户籍前办理税款清算。

6.扣缴义务人每月或者每次预扣、代扣的税款，应当在次月十五日内缴入国库，并向税务机关报送扣缴个人所得税申报表。

纳税人办理汇算清缴退税或者扣缴义务人为纳税人办理汇算清缴退税的，税务机关审核后，按照国库管理的有关规定办理退税。

7.公安、人民银行、金融监督管理等相关部门应当协助税务机关确认纳税人的身份、金融账户信息。教育、卫生、医疗保障、民政、人力资源社会保障、住房城乡建设、公安、人民银行、金融监督管理等相关部门应当向税务机关提供纳税人子女教育、继续教育、大病医疗、住房贷款利息、住房租金、赡养老人等专项附加扣除信息。

个人转让不动产的，税务机关应当根据不动产登记等相关信息核验应缴的个人所得税，登记机构办理转移登记时，应当查验与该不动产转让相关的个人所得税的完税凭证。个人转让股权办理变更登记的，市场主体登记机关应当查验与该股权交易相关的个人所得税的完税凭证。

有关部门依法将纳税人、扣缴义务人遵守本法的情况纳入信用信息系统，并实施联合激励或者惩戒。

8.各项所得的计算，以人民币为单位。所得为人民币以外的货币的，按照人民币汇率中间价折合成人民币缴纳税款。

9.对扣缴义务人按照所扣缴的税款，付给2%的手续费。

第八章 土地增值税

| 土地增值税 | 指对转让国有土地使用权、地上建筑物及其附着物并取得收入的单位和个人，就其转让房地产所取得的增值税征收的一种税。 |

第一节 土地增值税纳税义务人及征税范围

1993年12月13日国务院颁布了《中华人民共和国土地增值税暂行条例》，并与1994年1月1日起实施，1995年1月财政部印发了《中华人民共和国土地增值税暂行条例实施细则》，从1995年1月27日起实施。之后，财政部、国家税务总局又陆续发布了一些有关土地增值税的规定、办法。这些构成了我国土地增值税法律制度。

（一）土地增值税纳税义务人

土地增值税的纳税人为转让国有土地使用权、地上建筑物及其附着物（以下简称"转让房产"）并取得收入的单位和个人。

单位：包括各类企业单位、事业单位、国家机关和社会团体及其他组织。

个人：包括个体经营者。此外，还包括外商投资企业、外国企业、外国驻华机构及海外华侨、港澳台同胞和外国公民。

（二）征税范围的一般规定

1. 土地增值税只对转让国有土地使用权的行为征税，对土地出让国有土地的行为不征税。

所谓国有土地使用权，是指土地使用人根据国家法律、合同等规定，对国家所有的土地享有的使用权利。

土地增值税只对企业、单位和个人转让国有土地使用权的行为征税。对于集体所有的土地，按现行法律规定需先由国家征用后才能转让。根据《中华人民共和国土地管理法》规定，国家为了公共利益，可依照法律规定征用集体土地，依法被征用后的土地属于国家所有。未经国家征用的法律来处理，而不应纳入土地增值税的征收范围。

国有土地出让，是指国家以土地所有者的身份将土地使用权在一定年限内让与土地使用者，并由土地使用者向国家支付土地出让金的行为。

由于土地使用权的出让是国家，出让收入在性质上属于政府凭借所有权在土地一级市场上收取的租金，所以，政府出让土地的行为及取得的收入也不在土地增值税的征税之列。

2. 土地增值税挤兑转让国有土地使用权的行为征税，也对转让地上建筑物及其他附着物产权的行为征税。

所谓地上建筑物，是指建于土地上的一切建筑物，包括地上地下的各种附属设施。如厂房、仓库、商店、医院、住宅、地下室、围墙、烟囱、电梯、中央空调、管道等。所谓附着物指附着于土地上、不能移动，一经移动即遭损坏的种植物、养殖物及其他物品。上述建筑物和附着物的所有者对自己财产依法享有占有、使用、收益和处置的权利，即拥有排他性的全部产权。

税法规定，纳税人转让地上建筑物和其他附着物的产权，取得的增值税的增值性收入，也应计算缴纳土地增值税。换言之，纳入土地增值税征税范围的增值额，是纳税人转让房地产所取得的全部增值额，而非仅仅是土地使用权转让的收入。

3. 土地增值税只对有偿转让的房地产征税，对以继承、赠与等方式无偿转让的房地产，不予征税。

不征土地增值税的房地产赠与行为包括以下两种情况：

（1）房产所有人、土地使用权所有人将房屋产权、土地使用权赠与直系亲属或承担直接赠养义务的行为。

（2）房产所有人、土地适用所有人通过中国境内非营利的社会团体、国家机关将房屋产权、土地使用权赠与教育、民政和其他社会福利、公益事业的行为。其中社会团体，是指中国青少年发展基金会，希望工程基金会、宋庆龄基金会、减灾委员会、中国红十字会、中国残疾人发展基金会、全国老年基金会、老区促进会，以及经民政部门批准成立的其他非营利的公益性组织。

（三）征税范围的特殊规定

1. 企业改制重组

（1）按照《中华人民共和国公司法》的规定，非公司制企业整体改建为有限责任公司或者股份有限公司，有限责任公司（股份有限公司）整体改建为股份有限公司（有限责任公司）。对改建前的企业将国有土地、房屋权属转移、变更改建后的企业，暂不征土地增值税。

（2）按照法律规定或者合同约定，两个或两个以上企业合并为一个企业，且原企业投资主体存续的，对原企业将国有土地、房屋权属转移、变更到合并后的企业，暂不征土地增值税。

（3）按照法律规定或者合同约定，企业分设为两个或者两个以上原企业投资主题相同的企业，对原企业将国有土地、房屋权属转移、变更到分立后的企业，暂不征土地增值税。

（4）单位、个人在改建重组时国有土地、党务进行投资，对其将国有土地、房屋权属转移、变更到被投资的企业，暂不征土地增值税。

（5）上述改制重组有关土地增值税政策不适用于房地产开发企业。

2. 房地产开发企业将开发的部分房地产转为企业自用或用于出租等商业用途时、如果产权未发生转移、不征收土地增值税。

3. 房地产的交换

房地产交换，是指一方地产与另一方的房地产进行交换的行为。由于这种行为既发生了房产产权、土地使用权的转移，交换双方又取得了实物形态的收入，属于土地增值税的征税范围。但对个人之间互换自有居住用房地产的。经当地税务机关核实，可以免征土地增值税。

4. 合作建房

对于一方出地，另一方出资金，双方合作建房，建成后按比例分房自用的，暂免征收土地增值税；建成转让的，应征收土地增值税。

5. 房地产的出租

房地产出租，是指房产所有者或土地使用者，将房产或土地使用权租赁给承租人使用，由承租人向出租人支付租金的行为。房地产出租，出租人虽取得了收入，但没有发生房产产权的、土地使用权的转让，因此，不属于土地增值税的征税范围。

6. 房地产的抵押

房地产抵押，是指房产所有或土地使用者作为债务人或第三人向债权人提供不动产作为清偿债务的担保而不转移权属的法律行为。这种情况下房产的产权、土地使用权在抵押期间并没有发生权属的变化，因此对房地产的抵押，在抵押期间不征收土地增值税。待抵押期满后，是该房地产转移占有而确定是否征收土地增值税。对于房地产抵债而发生后的房地产权属转让的，应列入土地增值税的征税范围。

7. 房地产的代建行为

代建行为，是指房地产开发公司代客户进行房地产的开发，开发完成后客户收取代建收入行为。对于房地产开发公司而言，虽然取得了收入，但没有发生房地产权属的转移，其收入属于劳务收入性质，故不属于土地增值税的征税范围。

8. 房地产的重新评估

国有企业在清产核资时对房地产进行重新评估而产生的评估增值，因其既没有发生房地产权属的转移，房产产权、土地使用人也未取得收入，所以不属于土地增值税的征税范围。

9. 土地使用者处置土地使用权

土地使用者转让、抵押或置换土地，无论其是否取得了该土地的使用权属证书，无论其在转让、抵押或置换土地过程中是否与对方当事人办理了土地使用权属证书变更登记手续，只要土地使用者享有占用、使用、收益或处分该土地的权利，且有合同等证据表明其实质转让、抵押或置换了土地取得了相应的经济利益，土地使用者及其对方当事人就应当依照税法规定缴纳营业税、土地增值税和契税。

第二节　土地增值税税率及计税依据

一、土地增值税税率

土地增值税实行四级超率累进税率：

1.增值税未超过扣除项目金额50%的部分，税率为30%。

2.增值税额超过扣除项目金额50%、未超过扣除项目金额100%的部分，税率为40%。

3.增值税超过扣除项目金额100%、未超过扣除项目金额200%的部分，税率为50%。

4.增值税超过扣除项目金额200%的部分，税率为60%。

上述所列四级超累进税率，每级"增值额未超过扣除项目金额"的比例，均包括本比例数。四级超率累进税率及速算扣除系数表：

级数	增值额与扣除项目金额比率	税率（%）	速算扣除数（%）
1	不超过50%的部分	30	0
2	超过50%至100%的部分	40	5
3	超过100%至200%的部分	50	15
4	超过200%的部分	60	35

二、土地增值税计税依据

土地增值税的计税依据是纳税人转让房地产所取得的增值额。转让房地产的增值额，是纳税人转让房地产的收入减除税法规定的扣除项目金额后的余额。土地增值额的大小，取决于转让房地产的收入额和扣除项目金额两个因素。

三、应税收入的确定

根据《土地增值税暂行条例》及其实施细则的规定，纳税人转让房地产取得的应税收入，应包括转让房地产全部价款及有关的经济收益。从收入的形式来看，包括货币收入、实物收入和其他收入。

（一）货币收入

货币收入，是指纳税人转让房地产而取得的现金、银行存款和国库券、金融债券、企业债券、股票等有价证券。

（二）实物收入

实物收入，是指纳税人转让房地产而取得的各种实物形态收入，如钢材、水泥等建材，房屋、土地等不动产等。对于这些实物收入一般要按照公允价值确认应税收入。

（三）其他收入

其他收入，是指纳税人转让房地产而取得的无形资产收入或具有财产价值的权利，如专利权、商标权、著作权、专有技术使用权、土地使用权、商誉权等。

对于这些无形资产收入一般要进行专门的评估，按照评估确认应税收入。

纳税人取得的收入为外国货币的，应当以取得收入当天或当月1日国家公布的市场汇价折合成人民币，据以计算土地增值税税额。当月以分期收款方式取得的外币收入，也应按实际收款日或收款当月1日国家公布市场汇价折合成人民币。

四、扣除项目及其金额

依照《土地增值税暂行条例》的规定，准予纳税人从房地产转让收入额减除的扣除项目金额具体包括以下内容：

（一）取得土地使用权所支付的金额

包括以下两方面的内容：

（1）纳税人为取得土地使用权所支付的地价款，地价款的确定有三种方式：如果是以协议、招标、拍卖等出让方式取得土地使用权的，地价款为纳税人所支付的土地出让金；如果是以行政划拨方式取得土地使用权的，地价款为按照国家有关规定补交的土地出让金；如果是以转让方式取得土地使用权的，地价款原土地使用权人实际支付的地价款。

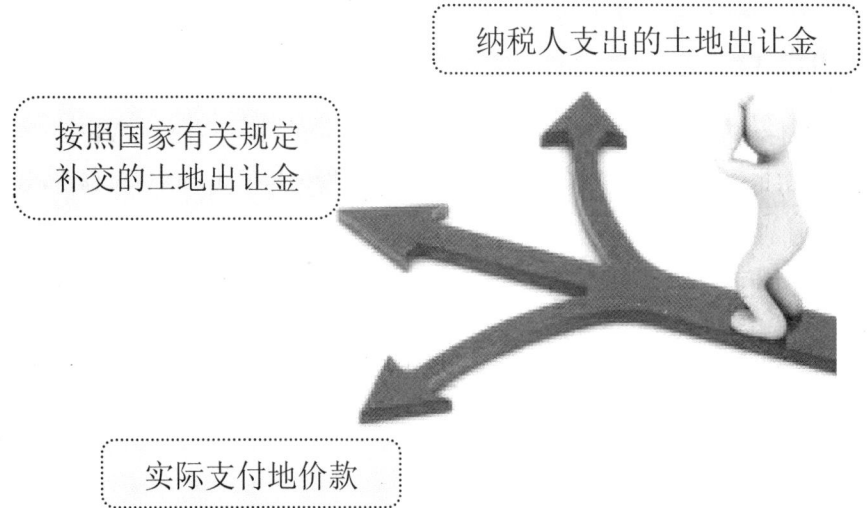

（2）纳税人灾区的土地使用权是按国家统一规定缴纳的有关费用和税金，指纳税人在取得土地使用权过程中未办理有关手续，必须按国家统一规定缴纳的有关登记、过户手续费和契税。

（二）房地产开发成本

房地产开发成本，是指纳税人开发房地产项目实际发生的成本，包括土地的征用及拆迁补偿费、前期工程费、建筑安装工程费、基础设施费、公共配套设施费、开发空间间接费用等。

土地征用及拆迁补偿费，包括土地征用费、耕地占用税、劳动力安置费及有关地上、地下附着物拆迁补偿的净支出、安置动迁用房支出等。

前期工程费，包括规划、设计、项目可行性研究和水文、地质、勘察、测绘、"三通一平"等支出。

建筑安装工程费，是指以出包方式支付给承包单位的建筑安装工程费以自营方式发生的建筑安装工程费。

基础设施，包括开发小区内道路、供水、供电、供气、排污、排洪、通信、照明、环卫、绿化等工程发生的支出。

公共配套设施费，包括不能有偿转让的开发小区内公共配套设施发生的支出。

开发间接费用，是指直接组织、管理开发项目的费用，包括工资、职工福利费、折旧费、修理费、办公费、水电费、劳动保护费、周转房摊销等。

（三）房地产开发费用

> 房地产开发费用，是指与房地产开发项目有关的销售费用、管理费用和财务费用。

根据现行财务会计制度的规定，这三项费用作为期间费用，按照实际发生额直接计入当期损益。但在计算土地增值税时房地产开发费用并不是按照纳税人实际发生额进行扣除，应分别按以下两种情况扣除：

（1）财务费用中的利息支出，凡能够按转让房地产开发项目计算分摊并提供金融机构证明的，允许据实扣除。但最高不能超过按商业银行同类同期贷款利率计算的金额。其他房地产开发费用，按规定（即取得土地使用权所支付的金额和房地产开发成本，下同）计算的金额之和的 5%以内计算的扣除。计算公式为：

> 允许扣除的房地产开发费用=利息+（取得土地使用权所支付的金额+房地产开发成本）×5%

（2）财务费用的利息支出，凡不能够按转让房地产开发项目计算分摊利息支出或不能提供金融机构证明的，房地产开发费用，按取得土地使用权所支付的金额与房地产开发成本计算的金额之和的 10%以内计算扣除，计算公式为：

> 允许扣除的房地产开发费用=（取得土地使用权所支付的金额+房地产开发成本）×10%

财政部、国家税务总局对扣除项目金额中利息支出的计算问题做了两点专门规定：一是利息的上浮幅度按国家的有关规定执行，超过上浮幅度的部分不允许扣除；二是对于超过贷款期限的利息部分和加罚的利息不允许扣除。

（四）与转让房地产有关的税金

与转让房地产有关的税金，是指转让房地产时缴纳的增值税、城市维护建设税、印花税。因转让房地产缴纳的教育费附加，也可以视同税金予以扣除。

房地产开发企业按照《房地产开发企业财务制度》有关规定，其在转让时缴纳的印花税已列入管理费用中，故不允许单独再扣除。其他纳税人缴纳的印花税允许在此扣除。

（五）财政部确定的其他扣除项目

对从事房地产开发的纳税人可按规定计算的金额之和，加计 20%扣除。此优惠只适用于从事房地产开发纳税人，除此之外的其他纳税人不适用。

（六）旧房及建筑物的扣除金额

（1）按评估价格扣除。旧房及建筑物的评估价格是指在转让已使用的房屋及建筑物时，由政府批准设立的房地产评估机构评定的重置成本价乘以成新度折扣率后的价格。评估价格须经当地税务机关确认。

重置成本

对旧房及建筑物。按转让时的建筑材料价格及人工费用计算建造同样面积、同样层次、同样结构、同样建设标准的新房及建筑物所需花费的成本费用。。

成新度折扣率的含义是：按旧房屋的新旧程度作一定比例的折扣。

因此转让旧房的应按照房屋及建筑物的评估价格、取得土地使用权所支付的地价款和按国家统一规定缴纳的有关费用，以及在转让环节缴纳的税金作为扣除项目金额计征土地增值税。对取得土地使用权时未支付地价款或不能提供已支付的地价款凭据的，在计征土地增值税时不允许扣除。

（2）按购房发票金额计算扣除。纳税人转让旧房及建筑物，凡不能取得评估价格，但能提供购房发票的，经当地税务部门确认，《土地增值税暂行条例》规定的扣除项目的金额，可按发票所载金额并从购买年度起至转让年度止每年加计5%计算。对于纳税人购房时缴纳的契税，凡能提供契税完税凭证的，准予作为"与转让房地产有关的税金"予以扣除，但不作为加计5%的基数。

（七）计税依据的特殊规定

（1）隐瞒、虚报房地产成交价格的。隐瞒、虚报房地产成交价格，是指纳税人不报或有意低报转让土地使用权、地上建筑物及其附着物价款的行为。

对于纳税人隐瞒、虚报房地产成交价格的，应由评估机构参照同类房地产的市场交易价格进行评估，税务机关根据估价确定转让房地产的收入。

（2）提供扣除项目金额不实的。提供扣除项目金额不实，是指纳税人在纳税申报时，不据实提供扣除项目金额，而是虚增被转让房地产扣除项目的内容或金额，使税务机关无法从纳税人方面了解计征土地增值税所需的正确的扣除项目金额，以达到虚增成本偷税的目的。

对于纳税人申报扣除项目金额不实的，应由评估机构对该房屋按照评估出的房屋重置成本价，乘以房屋的成新度折扣率，确定房产的扣除项目金额，并用该房产所坐落土地取得时的基准地价或标定地价来确定土地的扣除项目金额，房产和土地的扣除项目金额之和即为该房地产的扣除项目全额。

（3）转让房地产的成交价格低于房地产评估价格，又无正当理由的。转让房地产的成交价格低于房地产评估价格且无正当理由，是指纳税人申报的转让房地产的成交价低于房地产评估机构通过市场比较法进行房地产评估时所确定的正常市场交易价。纳税人又不能提供有效凭证或无正当理由进行解释的行为。对于这种情况，应按评估的市场交易价确定其实际成交价，并以此作为转让房地产的收入计算征收土地增值税。

（4）非直接销售和自用房地产收入的确定。房地产开发企业将开发产品用于职工福利、奖励、对外投资、分配给股东或投资人、抵偿债务、换取其他单位和个人的非货币性资产等，发生所有权转移时应使用销售房地产，其收入按下列方法和顺序确认：一是按本企业在同一地区、同一年度销售的同类房地产的平均价格确定；二是由主管税务机关参照当地当年、同类房地产市场价格或评估价格确定。

第三节 土地增值税应纳税额的计算

一、应纳税额的计算公式

土地增值税按照纳税人转让房地产所取得的增值额和规定的税率计算征收。土地增值税的计算公式为:

> 应纳税额=∑(每级距的增值额×适用税率)

由于分布计算比较烦琐,一般可以采用速算扣除法计算。即计算土地增值税额,可按增值税乘以适用的税率减去扣除项目金额乘以速算扣除数的简便方法计算。公式如下:

■ 增值额未超过扣除项目金额 50%

> 土地增值税应纳税额=增值额×30%

■ 增值额超过扣除项目 50%,未超过 100%

> 土地增值税应纳税额=增值额×40%-扣除项目金额×5%

■ 增值额超过扣除项目金额 100%,未超过 200%。

> 土地增值税应纳税额=增值额×50%-扣除项目×15%

■ 增值额超过扣除项目金额 200%

> 土地增值税应纳税额=增值额×60%-扣除项目金额×35%

二、应纳税额的计算步骤

根据上述计算公式,土地增值税应纳税额的计算可分为以下四步:

1. 计算增值额

增值额=房地产转让收入－扣除项目金额

2. 计算增值率

增值率=增值额÷扣除项目金额×100%

3. 确定适用税率

按照计算出的增值率,从土地增值税税率表中确定适用税率。

4. 计算应纳税额

土地增值税应纳税额=增值额×适用税率－扣除项目金额×速算扣除系数

第四节 土地增值税税收优惠

第一，纳税人建造普通标准住宅出售，增值额未超过扣除项目金额20%的予以免税；超过20%的，应按全部增值额缴纳土地增值税。

普通住宅是指按所在地一般民用标准建造的居住用住宅。高级公寓、别墅度假村等不属于普通标准住宅。普通标准住宅与其他住宅的具体划分界限，2005年5月31日以前由各省、自治区、直辖市人民政府规定。2005年6月1日起，普通标准住宅应同时满足：住宅小区建筑容积率在1.0以上；价格1.2倍以下。各省、自治区、直辖市根据实际情况，制定本地区享受优惠政策普通住房具体标准。允许单套建筑面积和价格标准适当浮动，但向上浮动的比例不得超过上述标准的20%。纳税人建造普通住宅出售，增值税额未超过扣除项目金额20%的，免征土地增值税；增值额超过扣除项目金额20%的，应就其全部增值额按规定计税。

对于纳税人既建普通标准住宅又同时搞其他房地产开发的，应分别核算增值额。不分别核算增值额或不能准确核算增值额的，其建造的普通标准住宅不能适用这一免税规定。

第二，因国家建设需要依法征用、收回的房地产，免征土地增值税。

因国家建设需要依法征用、收回的房地产，是指因城市实施规划、国家建设的需要而被政府批准征用的房产或收回的土地使用权。

因城市实施规划、国家建设的需要而搬迁，由纳税人自行转让原房地产的，免征土地增值税。

企事业单位、社会团体以及其他组织转让旧房作为廉租住房、经济适用住房房源且增值额未超过扣除项目金额20%的，免征土地增值税。

自2008年11月1日起，对居民个人转让住房一律免征土地增值税。

第五节　土地增值税征收管理

一、纳税申报

纳税人应在转让房地产合同签订后 7 日内,到房地产所在主管税务机关办理纳税申报,并向税务机关提交房屋及建筑产权、土地使用权证书,土地转让、房产买卖合同、房地产评估报告及其他与转让房地产有关的资料,然后在税务机关规定的期限内缴纳土地增值税。

纳税人因经常发生房地产转让而难以在每次转让后申报的,经税务机关审核同意后,可以按月或按季定期进行纳税申报,具体期限由主管税务机关根据情况确定。

纳税人采取预售方式销售房地产的,对在项目全部竣工结算前转让房地产取得的收入,税务机关可以预征土地增值税。具体办法由各省、自治区、直辖市税务局根据当地情况制定。

对于纳税人预售房地产所取得的收入,凡当地税务机关规定预征土地增值税的,纳税人应当到主管税务机关办理纳税申报,并按规定比例预交,待办理完纳税清算后,多退少补。

二、纳税清算

1. 土地增值税的清算单位

土地增值税以国家有关部门审批的房地产开发项目为单位进行清算,对于分期开发的项目,以分期项目为单位清算。

开发项目中同时包含普通住宅和非普通住宅的,应分别计算增值额。

2. 土地增值税的清算条件

(1) 符合下列情形之一的,纳税人应进行土地增值税的清算:

①房地产开发项目全部竣工、完成销售的。

②整体转让未竣工决算房地产开发项目的。

③直接转让土地使用权的。

(2) 符合下列情形之一的,主管税务机关可要求纳税人进行土地增值税清算:

①已竣工验收的房地产开发项目,已转让的房地产建筑面积占整个项目可售建筑面积比例在 85% 以上,或该比例虽未超过 85%,但剩余的可售建筑面积已经出租或自用的。

②取得销售(预售)许可证满 3 年仍未销售完毕的。

③纳税人申请注销税务登记单位办理土地增值税清算手续的。

3.土地增值税清算应报送的资料

纳税人办理土地增值税清算应报送以下资料：

（1）房地产开发企业清算土地增值税书面申请、土地增值税纳税申报表。

（2）项目竣工决算报表、取得土地使用权所支付的地价款凭证、国有土地使用权出让合同、银行贷款利息结算通知单、项目工程合同结算单、商品方购销合同统计表与转让房地产的收入、成本和费用有关的证明资料。

（3）主管税务机关要求报送的其他与土地增值税的证明资料。

①纳税人委托税务中介审核鉴证的清算项目，还应报送中介机构出具的《土地增值税清算税款鉴证报告》；

②清算后再转让房地产的处理；

③在土地增值税清算时未转让的房地产，清算后销售或有偿转让的，纳税人应按规定进行土地增值税的纳税申报，扣除项目金额按清算时的单位建筑面积成本乘以销售或转让面积计算。

> 单位建筑面积成本＝清算时的扣除项目总金额 ÷ 清算的总建筑面积

房地产开发企业有下列情形之一的，税务机关可以参照与其开发规模和收入水平相近的当地企业的土地增值税税负情况，按不低于预征率核定征收土地增值税：

①依照法律、行政法规的规定应当设置但未设置账簿的。

②擅自销毁账簿或者拒不提供纳税资料的。

③虽设置账簿，但账目混乱或成本资料、收入凭证、费用凭证残缺不全，难以确定转让收入或扣除项目金额的。

④符合土地增值税清算条件，未按照规定的期限办理清算手续，经税务机关责令限期清算的，逾期仍不清算的。

⑤申报的计税依据明显偏低，又无正当理由的。

三、纳税地点

土地增值税纳税人发生应税行为应向房地产所在主管税务机关缴纳税款。

这里所称的房地产所在，是指房地产的坐落地。纳税人转让的房地产坐落在两个或两个以上地区的，应按房地产所在地分别申报纳税。具体又可分为以下两种情况：

第一,纳税人是法人的,当转让的房地产坐落地与其机构所在地或经营所在地一致时,则在办理税务登记的原管辖税务机关申报纳税即可;如果转让的房地产坐落地与其机构所在地或经营所在地不一致时,则应在房地产坐落地所管辖税务机关申报纳税。

第二,纳税人是自然人的,当转让的房地产坐落地与其居住所在地一致时,则在居住所在地税务机关申报纳税;当转让的房地产坐落地与其居住所在地不一致时,在办理过户手续所在地的税务机关申报纳税。

第九章 房产税

房产税 　房产税，是以房产为征税对象，按照房产税的计税价值或房产租金收入向房产所有人或经营管理人等征收的一种税。

第一节　房产税纳税人

1986年9月15日国务院颁布并于同年10月1日起实施《中华人民共和国房产税暂行条例》（以下简称《房产税暂行条例》），同年9月25日，财政部、国家税务总局印发《关于房产税若干具体问题的解释和暂行规定》，之后国务院以及财政部、国家税务总局陆续发布了一些有关房产税的规定、办法，这些构成了我国房产税法律制定。

房产税的纳税人，是指在我国城市、县城、建制镇和工矿区内拥有房屋产权的单位

和个人。具体包括产权所有人、承典人、房产代管或者使用人。

房产税的征税对象是房屋。所谓房屋是指有屋面和维护结构（有墙或两边有柱），能够遮风避雨，可供人们在其中生产、工作、学习、娱乐、居住或储存物资的场所。

1. 产权属于国家所有的，其经营管理的单位为纳税人；产权属于集体和个人的，集体单位和个人为纳税人。

所称单位，包括国有企业、集体企业、私营企业、股份制企业、外商投资企业、外国企业以及其他企业和事业单位、社会团体、国家机关、军队以及其他单位；所称个人，包括个体工商户以及其他个人。

2. 产权出典的，承典人为纳税人。在房屋的管理和使用中，产权出典，是指产权所有人为某种需要，将自己房屋的产权，在一定期限内转让（出典）给他人使用而取得的出典价款的一种融资行为。产权所有人（房主）成为房屋出典人；支付现金或实物取得房屋支配权的人成为房屋承典人。这种业务一般发生于出典人急需用资金，但又想保留产权赎回权的情况。承典人向出典人交付一定的典价后，在质典期内获取抵押物品的支配权，并可转典。产权的典价一般要低于卖价。出典人在规定期间内需归还典价的本金和利息，方可赎回出典房屋的产权。由于在房屋出典期间，产权所有人已无权支配房屋，

因此税法规定对房屋具有支配权的承典人为纳税人。

3.产权所有人、承典人均不在房产所在地的，房产代管人或者使用人为纳税人。

4.产权未确定以及租典纠纷未解决的，房产代管人或者使用人为纳税人。

租典纠纷，是指产权所有人在房产出典和租赁关系上，与承典人、租赁人发生各种争议，特别是有关权利和义务的争议的悬而未决的。此外，还有一些产权归属不清的问题，也都属于租典纠纷。对租典纠纷未解决的房产有代管人或使用人纳税，主要目的是消除纳税盲点，加强征收管理，保证税收公平。

5.纳税单位和个人无租使用房产管理部门、免税单位及纳税单位的房产，由使用人代为缴纳房产税。

房地产开发商企业建造的商品房，在出售前，不征收房产税，但对出售前房地产开发企业已使用或出租、出借的商品房应按规定征收房产税。

第二节　房产税征税范围

一、房产税征税范围

房产税的征税范围为城市、县城、建制镇和工矿区的房屋。其中，城市是指国务院批准设立的市，其征税范围为市区、郊区和市辖县城，不包括农村；县城市人民政府批准设立的建制镇；工矿区是指工商比较发达，人口比较集中，符合国务院规定的建制镇的标准，但尚未设立建制镇大中型企业所在地。在工矿区开征房产税必须经省、自治区、直辖市、人民政府批准。

独立于房屋之外的建筑物，如围墙、暖房、水塔、烟囱、室外游泳池等不属于房产税的征税范围，但室内游泳池属于税证范围。

二、房产税税率

1. 从价计征的，税率1.2%。
2. 从租计征的，税率12%，对个人出租住房，按4%的税率征收房产税。

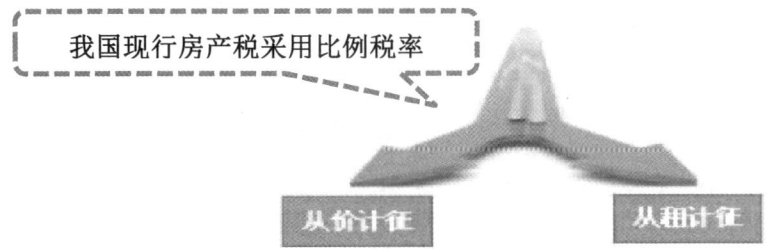

我国现行房产税采用比例税率

从价计征　　从租计征

第三节 房产税计税依据

房产税依据房产的计税价值或房产租金收入为计税依据。

按房产计税价值征税的,称为从价计征。

按房产租赁收入征税的,称为从租计征。

一、从价计征的房产税,是以房产余值为计税依据

1.房产税依照房产原值一次减除10%~30%后的余值计算缴纳。具体扣减比例由省、自治区、直辖市人民政府确定。

> 1.房产原值,是指纳税人按照会计制度规定,在账簿固定资料科目中记载的房屋原价。
>
> 自2009年1月1日起,对依照房产原值计税的房产,不论是否记载在会计账簿固定资料科目中,均应按照房屋原价计算缴纳房产税。房产税原价应根据国家有关会计制度规定进行核算。对纳税人未按国家会计制度核算并记载的,应按规定予以调整或重新评估。
>
> 2.房产余值,是房产的原值减除规定比例后的剩余价值。

2.房屋附属设备和配套设施的计税规定:

房产原值应包括与房屋不可分割的各种附属设备或一般不单独计算价值的配套设施,主要有:暖气、卫生、通风、照明、煤气等设备、各种管线,如蒸汽、压缩空气、石油、给水排水等管道及电力、电讯、电缆导线;电梯、升降机、国道、晒台等。

凡以房屋为载体,不可随意移动的附属设备和配套设施,如给排水、采暖、消

防、中央空调、电器以及智能化楼宇设备等无论在会计核算中是否单独记账与核算，都应计入房产原值，计征房产税。

纳税人对原有房屋进行改建、扩建的，要相应增加房屋的原值。对更换房屋附属设备和配套设施的，再将其价值计入房产原值时，可扣减原来设备和设施的价值；对附属设备和配套设施中易损坏、需要经常更换的零配件，更新后不在计入房产原值。

3. 对于投资联营的房产的计税规定：

（1）对以房产联营、投资者参与投资利润分红、共担风险的，按房产与制作为计税依据计缴房产税。

（2）对以房产投资收取固定收入、不承担经营风险的，实际上以联名名义取得房屋租金，应以出租方取得的租金收入为计税依据计缴房产税。

此外，对融资租赁房屋的情况，由于租赁包括购进房屋的价款、手续费、借款利息等，与一般房屋出租的"租金"内涵不同，且租赁期满后，承租方偿还最后一笔租赁费时，房屋产权要转移到承租方。这实际是一种变相的分期付款购买固定资产的形式，所以在计征房产税时应以房产余值计算征收。

4. 居民住宅区内业主共有的经营性房产，有实际经营（包括自营和出租）的代管人或使用人缴纳房产税。其中自营的依照房产原值减除10%～30%后的余值计征，没有房产原值或不能将业主共有房产与其他房产的原值准确划分开的，由房产所在地地方税务局机关参照同类房产核定房产原值；出租房产的，按照租金收入计征。

二、从租计征的房产税的计税依据

房产出租的，以房屋出租取得的租金收入为计税依据，计缴房产税。

房产的租金收入，是指房屋产权所有人出租房产使用权取得的报酬，包括货币收入和实物收入。是指房屋产权所有人出租房产使用权取得的报酬，包括货币收入和实物收入。对以劳务或其他形式为报酬抵付房租收入的，应根据当地同类房产的租金水平，确定一个标准金额从租计征。

纳税人对个人出租房屋的租金收入申报不实或申报书与同一地段同类房屋的租金收入相比明显不合理的，税务部门可以按照《中华人民共和国税收征收管理法》的有关规定，采取科学合理的方法和定期应纳税额。

第四节 房产税应纳税额的计算

一、从价计征的房产税应纳税额的计算

从价计征的房产税应纳税额的计算。从价计征是按房产的原值减除一定比例后的余值计征,其计算公式为:

从价计征的房产税应纳税额=应税房产原值×(1-扣除比例)×1.2%

公式中,扣除比例幅度为10%~30%,具体减除幅度由省、自治区、直辖市人民政府规定。

二、从租计征的房产税应纳税额的计算

从租计征的房产税应纳税额的计算。从租计征是按房产的租金收入计征,其计算公式为:

从租计征的房产税应纳税额=租金收入×12%(或4%)

第五节　房产税税收优惠及其税收管理

一、税收优惠

（一）国家机关、人民团体、军队自用的房产

国家机关、人民团体、军队自用的房产免征房产税。但上述免税单位的出租房产以及非自身业务使用的生产、经营用房，不属于免税范围。

（二）国家财政部门拨付事业经费的单位用房产

由国家财政部门拨付事业经费（全额或差额）的单位（学校、医疗卫生单位、托儿所、幼儿园、敬老院以及文化体育、艺术类单位）所有的、本身业务范围内使用的房产免征房产税。

由国家财政部门拨付事业经费的单位，其经费来源实行自收自支后，从事业单位实行自收自支的年度起，免征房产税3年。

上述单位所属附属工厂、商店、招待所等不属于单位公务、业务的用房应照章纳税。

（三）宗教寺庙、公园、名胜古迹自用的房产

宗教寺庙、公园、名胜古迹自用的房产免征房产税。宗教寺庙自用的房产，是指举行宗教仪式等的房屋和宗教人员使用的生活用房屋。公园、名胜古迹、自用的房产，是指公共参观游览的房屋及其管理单位的办公用房屋，宗教寺庙、公园、名胜古迹中辐射的营业单位，如影院、餐饮部、茶社、照相馆等使用的房产及出租的房产，不属于免税范围、应照章征税。

（四）个人所有非营业用的房产

个人所有非营业用的房产免征房产税。个人所有的非营业用房，主要是指居民住房，部分面积多少，一律免征房产税。对个人拥有的营业用房或出租的房产，不属于免税房产，应照章征税。为了抑制房价的过快增长和房产投机行为，从2011年1月起，我国在上海、重庆两地进行房产税试点改革。

（五）经财政部批准免税的其他房产

1. 毁损不堪居住的房屋和危险房屋，经有关部门鉴定，在停止使用后，可免征房产税。
2. 纳税人因房屋大修导致连续停用半年以上的，在房屋大修期间免征房产税，免征

税额由纳税人在申报缴纳房产税是自行计算扣除,并在申报表附表或备注栏中作相应说明。

纳税人房屋大修停用半年以上需要免征房产税的,应在房屋大修前向主管税务机关报从相关证明材料,包括大修房屋的名称、坐落地点、产权证编号、房产原值、用途、房屋大修原因、房屋大修的原因、大修合同及大修的起止时间等信息和资料,以备税务机关查验。具体报送材料由省、自治区、直辖市和计划单列市地方税务局确定。

3.在基建工地为基建工地服务的各种工棚、材料棚、休息棚和办公室、食堂、茶炉房、汽车房等临时性房屋,施工期问一律免征房产税。但工程结束后,施工企业将这种临时性房屋交还或估价转账给基建单位的,应从基建单位接受的次月起,照章征税。

4.对房管部门经租的居民住房,在房租调整改革之前收取租金偏低的,可暂缓征收房产税。对房管部门经理的其他营业用房,是否给予照顾,由各省、自治区、直辖市根据当地具体情况按税收管理体制的规定办理。

5.对高校学生公寓免征房产税。

6.对非营利性医疗机构、疾病控制机构和妇幼保健机构等卫生机构自用的房产,免征房产税。

7.老年服务机构自用的房产免征房产税。老年服务机构是指专门为老年人提供生活照料、文化、护理、健身等多方面服务的福利性、非营利性的机构,主要包括老年社会福利院、敬老院(养老院)、老年服务中心、老年公寓(含老年护理院、康复中心、托老所)等。

8.对按政府规定价格出租住房和廉租住房,包括企业和自收自支事业单位向职工出租的单位自有住房,房管部门向居民出租的公有住房,落实私房政策中带户发还产权并以政府规定租金标准向居民出租的私有住房等,暂免征收房产税。

9.向居民提供并向居民收取采暖费的供热企业免征收房产税。"供热企业"包括供热企业、兼营供热企业、单位自供热及小区居民供热的物业公司等,不包括从事热力生产不直接向居民供热的企业。

二、房产税征收管理

(一)纳税义务发生时间

1.纳税人将原有房产用于生产经营,从生产经营之月起,缴纳房产税。

2.纳税人自行新建房屋用于生产经营,从建成之次月起,缴纳房产税。

3.纳税人委托试工企业建设的房屋,从办理验收手续之次月起,缴纳房产税。

4.纳税人购置新建商品房,自房屋交付使用之次月起,缴纳房产税。

5.纳税人购置存量房,自办理房屋权属转移、变更登记手续,房地产权属登记机关签发房屋权属证书之次月起,缴纳房产税。

6.纳税人出租、出借房产,自交付出租、出借本企业房产之次月起,缴纳房产税。

7.房地产企业自用、出租、出借本企业建造的商品房,自房屋使用或交付之次月起,缴纳房产税。

8.纳税人因房产的食物或权利状态发生变化而依法终止房产税纳税义务的,其应纳税款的计算截止到房产的实物或权利状态发生变化的当月末。

(二)纳税地点

房产税在房产所在地缴纳。房产不在同一地方的纳税人,应按房产的坐落地点分别向房产所在地的税务机关申报纳税。

(三)纳税期限

房产税实行按年计算、分期缴纳的征收方法,具体纳税期限由省、自治区、直辖市人民政府确定。

第十章 契税

| 契税 | 指国家在土地、房屋权属转移时,按照当事人双方签订的合同(契约),以及所确定价格的一定比例,向权属承受人征收的一种税。 |

第一节 契税纳税人及其征税范围

1997年7月7日,国务院颁布了《中华人民共和国契税暂行条例》(以下简称《契税暂行条例》),自1997年10月1日起施行。同年10月28日,财政部印发了《契税暂行条例实施细则》。之后,国家财政、税务及主管部门又陆续发布了以下有关契税的规定、办法,这些构成了我国契税法律制度。

一、契税纳税人

契税的纳税人,是指在我国境内承受土地、房屋权属转移的单位和个人。

契税有权属的承受人缴纳。这里所说的"承受",是指土地使用权和房屋所有权;单位,是指企业单位、事业单位、国家机关、军事单位和社会团体以及其他组织;个人,是指个体经营和其他个人。

二、契税征税范围

| 征税对象 | 契税以在我国境内转移土地、房屋权属的行为作为征税对象。土地、房屋权属未发生转移的,不征收契税。 |

（一）国有土地使用权出让

国有土地使用权出让是土地使用者向国家交付土地使用权出让费用，国家将国有土地使用权在一年期限内让与土地使用者的行为。出让费用包括出让金、土地收益等。

（二）土地使用权转让

土地使用权转让是指土地使用者以出售、赠与、交还或其他方式将土地使用权转给其他单位和个人的行为。土地使用权的转让不包括农村集体土地承包经营权的转移。

（三）房屋买卖

房屋买卖是指房屋所有者将其房屋出售，又承受着交付货币、实物、无形资产，或其他经济利益的行为。

（四）房屋赠与

房屋赠与是指房屋所有者将其房屋无偿转让给受赠者的行为。

（五）房屋交换

房屋交换是指房屋所有者之间交换房屋的行为。

除以上情形外，在实际中还有其他一些转移土地、党务产权的形式，如以土地、房屋权属作价投资、入股，以土地、党务权属抵债；以获奖方式承受土地、房屋权属；以预购方式或者预付集资建房款方式承受土地、房屋权属等。对于这些转移土地、房屋权属的形式，可以分别是同土地使用权转让、房屋买卖或者房屋赠与征收契税。再如，土地使用权受让人通过完成土地使用权转让方约定的投资额度或投资特定项目，以此获取低价转让或无偿赠与的土地使用权，属于契税征收范围，其计税价格由征收机关参照纳税义务发生时当地市场价格核定。此外，公司增资扩股中，对以土地、党务权属作价入股为出资投入企业的，征收契税；企业破产清算期间，对非债权人承受破产企业土地、房屋权属的，征收契税。

土地、房屋典当、继承、分拆（分割）、抵押以及出租等行为，不属于契税的征收范围。

第二节 契税税率以及计税依据

一、契税税率

契税采用比例税率，并实行 3%～5% 的幅度税率。具体税率由省、自治区、直辖市人民政府在幅度税率规定范围内，按照本地的实际情况确定，以适应不同地区纳税人的负担水平和调控房地产交易的市场价格。

二、契税计税依据

按照土地、房屋权属转移的形式、定价方法的不同，契税的计税依据确定如下：

国有土地使用权出让、土地使用权出售、房屋买卖，以成交价格作为计税依据，成交价格是指土地、房屋权属转移合同的确定的价格，包括承受者应交付的货币、实物、无形资产或其他经济利益。

土地使用赠与、房屋赠与、由征收机关参照土地使用权出售、房屋买卖的市场价格核定。

土地使用权交换、房屋交换，以交换土地使用权、房屋的价格差额为计税依据。计税依据只考虑其价格的差额，交换价格不相等的，由多交付货币、实物、无形资产或其他经济利益的一方缴纳契税；交还价格相等的，免征契税。土地使用权与房屋所有权之间的交换，也应按照上述办法确定计税依据。

以划拨方式取得土地使用权，经批准转让房地产时应补缴的契税，以补缴的土地使用权出让费用或土地收益作为计税依据。

为了防止纳税人隐瞒、续保成交价格以偷、逃税款，对成交价格明显低于市场价格而无正当理由，征收机关参照市场价格核定计税依据。

三、契税应纳税额的计算

契税应纳税额依照省、自治区、直辖市人民政府确定的适用税率和税法规定的计税依据征收。其计算公式为：

$$应纳税额 = 计税依据 \times 税率$$

第三节　契税税收优惠

1. 国家机关、事业单位、社会团体、军事单位承受土地、房屋用于办公、教学、医疗、科研和军事设施的，免征契税。

2. 城镇职工按规定第一次购买公有住房的，免征契税。

3. 因不可抗力灭失住房而重新购买住房的，酌情准予减征或者减免契税。

4. 土地、房屋被县级以上人民政府征用、占用后，重新承受土地、房屋权属的，是否减免或者免征契税，由省、自治区、直辖市人民政府确定。

5. 纳税人承受荒山、荒沟、荒丘、荒滩土地使用权，使用农、林、牧、渔业生产的，免征契税。

6. 依照我国有关法律规定以及我国缔结参加的双边和多边条约或协定的规定应当予以免税的外国驻华使馆、领事馆、联合国驻华机构及其外交代表、领事官员和其他外交人员承受土地、房屋权属的，经外交部确认，可以免征契税。

经批准减征，免征契税的纳税人，改变有关土地、房屋的用途的，就不再属于减征、免征契税范围，并且应当补缴已经减征、免征的税款。

第四节 契税征收管理

一、纳税义务发生时间

契税的纳税义务发生时间是纳税人签订土地、房屋权属转移合同的当天。或者纳税人取得其他具有土地、房屋权属转移合同性质凭证的当天。

二、纳税地点

契税实行属地征收管理。纳税人发生契税纳税义务时，应向土地、房屋所在地的税务机关征收申报纳税。

三、纳税期限

纳税人应当自纳税义务发生之日起10日内，向土地、房屋所在地的税收征收机关办理纳税申报，并在税收征收机关核定的期限内缴纳税款。

第十一章　城镇土地使用税

城镇土地使用税　城镇土地使用税是国家在城市、县城、建制镇和工矿区范围内，对使用土地的单位和个人，以其实际占用的土地面积为计税依据，按照规定的税额计算征收的一种税。

第一节　城镇土地使用税纳税人与征收范围

1988年9月27日国务院颁布《中华人民共和国城镇土地使用暂行条例》，自1988年11月1日起施行。2006年12月，国务院颁布《国务院关于修改〈中华人民共和国城镇土地使用税暂行条例〉的规定》，自2007年1月1日起施行。之后，财政部、国家税务总局又陆续发布了一些有关城镇土地使用税的规定、办法，这些构成了我国城镇土地使用税法律规定。

一、城镇土地使用税纳税人

城镇土地使用税的纳税人，是指在税法规定的征税范围内使用土地的单位和个人。单位，包括国有企业、集体企业、私营企业、股份制企业、外商投资企业、外国企业以及其他企业和事业单位、社会团体、国家机关、军队及其他单位。个人，包括个体工商户以及其他个人。

城镇土地使用税的纳税人，根据用地者的不同情况分别确定为：

城镇土地使用税的纳税人，根据用地者的不同情况分别具体确定。

1.城镇土地使用税由拥有土地使用权的单位或个人缴纳。

2.拥有土地使用权的纳税人不在土地所在地的，由代管人或实际使用人缴纳。

3.土地使用权未确定或权属纠纷未解决的，由实际使用人纳税。

4.土地使用权共有的，共有各方均为纳税人，由共有各方分别纳税。

土地使用权共有的，以共有各方实际使用土地的面积占总面积的比例，分别计算缴纳城镇土地使用税。

二、城镇土地使用税征税范围

城镇土地使用税的征税范围是税法规定的纳税区域内的土地。但在城市、县城、建制镇、工矿区范围内的土地，不论是属于国家所有的土地，还是集体所有的土地，都属于城镇土地使用税的征税范围。

城市，是指国务院批准设立的市，城市的征税范围包括市区和郊区。县城，是指县级人民政府所在地，县城的征税范围为县人民政府所在地的城镇，建制镇是经省级人民政府批准设立的建制镇，建制镇的征税范围为人民政府所在地的地区，但不包括镇政府所在地所辖行政村。工矿区，是指工商业比较发达，人口比较集中，符合国务院规定的建制镇标准，但尚未设立建制镇的大中型工矿企业所在地。工矿区的设立必须经省级人民政府批准。城市、县城、建制镇和工矿区虽然有行政区域和城建区域之分，但区域中的不同地方，其自然条件和经济繁荣程度各不相同，情况非常复杂，各省级人民政府可根据税法的规定，具体划定本地城市、县城、建制镇和工矿区的具体征税范围。建立在城市、县城、建制镇和工矿区以外的工矿企业则不需缴纳城镇土地使用税。

第二节　城镇土地使用税税率及其计税依据

一、城镇土地使用税税率

城镇土地使用税采用定额税率，即采用有幅度的差别税额。按大、中、小城市和县城、建制镇、工矿区分别规定每平方米城镇土地使用税年应纳税额。

大、中、小城市以公安部门登记在册的非农业正式户口人数为依据，按照国务院颁布的《城市规划条例》中规定的标准划分，人口在 50 万以上的为大城市；人口在 20 万~50 万的为中等城市；人口在 20 万以下的为小城市。

城镇土地使用税规定幅度税额，而且每个幅度税额的差距为 20 倍。这主要考虑我国各地存在着悬殊的土地级差收益，同一地区内不同地段的市政建设情况和经济发展程度也有较大差别。省、自治区、直辖市人民政府，在上述规定的税额幅度内，根据市政建设情况、经济繁荣程度等条件，确定所辖地区的适用税额幅度。经济落后地区，城镇土地使用税的适用税额标准可适当降低，但降低幅度不得超过上述规定最低税额的 30%。经济发达地区，城镇土地使用税率的适用税额可以适当提高，但须报经财政部批准，这样，各地确定不同地段的登记和适用税额时，就有选择余地，尽可能做到平衡税负。

城镇土地使用税每平米年税额标准具体规定如下：
1. 大城市 1.5~30 元
2. 中等城市 1.2~24 元
3. 小城市 0.9~18 元
4. 县城、建制镇、工矿区 0.6~12 元

二、城镇土地使用税计税依据

城镇土地使用税的计税依据是纳税人实际占用的土地面积。土地面积以平方米为计量标准。具体按以下办法确定：

凡由省级人民政府确定的单位组织确定面积的，以测定的土地面积为准。

尚未组织测定，但纳税人持有政府部门核发的土地使用证书的，以证书确定的土地面积为准。

尚未核发土地使用证书的，应由纳税人据实申报土地面积，据以纳税，待核发土

地使用证书后再作调整。

三、城镇土地使用税应纳税额的计算

城镇土地使用税是以纳税人实际占用土地面积为计税依据，按照规定的适用税额计算征收。其应纳税额计算公式为：

年应纳税额=实际占用应税土地面积（平方米）× 适用税率

第三节 城镇土地使用税税收优惠

一、下列用地免征土地使用税

1. 国家机关、人民团体、军队自用的土地；
2. 由国家财政部门拨付事业经费的单位自用的土地；
3. 宗教寺庙、公园、名胜古迹自用的土地；
4. 市政街道、广场、绿化地带等公共用地；
5. 直接用于农、林、牧、渔业的生产用地；
6. 经批准开山填海整治的土地和改造的废弃土地，从使用的月份起免缴土地使用税5~10年；
7. 由财政部另行规定免税的能源、交通、水利设施用地和其他用地。

免征土地使用税

二、税收优惠的特殊规定

（一）城镇土地使用税与耕地占用税的征税范围衔接

为避免对一块土地同时使用占用税和城镇土地使用税，凡是缴纳了耕地占用税的，从批准征用之日期满1年后征收城镇土地使用税；征用非耕地因不需要缴纳耕地占用税，应从批准征用之次月起征收城镇土地使用税。

（二）免税单位与纳税单位之间无偿使用的土地

对免税单位无偿使用纳税单位的土地（如公安、海关等单位使用铁路、民航等单位的土地），免征城镇土地使用税；对纳税单位无偿使用免税单位的土地，纳税单位应照章缴纳城镇土地使用税。

（三）房地产开发公司开发建造商品房的用地

房地产开发公司开发建造商品房的用地，除经批准开发建设经济适用房的用地外，对各类房地产开发用地一律不得减免征收城镇土地使用税。

（四）基建项目在建期间的用地

对基建项目在建期间使用的土地，原则上应征收镇土地使用税。但对有些基建项目，特别是国家产业政策扶持发展的大型基建项目占地面积大，建设周期长，在建期间又没有经营收入，纳税确有困难的，可由各省、自治区、直辖市税务局根据情况予以免征或减征城镇土地使用税；对已经完工或已经使用的建设项目，其用地应照章征收城镇土地使用税。

（五）城镇内的集贸市场（农贸市场）用地

城镇内的集贸市场（农贸市场）用地，按规定应征收城镇土地使用税。为了促进集贸市场的发展及照顾各地的不同情况，各省、自治区、直辖市税务局可根据具体情况，自行确定对集贸市场征收或者免征城镇土地使用税。

（六）防火、防爆、防毒等安全防范用地

对于各类危险品仓库、厂房所需的防火、防爆、防毒等安全防范用地，可由各省、自治区、直辖市税务局确定，暂免征收城镇土地使用税；对仓库库区、厂房本身用地，应依法征收城镇土地使用税。

（七）关闭、撤销的企业占地

企业关闭、撤销后，其占地未作他用的，经各省、自治区、直辖市税务局批准，可暂免享受城镇土地使用税；如土地转让给其他单位使用或企业重新用于生产经营的，应依照规定征收城镇土地使用税。

（八）搬迁企业的用地

企业搬迁后原场地不使用的、企业范围内荒山等尚未利用的土地，免征城镇土地使

用税。免征税额由企业在申报缴纳城镇土地使用税时自行计算扣除，并在申报表附表或备注栏中作相应说明。对搬迁后原场地不使用的和企业范围内荒山等尚未利用的土地，凡企业申报暂免征收城镇土地使用税的，应向土地所在地的主管税务机关报送有关各省、自治区、直辖市和计划单列市地方税务局确定。

企业按上述规定暂免征收城镇土地使用税的土地开始使用时，应从使用的次月起自行计算和申报缴纳城镇土地使用税。

（九）企业的铁路专用线、公路等用地

对企业的铁路专用线、公路等用地除另有规定者外，在企业厂区（包括生产办公及生活区）以内的，应照章征收土地使用税；在厂区以外、与社会公用地段未加隔离的，暂免征收城镇土地使用税。

（十）企业范围内的荒山、林地、湖泊等占地

对2014年以前按月规定免征城镇土地使用税的企业单位内荒山、林地、湖泊等占地，自2014年1月1日至2015年12月31日，按应纳税额减半征收城镇土地使用税；自2016年1月1日起，全额征收城镇土地使用税。

（十一）中国物资储运总公司所属物资储运企业的用地

对物资储运企业的仓库库房用地，办公、生活用地，以及其他非直接从事储运业务的生产、经营用地，应按规定征收城镇土地使用税；对物资储运企业的露天货场、库区道路、铁路专线等非建筑物用地征免城镇土地使用税问题，可由省、自治区、直辖市税务局按照下述原则处理：

（1）对经营情况较好、有负税能力的企业，应恢复征收城镇土地使用税；

（2）对经营情况差、纳税确有困难的企业，可在授权范围内给予适当减免城镇土地使用税的照顾。

（十二）中国石油天然气总公司所属单位用地

1.下列油气生产建设用地暂免征收城镇土地使用税：

（1）石油地质勘探、钻井、井下作业、油田地面工程等施工临时用地；

（2）各种采油（气）井、注水（气）井、水源井用地；

（3）油田内办公、生活区以外的公路、铁路专用线及输油（气、水）管道用地；

（4）石油长输管线用地；

（5）通信、输变电线用地。

2.在城市、县城、建制镇意外工矿区内的油气生产、生活用地、暂免征收土地使用税。

（十三）林业系统用地

1.对林区的云林地、运材道、防火道、防火设施用地，免征城镇土地使用税。

2.林业系统的森林公园、自然保护区可比照公园免征城镇土地使用税。

3.林业系统的林区贮木场、水运码头用地，原则上应按税法规定缴纳城镇土地使用税，考虑到林业系统目前的困难，为扶持其发展，暂予免征城镇土地使用税。

除上述列举免税的土地外，对林业系统的其他生产用地及办公、生活用地，均应享受城镇土地使用税。

（十四）盐场、盐矿用地

1.对盐场、盐矿的生产厂房、办公、生活区用地，应照章征收城镇土地使用税。

2.盐场的盐滩、盐矿的矿井用地，暂免征收城镇土地使用税。

3.对盐场、盐矿的其他用地，由各省、自治区、直辖市税务局根据实际情况，确定征收城镇土地使用税或给予定期减征、免征的照顾。

（十五）矿山企业用地

1.矿山的采矿场、排土场、尾矿库、炸药库的安全区，以及运矿运岩公路、尾矿输送管道及回水系统用地，免征城镇土地使用税。

2.对位于城镇土地使用税征税范围内的煤炭企业已取得土地使用权、未利用的塌陷地，征收城镇土地使用税。

除上述规定外，对矿山企业的其他生产用地及办公、生活区用地，均应征收城镇土地使用税。

（十六）电力行业用地

1.火电厂厂区围墙内的用地均应征收城镇土地使用税。对厂区围墙外的灰场、输灰管、输油（气）管道、铁路专用线用地，免征城镇土地使用税；厂区围墙外的其他用地，应照章征税。

2.水电站的发电厂用地（包括坝内、坝外式厂房），生产、办公、生活用地，征收城镇土地使用税；对其他用地给予免税照顾。

3. 对供电部门的输电线路用地、变电站用地，免征城镇土地使用税。

（十七）水利设施用地

1. 水利设施及其管扩用地（如水库库区、大坝、堤防、灌渠、泵站等用地），免征城镇土地使用税；其他用地，如生产、办公、生活用地、应照章征收。

2. 对兼有发电的水利设施城镇土地使用税的征免，具体办法比照电力行业征免城镇土地使用税的有关规定办理。

（十八）交通部门港口用地

1. 对港口的码头（即泊位，包括岸边码头、堤岸、堤坝、栈桥等）用地，免征城市土地使用税。

2. 对港口的露天堆货用地，原则上应征收城镇土地使用税。企业纳税确有困难的，可由省、自治区、直辖市税务局根据实际情况，给予定期减征或免征城镇土地使用税的照顾。

除上述规定外，港口的其他用地，应按规定征收城镇土地使用税。

（十九）民航机场用地

1. 机场飞机区（包括跑道、滑行道、停机坪安全带、夜航灯光区）用地、场内外通信导航设施用地和飞行区四周排水
防洪设施用地，免征城镇土地使用税。

2. 在机场道路中，场外道路用地免征城镇土地使用税；场内道路用地依照规定征收城镇土地使用税。

3. 机场工作区（包括办公、生产和维修用地及候机楼、停车场）用地、生活区用地、绿化用地，均需依照规定征收城镇土地使用税。

（二十）司法部所属劳改劳教单位用地

1. 少年管教所的用地和由国家财政部门拨付事业经费的劳教单位自用的土地，免征城镇土地使用税。

2. 劳改单位及经费实行自收自支的劳教单位的工厂、农场等，凡属于管教或生活用地，例如，办公室、警卫室、职工宿舍、犯人宿舍、储藏室、食堂、礼堂、图书馆、阅览室、浴室、理发室、医务室等房屋、建筑物用地及其周围土地，均免征城镇土地使用税。

3.劳改劳教单位警戒围墙外的其他生产经营用地，应照章征收城镇土地使用税。

（二十一）老年服务机构自用的土地

老年服务机构是指专门为老年人提供生活照料、文化、护理、健身等多方面服务福利性、非营利性的机构，主要包括老年社会福利院、敬老院（养老院）、老年服务中心、老年公寓（含老年护理员、康复中心、托老所）等老年服务机构自用土地免征城镇土地使用税。

（二十二）邮政部门的土地

对邮政部门坐落在城市、县城、建制镇、工矿区范围的土地，应当依法征收城镇土地增值税；对坐落在城市、县城、建制镇、工矿区范围以外的，尚在县邮政局内核算的土地，在单位财务账中划分清楚的，不征收城镇土地使用税。

（二十二）供热企业暂免征收城镇土地使用税

供热企业是指向居民供热并向居民收取采暖费的企业，包括专一供热企业、兼营供热企业、单位自供热及为小区居民供热的物业公司等，不包括从事热力生产但不直接向居民供热的企业。

第三节　城镇土地使用税征收管理

一、纳税义务发生时间

1. 纳税人购置新建商品房，自房屋交付使用次月起，缴纳城镇土地使用税。
2. 纳税人购置存量房，自办理房屋权属转移、变更登记手续、房地产权属登记机关签发房屋权属证书至次月起，缴纳城镇土地使用税。
3. 纳税人出租、出借房产，自交付出租、出借房产之次月起，缴纳城镇土地使用税。
4. 以出让或转让的方式有偿取得土地使用权的，应由受让方从合同约定交付土地时间的次月起缴纳城镇土地使用税；合同未约定交付土地时间的，由受让方从合同签订的次月起缴纳城镇土地使用税。
5. 纳税人新征用的耕地，自批准征用之日起满1年时开始缴纳土地增值税。
6. 纳税人新征用的非耕地，自批准征用次月起缴纳城镇土地增值税。

二、纳税地点

城镇土地使用税在土地所在地缴纳。

纳税人使用的土地不属于同一省、自治区、直辖市管辖的，由纳税人分别向土地所在地税务机关缴纳城镇土地使用税；在同一省、自治区、直辖市管辖范围内，纳税人跨地区使用的土地，其纳税地点由各省、自治区、直辖市地方税务局确定。

三、纳税期限

城镇土地使用税按年计算、分期缴纳，具体纳税期限由省、自治区、直辖市人民政府确定。

第十二章 耕地占用税

耕地占用税法 耕地占用税法是指国家制定的调整耕地占用税征收与缴纳权利及义务的法律规范。

> 现行耕地占用税法的基本规范,是 2007 年 12 月 1 日国务院重新颁布的《中华人民共和国耕地占用税暂行条例》(以下简称《耕地占用税暂行条例》)。

耕地占用税 耕地占用税是对占用耕地建房或从事其他非农业建设的单位和个人,就其实际占用的耕地面积征收的一种税,它属于对特定土地资源占用课税。

> 耕地是土地资源中最重要的组成部分,是农业生产中最基本的生产资料。但我国人口众多,耕地资源相对较少,要用占世界总量 7%的耕地,养活占世界总量 22%的人口,人多地少的矛盾十分突出。为了遏制并逐步改变这种状况,政府决定开征耕地占用税,运用税收经济杠杆与法律、行政等手段相配合,以便有效地保护耕地。通过开征耕地占用税,使那些占用耕地建房及从事其他非农业建设的单位和个人承担必要的经济责任,有利于政府运用税收的经济杠杆调节他们的经济利益,引导他们节约、合理地使用耕地资源。这对于保护国土资源,促进农业可持续发展,以及强化耕地管理,保护农民的切身利益等,都具有十分重要的意义。

第一节 纳税义务人与征税范围

一、纳税义务人

耕地占用税的纳税义务人,是占用耕地建房或从事非农业建设的单位和个人。

"单位",包括国有企业、集体企业、私营企业、股份制企业、外商投资企业、外国企业以及其他企业和事业单位、社会团体、国家机关、军队以及其他单位。

"个人",包括个体工商户和其他个人。

二、征税范围

耕地占用税的征税范围包括纳税人为建房或从事其他非农业建设而占用的国家所有和集体所有的耕地。

(一)耕地指种植农业作物的土地

包括菜地、园地。其中,园地包括花圃、苗圃、茶圃、果园、桑园和其他种植经济林木的土地。

(二)占用鱼塘及其他农用土地建房和从事其他非农业建设

视同占用耕地,必须依法征收耕地占用税。

(三)占用已开发从事终止、养殖的滩涂、草场、水面和林地等从事非农业建设

由省、自治区、直辖市本着有利于保护土地资源和生态平衡的原则,结合具体情况确定是否征收耕地占用税。

第二节 税率、计税依据和应缴税额的计算

一、税率

> 人均耕地不超过 1 亩的地区（以县级行政区域为单位，下同），每平方米为 10~50 元；
> 人均耕地超过 1 亩但不超过 2 亩的地区，每平方米为 8~40 元；
> 人均耕地超过 2 亩但不超过 3 亩的地区，每平方米为 6~30 元；
> 人均耕地超过 3 亩以上的地区，每平方米为 5~25 元。
> 经济特区、经济技术开发区和经济发达、人均耕地特别少的地区，适用税额可以适当提高，但最多不得超过当地适用税额的 50%。

由于在我国的不同地区之间人口和耕地资源的分布极不均衡，有些地区人口稠密，耕地资源相对匮乏；而有些地区则人口稀少，耕地资源比较丰富。各地区之间的经济发展水平也有很大差异。考虑到不同地区之间客观条件的差别以及与此相关的税收调节力度和纳税人负担能力方面的差别，耕地占用税在税率设计采用了地区差别定额税率。税率规定如下：

地　区	每平方米税额（元）
上海	45
北京	40
天津	35
江苏、浙江、福建、广东	30
辽宁、湖北、湖南	25
河北、安徽、江西、山东、河南、重庆、四川	22.5
广西、海南、贵州、云南、陕西	20

续表

地 区	每平方米税额（元）
山西、吉林、黑龙江	17.5
内蒙古、西藏、甘肃、青海、宁夏、新疆	12.5

二、计税依据

耕地占用税以纳税人占用耕地的面积为计税依据，以每平方米为计量单位。

三、税额计算

耕地占用税以纳税人实际占用的耕地占用面积为计税依据，以每平方米土地为计税单位，按使用的定额税率计税。其计算公式为：

> 应纳税额=实际占用耕地面积（平方米）× 适用定额税率

假设某市一家企业新占用 20000 平方米耕地用于工业建设，所占耕地的定额税率为 20 元/平方米。计算该企业应纳的耕地占用税。

应纳税额=20000×20=400000（元）

第三节 税收优惠和征收管理

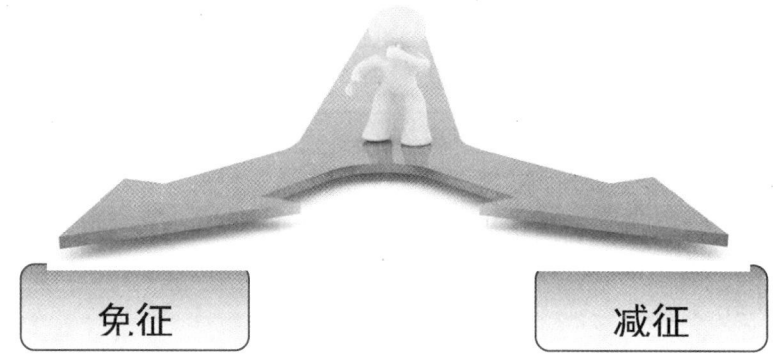

一、免征耕地占用税

1. 军事设施占用耕地。
2. 学校、幼儿园、养老院、医院占用耕地。

学校范围,包括由国务院人力资源社会保障行政部门,省、自治区、直辖市人民政府或其他人力资源社会保障行政部门批准成立的技工院校。

二、减征耕地占用税

1. 铁路线路、公路线路、飞机场跑道、停机坪、港口、巷道占用耕地减按每平方米2元的税额征收耕地占用税。

根据实际需要,国务院财政、税务主管部门报国务院有关部门并报国务院批准后,可以对前款规定的情形免征或者减征耕地占用税。

2. 农村居民占用耕地新建住宅,按照当地适用税额减半征收耕地占用税。

农村烈士家属、残疾军人、鳏寡孤独以及革命老根据地、少数民族聚居区和边远贫困山区生活困难的农村居民,在规定用地标准以内新建住宅缴纳耕地占用税确有困难的,经所在地乡(镇)人民政府审核,报经县级人民政府批准后,可以免征或者减征耕地占用税。

耕地占用税由地方税务机关负责征收。土地管理部门在通知单位或者个人办理占用耕地手续时,应当同时通知耕地所在地统计地方税务机关、获准占用耕地的单位或者个人应当在收到土地管理部门的通知之日起30日内缴纳耕地占用税。土地管理部门凭耕地占用税完税凭证或者免税凭证和其他有关文件发放建设用地批准书。

纳税人临时占用耕地,应当依照本条例的规定缴纳耕地占用税。纳税人在批准临时占用耕地的期限内恢复所占用耕地原状的，全额退还已经缴纳的耕地占用税。

占用林地、牧草地、农田水利用地、养殖水面以及渔业水域滩涂等其他农用地建房或者从事非农业建设的，比照本条例的规定征收耕地占用税。建设直接为农业生产服务的生产设施占用前款规定的农用地的，不征收耕地占用税。

> 免征或者减征耕地占用税后，纳税人改变原占地用途，不再属于免征或者减征耕地占用税情形的，应当按照当地适用税额补缴耕地占用税。

第十三章 车辆购置税

车辆购置税 车辆购置税是以在中国境内购置规定车辆为课税对象，在特定的环节向车辆购置者征收的一种税。

车辆购置税法是指由国家规定的用以调整车辆购置税征收与缴纳权利及义务关系的法律规范。现行车辆购置税法的基本规范，是 2000 年 10 月 22 日国务院令第 294 号颁布并于 2001 年 1 月 1 日起施行的《中华人民共和国车辆购置税暂行条例》（以下简称《车辆购置税暂行条例》）。征收车辆购置税有利于合理筹集财政资金，规范政府行为，调节收入差距，也有利于配合打击车辆走私和维护国家利益。

第一节 纳税义务人与征税范围

一、纳税义务人

车辆购置税是以在中国境内购置规定车辆为课税对象，在特定的环节向车辆购置者征收的一种税。就其性质而言，属于直接税的范畴。

车辆购置税的纳税人是指在我国境内购置应税车辆的单位和个人。其中购置是指购买使用行为、进口使用行为、受赠使用行为、自产自用行为、获奖使用行为以及以拍卖、抵债、走私、罚没等方式取得并使用的行为，这些行为都属于车辆购置税的应税行为。

车辆购置税的纳税人具体是指：

"单位"，包括国有企业、集体企业、私营企业、股份制企业、外商投资企业、外国企业以及其他企业和事业单位、社会团体、国家机关、军队以及其他单位。

"个人"，包括个体工商户和其他个人。

我是纳税义务人

二、征税范围

车辆购置税以列举的车辆作为征税对象,未列举的车辆不纳税。其征税范围包括汽车、摩托车、电车、挂车、农用运输车。

具体规定如下:

1. 汽车:包括各类汽车。

2. 摩托车:

(1) 轻便摩托车:最高设计时速不大于50km/h,发动机气缸总排量不大于50cm^{3}的两个或三个车轮的机动车;

(2) 二轮摩托车:最高设计时速大于50km/h,发动机气缸总排量大于50cm^{3}的两个车轮的机动车;

(3) 三轮摩托车:最高设计时速大于50km/h,发动机气缸总排量大于50cm^3,空车质量不大于400kg的三个车轮的机动车。

3. 电车:

(1) 无轨电车:以电能为动力,由专用输电电缆供电的轮式公共车辆;

(2) 有轨电车:以电能为动力,在轨道上行驶的公共车辆。

4. 挂车:

(1) 全挂车:无动力设备,独立承载,由牵引车辆牵引行驶的车辆。

(2) 半挂车:无动力设备,与牵引车共同承载,由牵引车辆牵引行驶的车辆。

5. 农用运输车:

(1) 三轮农用运输车:柴油发动机,功率大于7.4kw,载重量不大于500kg,最高车速不大于40km/h的三个车轮的机动车;

(2) 四轮农用运输车:柴油发动机,功率大于28kw,载重量不大于1500kg,最高车速不大于50km/h的四个车轮的机动车。

为了体现税法的统一性、固定性、强制性和法律的严肃性特征,车辆购置税征收范围的调整,由国务院局决定,其他任何部门、单位和个人无权擅自扩大或缩小车辆购置税的征税范围。

第二节 税率与计税依据

一、税率

车辆购置税实行统一比例税率，税率为10%。

二、计税依据

车辆购置税以应税车辆为课税对象，考虑到我国车辆市场供求的矛盾，价格差异变化，计量单位不规范以及征收车辆购置附加费的做法，实行从价定率、价外征收的方法计算应纳税额，应税车辆的价格即计税价格就成为车辆购置税的计税依据。但是，由于应税车辆购置的来源不同，应税行为的发生不同，计税价格的组成也就不一样。车辆购置税的计税依据有以下几种情况。

1. 购买自用应税车辆计税依据的确定

纳税人购买自用的应税车辆，计税价格为纳税人购买应税车辆而支付给销售者的全部价款和价外费用，不包含增值税税款。

购买的应税自用车辆包括购买自用的国产应税车辆和购买自用的进口应税车辆，如从国内汽车市场、汽车贸易公司购买自用的进口应税车辆。

价外费用是指销售方价外向购买方收取的基金、集资费、违约金（延期付款利息）和手续费、包装费、储存费、优质费、运输装卸费、保管费以及其他各种性质的价外收费，但不包括销售方代办保险等而向购买方收取的保险费，以及向购买方收取的代购方缴纳的车辆购置税、车辆牌照费。

2. 进口自用应税车辆计税依据的确定

纳税人进口自用的应税车辆以组成计税价格为计税依据，组成计税价格的计算公式为：

$$组成计税价格＝关税完税价格＋关税＋消费税$$

进口自用的应税车辆是指纳税人直接从境外进口或者委托代理进口自用的应税车辆，即非贸易方式进口自用的应税车辆。而且进口自用的应税车辆的计税依据，应根据纳税人提供的、经海关审查确认的有关完税资料确定。

纳税人购买自用或者进口自用应税车辆，申报的计税价格低于同类型应税车辆的最低计税价格，又无正当理由的，计税价格为国家税务总局核定的最低计税价格。

3.其他自用应税车辆计税依据的确定

纳税人自产、受赠、获奖或者以其他方式取得并自用的应税车辆的计税价格,主管税务机关参照国家税务总局规定的最低计税价核定。因此,纳税人自产自用、受赠使用、获奖使用和以其他方式取得并自用的应税车辆一般以国家税务总局核定的最低计税价格为计税依据。

国家税务总局未核定的最低计税价格的车辆,计税价格为纳税人提供的有效价格证明注明的价格。有效价格证明注明的价格明显偏低的,主管税务机关有权核定应税车辆的计税价格。

进口旧车、因不可抗力因素导致受损的车辆、库存超过3年的车辆、行驶8万公里以上的试验车辆、国家税务总局规定的其他车辆,计税价格为纳税人提供的有效价格证明注明的价格。纳税人无法提供车辆有效价格证明的,主管税务机关有权核定应税车辆的计税价格。

免税条件消失的车辆,自初次办理纳税申报之日起,使用年限未满10年的,计税价格以免税车辆初次纳税申报时确定的计税价格为基准,每满一年扣减10%;未满一年的,计税价格为免税车辆的原计税价格;使用年限10年(含)以上的,计税价格为0。

4.最低计税价格作为计税依据的确定

现行车辆的购置税条例规定:纳税人购买自用或者进口自用应税车辆,申报的计税价格低于同类型应税车辆的最低计税价格,又无正当理由的,按照最低计税价格征收车辆购置税。也就是说,纳税人购买和自用的应税车辆,首先应分别按前述计税价格、组成计税价格来确定计税依据。当申报计税价格偏低,又无正当理由的,应以最低计税价格作为计税依据。实际工作中,通常是当纳税人申报的计税价格等于或高于最低计税价格时,按申报的价格计税;当纳税人申报的计税价格低于最低计税价格时,按最低计税价格计算。

最低计税价格是指国家税务总局依据机动车生产企业或者经销商提供的车辆价格信息,参照市场平均交易价格核定的车辆购置税计税价格。根据纳税人购置应税车辆的不同情况,国家税务总局对以下几种特殊情形应税车辆的最低计税价格规定如下:

(1)对已缴纳并办理了登记注册手续的车辆,其底盘发生更换,其最低计税价格按同类型新车最低计税价格的70%计算。

(2)免税、减税条件消失的车辆,其最低计税价格的确定方法为：

最低计税价格=同类型新车最低计税价格×[1－(已使用年限÷规定使用年限)]×100%

其中，规定使用年限为：国产车辆按 10 年计算；进口车辆按 15 年计算。超过使用年限的车辆，不再征收车辆购置税。

（3）非贸易渠道进口车辆的最低计税价格，为同类型新车最低计税价格。

车辆购置税的计税依据和应纳税额应使用统一货币单位计算。纳税人以外汇结算应税车辆价款的，按照申报纳税之日中国人民银行公布的人民币基准汇价，折合成人民币计算应纳税额。

第三节　应纳税额计算

车辆购置税实行从价定率的方法计算应纳税额，计算公式为：

$$应纳税额＝计税依据×税率$$

由于应税车辆的来源、应税行为的发生以及计税依据作为组成的不同，因而，车辆购置税应纳税额的计算方法也有区别。

一、购买自用应税车辆应纳税额的计算

在应纳税额的计算当中，应注意以下费用的计税规定：

1. 购买者随购买车辆支付的工具件和零部件价款应作为购车价款的一部分，并入计税依据中征收车辆购置税。

2. 支付的车辆装饰费应作为价外费用并入计税依据中计税。

3. 代收款项应区别征税。凡使用代收单位（受托方）票据收取的款项，应视作代收单位价外收费，购买者支付的价费款，应并入计税依据中一并税征；凡使用委托方票据收取，受托方只履行代收义务和收取代收手续费的款项，应按其他税收政策规定征税。

4. 销售单位开给购买者的各种发票金额中包含增值税税款，因此，计算车辆购置税时，应换算为不含增值税的计税价格。

5. 购买者支付的控购费，是政府部门的行政性收费，不属于销售者的价外费用范围，不应并入计税价格计税。

6. 销售单位开展优质销售费用活动所开票收取的有关费用，应属于经营性收入，企业在代理过程中按规定支付给有关部门的费用，企业已作经营性支出列支核算，其收取的各项费用合并在一张发票上难以划分的，应作为价外收入计算征税。

二、进口自用应税车辆应纳税额的计算

纳税人进口自用的应税车辆应纳税额的计算公式为：

$$应纳税额＝（关税完税价格＋关税＋消费税）×税率$$

【例】某外贸进出口公司20×1年12月，从国外进口10辆宝马公司生产的某型号小轿车。该公司报关进口这批小轿车时，经报关地海关对有关报关资料的审查，确定关税完税价格为每辆185 000元人民币，海关按关税政策规定每辆征收了关税203 500元，并按消费税、增值税有关规定分别代征了每辆小轿车的进口消费税11 655

元和增值税 66 045 元。由于联系业务需要，该公司将一辆小轿车留在本单位使用。根据以上资料，计算应纳车辆购置税。

（1）计税依据=185 000+203 500+11 655=400 155（元）

（2）应纳税额=400 155×10%=40 015.5（元）

三、其他自用应税车辆应纳税额的计算

纳税人自产自用、受赠使用、获奖使用和以其他方式取得并自用应税车辆的，凡不能取得该型车辆的购置价格，或者低于最低计税价格的，以国家税务总局核定的最低计税价格作为计税依据计算征收车辆购置税：

$$应纳税额=最低技术及价格×税率$$

【例13-2】某客车制造厂将自产的一辆某型号的客车，用于本厂后勤服务，该厂在办理车辆上牌落籍前，出具该车发票，注明金额 65 000 元，并按此金额向主管税务机关申报纳税。经审核，国家税务总局对该车同类型车辆核定的最低计税价格为 80 000 元。计算该车应纳车辆购置税。

应纳税额=80 000×10%=8 000（元）

四、特殊情形下自用应税车辆应纳税额计算

1. 减税、免税条件消失的车辆，纳税人应按现行规定，在办理车辆过户手续前或者办理变更车辆登记注册手续前向税务机关缴纳车辆购置税。

$$应纳税额=同类型新车最低计税价格×[1-（已使用年限÷规定使用年限）]×100%×税率$$

2. 未按规定纳税车辆应补税额的计算：

纳税人未按规定纳税的，应按现行政策规定的计税价格，区别情况分别确定征税。不能提供购车发票和有关购车证明资料的，检查地税务机关应按同类型的应税车辆的最低计税价格征税；如果纳税人回落籍地后提供的购车发票金额与支付的价外费用之和高于核定的最低计税价格的，落籍地主管税务机关还应对其差额计算补税。

$$应纳税额=最低计税价格×税率$$

第四节　车辆购置税税收优惠

一、车辆购置税减免税规定

我国车辆购置税实行法定减免，减免税范围的具体规定是：

1. 外国驻华使馆、领事馆和国际组织驻华机构及其外交人员自用车辆免税。
2. 中国人民解放军和中国人民武装警察部队列入军队武器装备订货计划的车辆免税。
3. 设有固定装置的非运输车辆免税。
4. 有国务院规定予以免税或者减税的其他情形的，按照规定免税或减税。

根据现行政策规定，上述其他情形的车辆，目前主要有以下几种：

（1）防汛部门和森林消防部门用于指挥、检查、调度、报汛（警）、联络的设有固定装置的指定型号的车辆。

（2）回国服务的留学人员用现汇购买1辆自用国产小汽车。

（3）长期来华定居专家进口1辆自用小汽车。

5. 自2004年10月1日起，对农用三轮车运输车免征车辆购置税。

6. 纳税人在办理车辆购置税免（减）税手续时，应如实填写纳税申报表和《车辆购置税免（减）税申报表》，除按照本办法第七条规定提供资料外，还应根据不同情况，分别提供下列资料：

（1）外国驻华使馆、领事馆和国际组织驻华机构及其外交人员自用的车辆，分别提供机构证明和外交部门提供的身份证明；

（2）中国人民解放军和中国人民武装警察部队列入军队武器装备订货计划的车辆，提供订货计划的证明；

（3）设有固定装置的非运输车辆，提供车辆内、外观彩色5寸照片；

（4）其他车辆，提供国务院或者国务院授权的主管部门的批准文件。

7. 纳税人在办理设有固定装置的非运输车辆免税申报时，主管税务机关应当依据免税图册对车辆固定装置进行核实无误后，办理免税手续。

二、车辆购置税的退税

纳税人已经缴纳车辆购置税但在办理车辆登记手续前，需要办理退还车辆购置税的，由纳税人申请，征收机构审查后办理退还车辆购置税手续。

第五节　税收管理

根据自 2015 年 2 月 1 日起开始试行的《车辆购置税征收管理办法》，车辆购置税的征收规定如下。

一、纳税申报

纳税人在办理纳税申报时应如实填写《车辆购置税纳税申报表》，主管税务机关应对纳税申报资料进行审核，确定计税依据，征收税款、核发完税证明。征税车辆在完税证明税证栏加盖车辆购置税征税专用章，免税车辆在完税证明栏加盖车辆购置税征税专用章。完税后，由税务机关保存有关复印件，并对已经办理纳税申报的车辆购置税征收管理档案。

主管税务机关在为纳税人办理纳税申报手续时，对设有固定装置的非运输车辆应当实地验车。

1.纳税人应到下列地点办理车辆购置税纳税申报：

（1）需要办理车辆登记注册手续的纳税人，向车辆登记注册地的主管税务机关办理纳税申报；

（2）不需要办理车辆登记注册手续的纳税人，向纳税人所在地的主管税务机关办理纳税申报。

2.车辆购置税实行一车一申报制度。

3.纳税人购买自用应税车辆的，应自购买之日起 60 日内申报纳税；进口自用应税车辆的，应自取得之日起 60 日内申报纳税。自产、受赠、获奖或者以其他方式取得并自用应税车辆的，应自取得之日起 60 日内申报纳税。

4.免税车辆因转让、改变用途等原因，其免税条件消失的，纳税人应在纳税免税条件消失之日起 60 日内到主管税务机关重新申报纳税。

免税车辆发生转让，但仍属于免税范围的，受让方应当自购买或者取得车辆之日起 60 日内到主管税务机关重新申报免税。

5.纳税人办理纳税申报时应如实填写《车辆购置税纳税申报表》（以下简称纳税申报表），同时提供以下资料：

（1）纳税人身份证明；

（2）车辆价格证明；

（3）车辆合格证明；

（4）税务机关要求提供的其他资料。

6.免税条件消失的车辆，纳税人在办理纳税申报时，应如实填写纳税申报表，同时提供以下资料：

（1）发生二手车交易行为的，提供纳税人身份证明、《二手车销售统一发票》和《车辆购置税完税证明》（以下简称完税证明）正本原件；

（2）未发生二手车交易行为的，提供纳税人身份证明、完税证明正本原件及有效证明资料。

二、纳税环节

车辆购置税的征税环节为使用环节，即最终消费环节。具体而言，纳税人应当在向公安机关等车辆管理机构办理车辆登记注册手续前，缴纳车辆购置税。

购买二手车时，购买者应向原车主索要《车辆购置税完税证明》。购买已经办理车辆购置税免税手续的二手车，购买者应当到税务机关重新办理申报缴税或免税手续。未按规定办理的，按征管法的规定处理。

三、纳税地点

纳税人购置应税车辆，应当向车辆登记注册地的主管税务机关申报纳税；购置不需要办理车辆登记注册手续的应税车辆，应当向纳税人所在地主管税务机关申报纳税。车辆登记注册地是指车辆上牌落籍地或落户地。

四、纳税期限

纳税人购买自用的应税车辆，自购买之日起60日内申报纳税；进口自用的应税车辆，应当自进口之日起60日内申报纳税；自产、受赠、获奖和以其他方式取得并自用的应税车辆，应当自取得之日起60日内申报纳税。

上述的"购买之日"是指纳税人购车发票上注明的销售日期；"进口之日"是指纳税人报关进口的当天。

五、车辆购置税的缴税管理

1. 车辆购置税的缴税方法

车辆购置税税款缴纳方法主要有以下几种：

（1）自报核缴。即由纳税人自行计算应纳税额、自行填报纳税申报表有关资料，向主管税务机关申报，经税务机关审核后，开具完税证明，由纳税人持完税凭证向当地金库或金库经收处缴纳税款。

（2）集中征收缴纳。包括两种情况：一是由纳税人集中向税务机关统一申报纳税。它适用于实行集中购置应税车辆的单位缴纳和经批准实行代理制经销商的缴纳。二是由税务机关集中报缴税款。即在纳税人向实行集中征收的主管税务机关申报缴纳税款，税务机关开具完税凭证后，由税务机关填写汇总缴款书，将税款集中缴入当地金库或金库经收处。它适用于税源分散、税额较少、税务部门实行集中征收管理的地区。

（3）代征、代扣、代收。即扣缴义务人按税法规定代扣代缴、代收代缴税款、税务机关委托征收单位代征税款的征收方式。它适用于税务机关委托征收或纳税人依法受托征收税款。

2. 车辆购置税的缴税管理

（1）税款缴纳方式。纳税人在申报纳税时，税款的缴纳方式主要有：现金支付、支票、信用卡和电子结算及委托银行代收、银行划转等方式。

（2）完税凭证及使用要求。税务机关在征收车辆购置税时，应根据纳税人税款缴纳方式的不同，分别使用税收通用完税凭证、税收转账专用完税凭证和税收通用缴款书三种税票，即纳税人以现金方式向税务机关缴纳车辆购置税的，由主管税务机关开具《税收通用完税凭证》；纳税人以支票、信用卡和电子结算方式缴纳及税务机关委托银行代收税款的，由主管税务机关开具《税收转账专用完税证》；纳税人从其银行存款账户直接划转税款的，由主管税务机关开具《税收通用缴款书》。

六、车辆购置税的退税制度

1. 已缴纳车辆购置税的车辆，发生下列情形之一的，准予纳税人申请退税：

（1）车辆退回生产企业或者经销商的；

（2）符合免税条件的设有固定装置的非运输车辆但已征税的；

（3）其他依据法律法规规定应退税的情形。

2. 纳税人申请退税时，应如实填写《车辆购置税退税申请表》（以下简称退税申请表），由本人、单位授权人员到主管税务机关办理退税手续，按下列情况分别提供资料：

（1）车辆退回生产企业或者经销商的，提供生产企业或经销商开具的退车证明和退车发票。

未办理车辆登记注册的，提供原完税凭证、完税证明正本和副本；已办理车辆登记注册的，提供原完税凭证、完税证明正本、公安机关车辆管理机构出具的机动车注销证明。

（2）符合免税条件的设有固定装置的非运输车辆但已征税的，未办理车辆登记注册的，提供原完税凭证、完税证明正本和副本；已办理车辆登记注册的，提供原完税凭证、完税证明正本。

（3）其他依据法律法规规定应予退税的情形，未办理车辆登记注册的，提供原完税凭证、完税证明正本和副本；已办理车辆登记注册的，提供原完税凭证、完税证明正本、公安机关车辆管理机构出具的机动车注销证明或者税务机关要求的其他资料。

3. 车辆退回生产企业或者经销商的，纳税人申请退税时，主管税务机关自纳税人办理纳税申报之日起，按已缴纳税款每满一年扣减10%计算退税额；未满一年的，按已缴纳税款全额退税。

其他退税情形，纳税人申请退税时，主管税务机关依据有关规定计算退税额。

第十四章　车船税

车船税　以车船为征税对象，向拥有车船的单位和个人征收的一种税。

第一节　车船税纳税义务人

车船税法是指国家制定的用以调整车船税征收与缴纳权利及义务关系的法律规范。现行车船税法的基本规范是2011年2月25日，由中华人民共和国第十一届全国人民代表大会常务委员会第十九次会议通过的《中华人民共和国车船税法》（以下简称《车船税法》），自2012年1月1日起施行。征收车船税有利于为地方政府筹集财政资金，有利于车船的管理和合理配置，也有利于调节财富差异。

车船税是指什么？

车船税，是指在中华人民共和国境内的车辆、船舶的所有人或者管理人按照中华人民共和国车船税法应缴纳的一种税。

我是纳税义务人

车船税的纳税义务人，是指在中华人民共和国境内，车辆、船舶（以下简称"车船"）的所有人或者管理人，应当依照《车船税法》的规定缴纳车船税。

第二节　车船税征税范围及税率

一、征税范围

车船税的征税范围是指在中华人民共和国境内属于车船税法所附《车船税税目税额表》规定的车辆、船舶。

1.车船、车辆

（1）依法应当在车船管理部门登记的机动车辆和船舶；

（2）依法不需要在车船管理部门登记、在单位内部场所行驶或者作业的机动车辆和船舶。

2.车船管理部门

车船管理部门，是指交通运输、农业、渔业、军队、武装警察部队等依法具有车船登记管理职能的部门。

3.单位

单位，是指依照中国法律、行政法规规定，在中国境内成立的行政机关、企业、事业单位、社会团体以及其他组织。

二、税目与税率

车船税实行定额税率。定额税率，也称固定税额，是税率的一种特殊形式。定额税率计算简便，是适宜从量计征的税种。车船税的适用税额，依照车船税法所附的《车船税税目税额表》执行。

船舶的具体适用税额由国务院在车船税法所附《车船税税目税额表》规定的税额幅度内确定。

车辆的具体适用税额由省、自治区、直辖市人民政府依照车船税法所附《车船税税目税额表》规定的税额幅度和国务院的规定确定。

车船税采用定额税率，即对征税的车船规定单位固定税额。车船税确定税额总的原则是：非机动车船的税负轻于机动车船；人力车的税负轻于畜力车；小吨位船舶的税负轻于大船舶。由于车辆与船舶的行驶情况不同，车船税的税额也有所不同（见表14-1）。

表 14-1　　车船税税目税额表

税　目		计税单位	年基准税额（元）	备　注
乘用车按发动机气缸容量（排气量分档）	1.0升（含）以下的	每辆	60～360	核定载客人数9人（含）以下
	1.0升以上至1.6升（含）的		300～540	
	1.6升以上至2.0升（含）的		360～660	
	2.0升以上至2.5升（含）的		660～1200	
	2.5升以上至3.0升（含）的		1200～2400	
	3.0升以上至4.0升（含）的		2400～3600	
	4.0升以上的		3600～5400	
商用车	客车	每辆	480～1440	核定载客人数9人（包括电车）以上
	货车	整备质量每吨	16～120	1.包括半挂牵引车、挂车、客货两用汽车、三轮汽车和低速载货汽车等。2.挂车按照货车税额的50%计算
其他车辆	专用作业车	整备质量每吨	16～120	不包括拖拉机
	轮式专用机械车	整备质量每吨	16～120	
摩托车		每辆	36～180	
船舶	机动船舶	净吨位每吨	3～6	拖船、非机动驳船分别按照机动船舶税额的50%计算；游艇的税额另行规定。
	游艇	艇身长度每米	600～2000	

1.机动船舶

具体适用税额为:

(1) 净吨位小于或者等于 200 吨的,每吨 3 元;

(2) 净吨位 201~2000 吨的,每吨 4 元;

(3) 净吨位 2001~10000 吨的,每吨 5 元;

(4) 净吨位 10001 吨及以上的,每吨 6 元。

拖船按照发动机功率每 1 千瓦折合净吨位 0.67 吨计算

征收车船税。

2.游艇

具体适用税额为:

(1) 艇身长度不超过 10 米的游艇,每米 600 元;

(2) 艇身长度超过 10 米但不超过 18 米的游艇,每米 900 元;

(3) 艇身长度超过 18 米但不超过 30 米的游艇,每米 1300 元;

(4) 艇身长度超过 30 米的游艇,每米 2000 元;

(5) 辅助动力帆艇,每米 600 元。

游艇艇身长度是指游艇的总长。

3.计算税额

车船税法及其实施条例涉及的整备质量、净吨位、艇身长度等计税单位,有尾数的一律按照含尾数的计税单位据实计算车船税应纳税额。计算得出的应纳税额小数点后超过两位的可四舍五入保留两位小数。

4.税额区间

乘用车以车辆登记管理部门核发的机动车登记证书或者行驶证书所载的排气量毫升数确定税额区间。

5.排气量

车船税法和实施条例所涉及的排气量。整备质量、核定载客人数、净吨位、功率(千瓦或马力)、艇身长度,以车船税登记管理部门核发的车船登记证书或者行驶证相应项目所载数据为准。

 依法不需要办理登记、依法应当登记而未办理登记或者不能提供车船登记证书、行驶证的,以车船出厂合格证明或者进口凭证的,由主管税务机关参照国家相关标准核定,没有国家相关标准的参照同类车船核定。

第三节 车船税应纳税额的计算

纳税人按照纳税地点所在的省、自治区、直辖市人民政府确定的具体适用税额缴纳车船税。车船税由地方税务机关负责征收。

1.购置的新车船,购置当年的应纳税额自纳税义务发生的当月起按月计算。

计算公式为:

> 应纳税额=(年应纳税额÷12)×应纳税月份数
> 应纳税月份数=12-纳税义务发生时间(取月份)+1

2.在一个纳税年度内,已完税的车船被盗抢、报废、灭失的,纳税人可以凭有关管理机关出具的证明和完税证明,向纳税所在地的主管税务机关申请退还自被盗抢、报废、灭失月份起至该纳税年度终了期间的税款。

3.已办理退税的被盗抢车船,失而复得的,纳税人应当从公安机关出具相关证明的当月起计算缴纳车船税。

4.在一个纳税年度内,纳税人在非车辆登记地由保险机构代收代缴机动车车船税,且能够提供合法有效的完税证明的,纳税人不再向车辆登记地的地方税务机关缴纳车船税。

5.已缴纳车船税的车船在同一纳税年度内办理转让过户的,不另纳税,也不退税。

【例】某运输公司拥有载货汽车15辆(货车整备质量全部为10吨);乘人大客车20辆;小客车10辆。计算该公司应纳车船税。

(注:载货汽车每吨年税额80元,乘人大客车每辆年税额800元,小客车每辆年税额700元)

(1)载货汽车应纳税额=15×10×80=12000(元)

(2)乘人汽车应纳税额=20×800+10×700=23000(元)

(3)全年应纳车船税额=12000+23000=35000(元)

第四节　车船税税收优惠政策

一、法定减免

1. 捕捞、养殖渔船

捕捞、养殖渔船指在渔业船舶登记管理部门登记为捕捞船或者养殖船的船舶。

2. 军用车船

军队、武装警察部队专用的车船，是指按照规定在军队、武装警察部队车船管理部门登记，并领取军队、武警牌照的车船。

3. 警用车船

警用车船是指公安机关、国家安全机关、监狱、劳动教养管理机关和人民法院、人民检察院领取警用牌照的车辆和执行警务的专用船舶。

4. 驻华相关用车船

依照法律规定的应当予以免税的外国驻华使领馆、国际组织驻华代表机构及其有关人员的车船。

5. 节能车船

对节约能源的车船，减半征收车船税；对使用新能源的车船，免征车船税；减半征收车船税的节约能源采用车和商用车、免征车船税的使用新能源汽车均应符合规定的标准。

使用新能源的车辆包括纯电动汽车、燃料电池汽车和混合动力汽车。纯电动汽车、燃料电池汽车不属于车船税征收范围，其他混合动力汽车按照同类车辆使用税额减半征税。

6. 地方用车船

省、自治区、直辖市人民政府根据当地实际情况，可以对公共交通车船，农村居民拥有并主要在农村地区使用的摩托车、三轮汽车和低速载货汽车定期减征或者免征车船税。

二、特定减免

特定减免政策

经批准临时入境的外国车船和香港特别行政区、澳门特别行政区、台湾地区的车船,不征收车船税。

按照规定缴纳船舶吨税的机动船舶,自车船税法实施之日起 5 年内免征车船税。

依法不需要在车船登记管理部门登记的机场、港口、铁路站场内部行驶或作业的车船,自车船税法实施之日起 5 年内免征车船税。

第五节 车船税征收管理

一、纳税期限

车船税纳税义务发生时间为取得车船所有权或者管理权的当月。以购买车船的发票或其他证明文件所载日期的当月为准。

二、纳税地点

车船税的纳税地点为车船的登记地或车船税扣缴义务人所在地。依法不需要办理登记的车船,车船税的纳税地点为车船的所有人或者管理人所在地。

扣缴义务人代收代缴车船税的,纳税地点为扣缴义务人所在地。

纳税人自行申报缴纳车船税的,纳税地点为车船登记地的主管税务机关所在地。

依法不需要办理登记的车船,纳税地点为车船所有人或者管理人主管税务机关所在地。

三、纳税申报

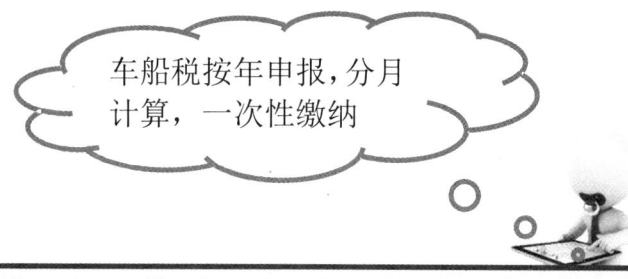

车船税按年申报,分月计算,一次性缴纳

纳税年度为公历 1 月 1 日至 12 月 31 日。车船税按年纳税申报缴纳。具体申报纳税期限由省、自治区、直辖市人民政府规定。

1.税务机关可以在车船管理部门、车船检验机构的办公场所集中办理车船税征收事宜。

2.公安机关交通管理部门在办理车辆相关登记和定期检验手续时,对未提交自上次检验后各年度依法纳税或者免税证明的,不予登记,不予发放检验合格标志。

3.海事部门、船舶检验机构在办理船舶登记和定期检验手续时,对未提交依法纳税或者免税证明,且拒绝扣缴义务人代收代缴车船税的纳税人,不予登记,不予发放检验合格标志。

4.对于依法不需要购买机动车交通事故责任强制保险的车辆,纳税人应当向主管税务机关申报缴纳车船税。

5.纳税人在首次购买机动车交通事故责任强制保险时缴纳车船税或者自行申报缴纳车船税的,应当提供购车发票及反映排气量、整备质量、核定载客人数等与纳税相关的信息及其相应凭证。

6.从事机动车第三者责任强制保险业务的保险机构为机动车船税的扣缴义务人,应当在收取保险费时依法代收车船税,并出具代收税款凭证。

四、其他管理规定

（一）税源管理

（1）税务机关应当按照车船税统一申报表数据指标建立车船税税源数据库。

（2）税务机关、保险机构和代征单位应当在受理纳税人申报或者代收代征车船税时，根据相关法律法规及委托代征协议要求，整理《车船税纳税申报表》《车船税代收代缴报告表》的涉税信息，并及时共享。

税务机关应当将自行征收车船税信息和获取的车船税第三方信息充实到车船税税源数据库中。同时要定期进行税源数据库数据的更新、检验、清洗等工作，保障车船税税源数据库的完整性和准确性。

（3）税务机关应当积极同相关部门建立联席会议、合作框架等制度，采集以下第三方信息：

①保险机构代收车船税车辆的涉税信息；
②公安交通管理部门车辆登记信息；
③海事部门船舶登记信息；
④公共交通管理部门车辆登记信息；
⑤渔业船舶登记管理部门船舶登记信息；
⑥其他相关部门车船涉税信息。

（二）税款征收

（1）纳税人向税务机关申报车船税，税务机关应当受理，并向纳税人开具含有车船信息的完税凭证。

（2）税务机关按《车船税法》第七条征收车船税的，应当严格依据车船登记地确定征管范围。依法不需要办理登记的车船，应当依据车船的所有人或管理人所在地确定征管范围。车船登记地或车船所有人或管理人所在地以外的车船税，税务机关不应征收。

（3）保险机构应当在收取机动车和第三者责任强制保险费时依法代收车船税，并将注明已收税款信息的机动车第三者责任强制保险单及凭证费发票作为代收税款凭证。

（4）保险机构应当按照本地区车船税代收代缴管理办法规定的期限和方式，及时向保险机构所在地的税务机关办理申报、结报手续，报送代收代缴税款报告和投保机动车缴税的明细信息。

（5）对已经向主管税务机关申报缴纳车船税的纳税人，保险机构在销售机动车第三者责任强制保险时，不再代收车船税，但应当根据纳税人的完税凭证原件，将车辆的完税凭证号和出具该凭证的税务机关名称录入交强险业务系统。

对出具税务机关减免税证明的车辆,保险机构在销售机动车第三者责任强制保险时,不代收车船税,保险机构应当将减免税证明号和出具该证明的税务机关名称录入交强险业务系统。

纳税人对保险机构代收代缴数额有异议的,可以直接向税务机关申报缴纳,也可以在保险机构代收代缴税款后向税务机关提出申诉,税务机关应在接到纳税人申诉后按照本地区代收代缴管理办法规定的受理程序和期限进行处理。

(6)车船税联网征收系统已上线,地区税务机关应当及时将征收信息、减免税信息、保险机构和代征单位汇总解缴信息等传递至车船税联网征收系统,与税源数据库历史信息进行比对核验,实现税源数据库数据的实时更新、校验、清洗,以确保车船税足额收缴。

(7)税务机关可以根据有利于税收管理和方便纳税的原则,委托交通运输部门的海事管理机构等单位在办理车船税登记手续或受理车船年度检验信息报告时代征车船税,同时向纳税人出具代征税款凭证。

(8)代征单位应当根据委托代征协议约定的方式、期限及时将代征税款解缴入库,并向税务机关提供代征车船明细信息。

(9)代征单位对出具税务机关减免税证明或完税凭证的车船,不再代征车船税。代征单位应当记录上述凭证的凭证号和出具该凭证的税务机关名称,并将上述凭证的复印件存档备查。

代征单位依法履行委托代征税款职责时,纳税人不得拒绝。纳税人拒绝的,代征单位应当及时报告税务机关。

（三）减免税退税

（1）税务机关应当依法减免车船税。保险机构、代征单位对已经办理减免税手续的车船不再代收代征车船税。

税务机关、保险机构、代征单位应当严格执行财政部、国家税务总局、工业和信息化部公布的节约能源、使用新能源车船减免税政策。对不属于车船税征税范围的纯电动乘用车和燃料电池乘用车，应当积极获取车辆的相关信息予以判断，对其征收了车船税的应当及时予以退税。

（2）税务机关应当将本地区车船税减免涉及的具体车船明细信息和相关减免税额存档备查。

（3）车船税退税管理应当按照税款缴库退库有关规定执行。

（4）已经缴纳车船税的车船，因质量原因，车船被退回生产企业或者经销商的，纳税人可以向纳税所在地的主管税务机关申请退还，自退货月份起至该纳税年度终了期间的税款，退货月份以退货发票所载日期的当月为准。

地方税务机关与国家税务机关应当积极协作，落实国地税合作规范，在纳税人因质量发生车辆退货时，国家税务机关应当向地方税务机关提供车辆退货发票信息，减轻纳税人办税负担。

（5）已完税车辆被盗抢、报废、灭失而申请车船税退税的，由纳税人纳税所在地的主管税务机关按照有关规定办理。

（6）纳税人在车辆登记地之外购买机动车第三者责任强制保险，由保险机构代收代缴车船税的，凭注明已收税款信息的机动车第三者责任强制保险单或保险发票，车辆登记地的主管税务机关不再征收该纳税年度的车船税，已经征收的应予退还。

（四）风险管理

（1）税务机关应当加强车船税风险管理，构建车船税风险管理指标体系，依托现代化信息技术，对车船税管理的风险点进行识别、监控、预警，做好风险应对处置工作。

税务机关应当根据国家税务总局关于财产行为税风险管理工作的要求开展车船税风险管理工作。

（2）税务机关重点可以通过以下方式加强车船税风险管理：

①将申报已缴纳车船税车船的排量、整备质量、载客人数、吨位、艇身长度等信息与税源数据库中对应的信息进行比对，防范少征、错征税款风险；

②将保险机构、代征单位申报解缴税款与实际入库税款进行比对，防范少征、漏征风险；

③将备案减免税车船与实际减免税车船税数量、涉及税款进行比对，防范减免税优惠政策落实不到位风险。

④将车船税联网征收系统车辆完税信息与本地区车辆完税信息进行比对，防范少征、漏征、重复征税风险等。

税务机关应当根据本地区车船税征管实际情况，设计适应本地区征管实际的车船税风险指标。

第十五章　印花税

印花税　印花税是以经济活动和经济交往中书立、领受、使用应税凭证的行为为征税对象征收的一种税。

第一节　印花税纳税义务人

印花税法是指国家指定的用以调整印花税征收与缴纳权利及义务关系的法律规范。现行印花税法的基本规范，是1988年8月6日国务院颁布并于同年10月1日实施的《中华人民共和国印花税暂行条例》（以下简称《印花税暂行条例》）。

印花税因其采用在应税凭证上粘贴印花税票的方法缴纳税而得名。征税印花税有利于财政收入、有利于配合和加强经济合同的监督管理、有利于培养纳税意识，也有利于配合其他纳税税种的监督管理。

印花税的纳税义务人，是指在中国境内书立、使用、领受印花税法所列举的凭证并应依法履行纳税义务的单位和个人。

所称单位和个人，是指国内各类企业、事业、机关、团体、部队以及中外合资企业、合作企业、外资企业、外国公司和其他经济组织及其在华机构等单位和个人。

一、立合同人

合同的当事人。所谓当事人,是指对凭证有直接权利义务关系的单位和个人,但不包括合同的担保人、证人、鉴定人。各类合同的纳税人是立合同人。各类合同,包括报销、加工承揽、建设工程承包、财产租赁、财务运输、仓储保管、借款、财产保险、技术合同或者合同性质的凭证。

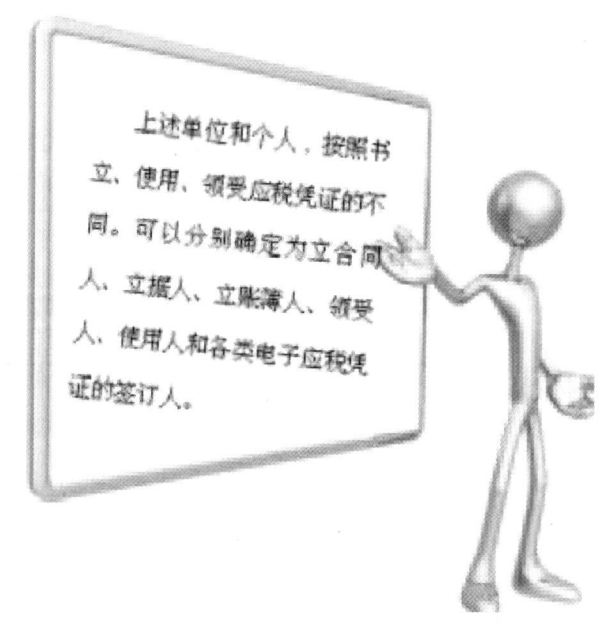

所称合同,是指根据原《中华人民共和国原经济合同法》《中华人民共和国涉外经济合同法》《中华人民共和国技术合同法》同时废止。有关合同的法律依据可参考《中华人民共和国合同法》的规定。

当事人的代理人有代理纳税人的义务,与纳税人负有同等的税收法律义务和责任。

二、立据人

产权转移书据的纳税人是立据人。是指土地、房屋权属转移过程中买卖双方的当事人。

三、立账簿人

营业账簿的纳税人是立账簿人。所谓立账簿人,是指设立并使用营业账簿的单位和个人。例如,企业单位因生产、经营需要,设立了营业账簿,该企业即为纳税人。

四、领受人

权利、许可证照的纳税人是领受人。领受人,是指领取或接受并持有该项凭证的单位和个人。例如,某人因其发明创造,经申请依法取得国家专利机关颁发的专利证书,该人即为纳税人。

五、使用人

在国外书立、领受,但在国内使用的应税凭证,其纳税人是使用人。

六、各类电子应税凭证的签订人

即以电子形式签订的各类电子应税凭证的当事人。

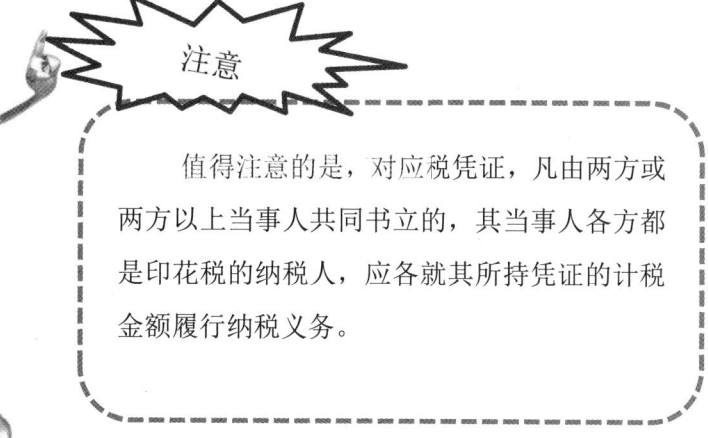

注意

值得注意的是,对应税凭证,凡由两方或两方以上当事人共同书立的,其当事人各方都是印花税的纳税人,应各就其所持凭证的计税金额履行纳税义务。

第二节　印花税的税目与税率

一、印花税的税目

印花税的税目,指印花税法明确规定的应当纳税的项目,它具体规划了印花税的税证范围。一般来说,列入税目的就要征税,未列入税目的就不征税。

（一）购销合同

包括供应、预购、采购、购销结合及协作、调剂、补偿、贸易等合同。此外,还包括出版单位与发行单位之间订立的图书、报纸、期刊和音像制品的应税凭证,例如订购单、订数单等。还包括发电厂与电网之间、电网与电网之间（国家电网公司系统、南方电网公司系统内部各级电网互供电量除外）签订的购售电合同。但是,电网与用户之间签订的供用电合同不属于印花税列举征税的凭证,不征收印花税。

（二）加工承揽合同

包括加工、定做、修缮、修理、印刷广告、测绘、测试等合同。

（三）建设工程勘察设计合同

包括勘察、设计合同。

（四）建设安装工程承包合同

包括建筑、安装工程承包合同。承包合同,包括总承包合同、分包合同和转包合同。

（五）财产租赁合同

包括租赁房屋、船舶、飞机、机动车辆、机械、器具、设备等合同,还包括企业、个人出租门店、柜台等定金合同。

（六）货物运输合同

包括民用航空、铁路运输、海上运输、内河运输、公路运输和联运合同，以及作为合同使用的单据。

（七）仓储保管合同

包括仓储、保管合同，以及作为合同使用的仓单、栈单等。

（八）借款合同

银行及其他金融保管组织与借款人（不包括银行同行拆借）所签订的合同，以及至填开借据作为合同使用、取得银行借款的借据。银行及其他金融机构经营的融资租赁业务，是一种以融物方式达到融资目的的业务，实际上是分期偿还的固定资产借款，因此融资租赁合同也属于借款合同。

（九）财产保险合同

包括财产、责任、保证、信用保险合同，以及作为合同使用的单据。财产保险合同，分为企业财产保险、机动车车辆保险、货物运输保险、家庭财产保险和农牧业保险五大类。"家庭财产两全保险"属于家庭财产保险性质，其合同在财产保险合同之列，应照章纳税。

（十）技术合同

包括技术开发、转让、咨询、服务等合同，以及作为合同适用的单据。

技术转让合同，包括专利申请权转让和非专利技术转让。

技术咨询合同，是当事人就有关项目的分析、论证、预测和调查订立的技术合同。但一般的法律、会计、审计等方面的咨询不属于技术咨询，其所立合同不贴印花税。

技术服务合同，是当事人一方委托另一方就解决有关特定技术问题，如为改进产品结构、改良工艺流程、提高产品质量、降低产品成本、保护资源环境、实现安全操作、提高经济效益等提出实施方案，实施所订立的技术合同，包括技术服务合同、技术培训合同和技术中介合同。但不包括以常规手段或者生产经营目的进行一般加工、修理、修缮、广告、印刷、测绘、标准化测试，以及勘察、设计等所书立的合同。

（十一）产权转移书据

包括财产所有权和版权、商标专用权、专利权、专有技术使用权等转移书据和专利实施许可合同、土地使用权出让合同、土地使用权转让合同、商品房销售合同等权利转移合同。

所称产权书据，是指单位和个人产权的买卖、继承、赠与、交换、分割等所立的书据、"财产所有权"转移书据的征税范围，是指经政府管理机关登记注册的动产、不动产的所有权转移所立的书据，以及企业股权转让所立的书据，并包括个人无偿赠送不动产所签订的"个人无偿赠与不动产登记表"。当纳税人完税后，税务机关（或其他征收机关）应在纳税人印花税完税凭证上加盖"个人无偿赠与"印章。

（十二）营业账簿

指单位或者个人记载生产经营活动的财务会计核算账簿。营业账簿按其反映内容的不同，可分为记载资金的账簿和其他账簿。

记载资金的账簿，是指反映生产经营单位资本金数额增减变化的账簿。其他账簿是指除上述账簿以外的有关其他生产经营活动内容的账簿，包括日记账簿和各明细分类账簿。

但是，对于金融系统营业账簿，要结合金融系统财务会计核算的实际情况进行具体的分析。凡是银行用以反映资金存贷经营活动、记载经营资金增减变化、核算经营成果的账簿，如各种日记账、明细账和总账都属于营业账簿，应按照规定缴纳印花税；银行根据业务管理需要设置的各种登记簿，如空白重要凭证登记簿、有价单证登记簿、现金收付登记簿等，其记载的内容和资金活动无关，仅用于内部备查，属于非营业账簿，均不征收印花税。

（十三）权利、许可证照

包括政府部门发给的房屋产权证、工商营业执照、商标注册证、专利证、土地使用证。

二、税率

1.印花税的税率设计,遵循税负从轻、共同负担的原则。所以,税率比较低;凭证的当事人,即对凭证有直接权利与义务关系的单位和个人均应就其所持凭证依法纳税。

2.印花税的税率有两种形式,即定额税率和比例税率。

(一)定额税率

定额税率,在印花税的 13 个税目中,"权利、许可证照"和"营业账簿"税目中的其他账簿,适用定额税率、均为按件贴花,税额为 5 元。这样规定,主要是考虑到上述应税凭证比较特殊,有的是无法计算金额的凭证,例如权利、许可证照;有的虽记载有金额,但以其作为计税依据又明显不合理的凭证。例如其他账簿。采用定额税率,便于纳税人缴纳,便于税务机关征管。

自 2018 年 5 月 1 日起,对按件征收的其他账簿免征印花税。具体政策见相关文件。

表 15-1　　印花税税目、税率表

税　目	范　围	税率	纳税人	说　明
1.购销合同	包括供应、预购、采购、购销结合及协作、调剂、补偿、易贷等合同	按购销金额 0.3‰贴花	立合同人	
2.加工承揽合同	包括加工、定做、修缮、修理、印刷广告、测绘、测试等合同	按加工或承揽收入 0.5‰贴花	立合同人	
3.建设工程勘察设计合同	包括勘察、设计合同	按收取费用 0.5‰贴花	立合同人	

续表

税 目	范 围	税 率	纳税人	说 明
4.建筑安装工程承包合同	包括建筑、安装工程承包合同	按承包金额0.3‰贴花	立合同人	
5.财产租赁合同	包括租赁房屋、船舶、飞机、机动车辆、机械、器具、设备等合同	按租赁金额1‰贴花。税额不足1元,按1元贴花	立合同人	
6.货物运输合同	包括民用航空运输、铁路运输、海上运输、内河运输、公路运输和联运合同	按运输费用0.5‰贴花	立合同人	单据作为合同使用的,按合同贴花
7.仓储管理合同	包括仓储、保管合同	按仓储保管费用1‰贴花	立合同人	仓单或栈单作为合同使用的,按合同贴花
8.借款合同	银行及其他金融保管组织与借款人(不包括银行同行业拆借)所签订的借款合同	按借款金额0.05‰贴花	立合同人	单据作为合同使用的,按合同贴花
9.财产保险合同	包括财产、责任、保证、信用等保险合同	按收取保险费1‰贴花	立合同人	单据作为合同使用的,按合同贴花
10.技术合同	包括技术开发、转让、咨询、服务等合同	按所记载金额0.3‰贴花	立合同人	
11.产权转移书据	包括财产所有权和版权、商标专用权、专利权、专有技术使用权等转移书据、土地使用权出让合同、土地使用权转让合同、商品房销售合同	按所记载金额0.5‰贴花	立据人	

续表

税　目	范　围	税　率	纳税人	说　明
12.营业账簿	生产、经营用账册	记载资金的账簿，按实收资本和资本公积的合计金额0.5‰贴花	立账簿人	自2018年5月1日起，对纳税人设立的资金账簿减半征收
13.权利、许可证照	包括政府部门发给的房屋产权证、工商营业执照、商标注册证、专利证、土地使用证	按件贴花5元	领受人	

（一）比例税率

在印花税的 13 个税目中，各类合同以及具有合同性质的凭证（含以电子形式签订的各类应税凭证）、产权转移书据、营业账簿中记载资金的账簿，适用比例税率。

印花税的比例税分为 4 个档次，分别为 0.05‰、0.3‰、0.5‰、1‰。

比例税率具体适用范围：

（1）适用 0.05‰税率的为"借款合同"。

（2）适用 0.3‰税率的为"购销合同""建筑安装工程承包合体""技术合同"。

（3）适用 0.5‰税率的为"加工承揽合同""建筑工程勘察设计合同""货物运输合同""产权转移书据""营业账簿"税目中记载资金的账簿。

（4）适用 1‰税率的为"财产租赁合同""仓储管理合同""财产保险合同"。

（5）在上海证券交易所、深圳证券交易所、全国中小企业股份转让系统买卖、继承、赠与优先股所书立的股权转让书据，均依书立时实际成交金额，由出让方按 1‰的税率计算缴纳证券（股票）交易印花税。

香港市场投资者通过沪港通买卖、继承、赠与上交所上市 A 股，按照内地现行税制规定缴纳证券（股票）交易印花税。内地投资者通过沪港通买卖、继承、赠与联交所上市股票，按照香港特别行政区现行税法规定缴纳印花税。

第三节 应纳税额的计算及案例分析

一、计税依据的一般规定

印花税的计税依据为各种应税凭证上所记载的计税金额。

具体规定为:

1. 购销合同的计税依据为合同记载的购销金额。

2. 加工承揽合同的计税依据是加工或承揽收入的金额。具体规定为:

(1) 对于由受托方提供原材料的加工、定做合同、凡在合同中分别记载加工费金额和原材料金额的,应分别按"加工承揽合同""购销合同"计税,两项税额相加数,即为合同应贴印花税;若合同中未分别记载,则应就全部金额依照加工承揽合同计税贴花。

(2) 对于由委托方提供主要材料或原料,受托方只提供辅助材料的加工合同,无论加工费和辅助材料金额是否分别记载,均已辅助材料与加工费的合计数,依照加工承揽合同计税贴花。对委托方提供的主要材料与原料金额不计税贴花。

3. 建设工程勘察设计合同的技术依据为收取费用。

4. 建筑安装工程承包合同的技术依据为承包金额。

5. 财产租赁合同的计税依据为租赁金额;经计算,税额不足1元的,按1元贴花。

6. 货物运输合同的计税依据为取得的运输费金额(即运费收入),不包括所运货物的金额、装卸费和保险费等。

7. 仓储保管合同的计税依据为收取的仓储保管费用。

8. 借款合同的计税依据为借款金额。针对实际借贷活动中不同的借款性质,税法规定了不同的计税方法。

(1) 凡是一项信贷业务既签订借款合同,又一次或分次填开借据的,只以借款合同所载金额为计税依据计税贴花;凡

> 实际借贷活动中不同的借款性,计税方法不同

是只填开借据并作为合同使用的,应以借据所载金额为计税依据计税贴花。

(2)借贷双方签订的流动资金周转性借款合同,一般按年(期)签订,规定最高限额,借款人在规定的期限和最高限额内随借随还。为避免加重借贷双方的负担,对这类合同只以其规定的最高限额为计税依据,在签订时贴花一次,在限额内随借随还不签订新合同的,不再另贴印花。

(3)对借款方以财产作抵押,从贷款方取得一定数量抵押贷款的合同,应按借款合同贴花;在借款方因无力偿还借款而将抵押财产转移给贷款方时,应再就双方书立的产权书据,按产权转移书据的有关规定计税贴花。

(4)对银行及其他金融组织的融资租赁业务签订的融资租赁合同,应按合同所载租金总额,暂按借款合同计税。

(5)在贷款业务中,如果贷方是由若干银行组成的银团,银团各方均承担一定的贷款数额。借款合同由借款方与银团各方共同书立,各执一份合同正本。对这类合同借款方与贷款银团各方应分别在所执的合同正本上,按各自的借款金额计税贴花。

(6)在基本建设贷款中,如果按年度用款计划分年签订借款合同,在最后一年按总概算签订借款总合同,且总合同的借款金额包括各个分公司的借款金额的,对这类基建借款合同,应按分合同分别贴花,最后签订的总合同,只就借款总额扣除分合同借款金额后的月计税贴花。

9. 财产保险合同的计税依据为支付(收取)的保险费,不包括所保财产的金额。

10. 技术合同的技术依据为合同所载的价款、报酬或使用费。为了鼓励技术研究开发,对技术开发合同,只就合同所载的报酬金额计税,研究开发经费不作为计税依据。单对合同约定按研究开发经费一定比例作为报酬的,应按一定比例的报酬金额贴花。

11. 产权转移书据的计税依据为所载金额。

12. 营业账簿税目中记载资金的账簿的计税依据为"实收资本"与"资本公积"两项的合计金额。实收资本,包括现金、实物、无形资产和材料物资。现金按实际收到或存入纳税人开户银行的金额确定。实物,指房屋、机器等,按评估确认的价值或者合同、协议约定的价格确定。无形资产和材料物资,按评估确认的价值确定。

资本公积,包括接受捐赠、法定财产重估增值、资本折算差额、资本溢价等。如果是实物捐赠,则按同类资产的市场价格或有关凭据确定。

其他账簿的计税依据为应税凭证件数。

13.权利、许可证照的计税依据为应税凭证件数。

二、计税依据具体的特殊规定

1.上述凭证以"金额""收入""费用"作为计税依据的,应当全额计税,不得做任何扣除。

2.同一凭证,载有两个或两个以上的经济事项而适用不同税目税率,如分别记载金额的,应分别计算应纳税额,相加后按合计税额贴花;如未分别记载金额的,按税率高的计税贴花。

3.按金额比例贴花的应税凭证,为标明金额的,应按照凭证所载数量及国家牌价计算金额;没有国家牌价的,按市场价格计算金额,然后按规定税率计算应纳税额。

4.应税凭证所载金额为外国货币的,应按照凭证书立当日国家外汇管理局公布的外汇牌价折合成人民币,然后计算应纳税额。

5.应纳税额不足1角的,免纳印花税;1角以上的,其税额尾数不满5分的不计,满5分的按1角计算。

6.有些合同,在签订时无法确定计税金额,如技术转让合同中的转让收入,是按销售收入的一定比例收取或是按实现利润分成;财产租赁合同,只规定了月(天)租金标准而无租赁期限的。对这类合同,可在签订时先按定额5元贴花,以后结算时在按实际金额计税,补贴印花税。

7.应税合同在签订纳税义务即已产生,应计算应纳税额并贴花。所以,无论合同是否兑现或是否按期兑现,均应贴花。

对已履行并贴花的合同,所载金额与合同履行后实际结算金额不一致的,只要双方未修改合同金额,一般不再办理完税手续。

8.对有经营收入的事业单位,凡属由国家财政拨付事业经费,实现差额预算管理的单位,其记载经营业务的账簿,按其他账簿定额贴花,不记载经营业务的账簿不贴花;凡属经费来源实行自收自支的单位,其经营账簿,应对记载资金的账簿和其他账簿分别计算应纳税额。

跨地区经营的分支机构使用的营业账簿,应由各分支机构于其所在地计算贴花。对上级单位核拨资金的分支机构,其记载资金的账簿按核拨的账面资金额计税贴花,其他账簿按定额贴花；对上级单位不核拨资金的分支机构，只就其他账簿按件定额贴花。为避免对统一资金重复计税贴花，上级单位记载资金的账簿，应按扣除拨给下属机构资金数额后的其余部分计税贴花。

9.商品购销活动中，采用以货换货方式进行商品交易签订的合同，是反映既购又销双重经济行为的合同。对此，应按合同所载的购、销合计金额计税贴花。合同未列明金额的，应按合同所载购、销数量依照国家牌价或者市场价格计算应纳税额。

10.施工单位将自己承包的建设项目，分包或者转包给其他施工单位所签订的分包合同或者转包合同，应按新的分包合同或者转包合同所载金额计算应纳税额。这是因为印花税是一种具有行为税性质的凭证税，尽管总承包合同已依法计税贴花，但新的分包或转包合同是一种新的凭证，又发生了新的纳税义务。

11.从2008年9月19日起，对证券交易印花税政策进行调整，由双边征收改为单边征收，即只对卖出方（或继承、赠与A股、B股股权的让出方）征收证券（股票）交易印花税，对买入房（受让方）不再征税，税率仍保持1‰。

12.对国内各种形式的货物联运，凡在起运地统一结算全程运费的，应以全程运费作为计税依据，由起运地运费结算双方缴纳印花税；凡分程结算运费的，应以分程的运费作为计税依据，分别由办理运费结算的各方缴纳印花税。

对国际货运，凡由我国运输企业运输的，不论在我国境内、境外起运或中转分程运输，我国运输企业所持的一份运费结算凭证，均按本程运费计算应纳税额；托运方所持的一份运费结算凭证，按全程运费计算应纳税额。由外国运输企业运输进出口货物的，外国运输企业所持的一份运费结算凭证免纳印花税；托运方所持的一份运费结算凭证应缴纳印花税。国际货运运费结算凭证在国外办理的，应在凭证转回我国境内时按规定缴纳印花税。

必须明确的是，印花税票为有价证券，其票面金额以人民币为单位，分为1角、2角、5角、1元、2元、5元、10元、50元、100元9种。

三、应纳税额的计算方法

纳税人的应按税额,根据应纳税凭证的性质,分别按比例税率或者定额税率计算,其计算公式为:

应纳税额=应税凭证计税金额(或应税凭证件数)×适用税率

某企业某年2月开业,当年发生以下有关业务事项:领受房屋产权证、工商营业执照、土地使用证各1件;与其他企业订立转移专用技术使用权书据1份,所载金额100万元,订立产品购销合同1份,所载金额200万元;订立借款合同1份,所在金额为400万元;企业记载资金的账簿,"实收资本""资本公积"为800万元;其他营业账簿10本,试计算该企业当年应缴纳的印花税税额。

1. 企业领受权利、许可证照应纳税额:3×5=15(元)
2. 企业订立产权转移书据应纳税额:1 000 000×0.5‰=500(元)
3. 企业订立购销合同应纳税额:2 000 000×0.3‰=600(元)
4. 企业订立借款合同应纳税额:4 000 000×0.05‰=200(元)
5. 企业记载资金账簿应纳税额:8 000 000×0.25‰=2000(元)
6. 企业其他营业账簿应纳税额:0(元)
7. 当年企业应纳印花税税额:15+500+600+200+2000=3365(元)

第四节　印花税税收优惠和征收管理

一、印花税税收优惠

对印花税的减免优惠主要有：

1.对已缴纳印花税凭证副本或者抄本免税。

凭证的正式签署本已按规定缴纳了印花税，其副本或者抄本对外不发生权利义务关系，只是留存备查。但以副本或者抄本视同正本使用的，则应另贴印花。

2.对无息、贴息贷款合同免税。

无息、贴息贷款合同，是指我国的各专业银行按照国家金融政策发放的无息贷款，以及由各专业银行发放并按有关规定由财政部门或中国人民银行给予贴息的贷款项目所签订的贷款合同。

一般情况下，无息、贴息贷款体现国家政策，满足特定时期的某种需求，其利息全部或者部分是由国家财政负担的，对这类合同征收印花税没有财政意义。

3.对房地产管理部门与个人签订的用于生活居住的租赁合同免税。

4.对农牧业保险合同免税。

对该类合同免税，是为了支持农村保险事业的发展，减轻农牧生产的负担。

在商品住房等开发项目中配套建造安置住房的，依据政府部门出具的相关材料、房屋征收（拆迁）补偿协议或者棚户区改造合同（协议），按改造安置住房建筑面积占总建筑面积的比例免征印花税。

5.对于高校学生签订的高校学生公寓租赁合同，免征印花税。

"高校学生公寓"是指为高校学生提供住宿服务，按照国家规定的收费标准收取住宿费的学生公寓。

6.对公租房经营管理单位建造管理公租房涉及的印花税予以免征。

对公租房经营管理单位购买住房作为公租房，免征印花税；对公租房租赁双方签订租赁协议涉及的印花税予以免征。

在其他住房项目中配套建设公租房，依据政府提供的相关材料，可按公租房建筑面积占总建筑面积的比例免征建造、管理公租房涉及的印花税。

7.为贯彻落实《国务院关于加快棚户区改造工作意见》，对改造安置住房经营管理单位、开发商与改造安置住房相关的印花税以及购买安置住房的个人涉及的印花税自

2013年7月4日起予以免征。

二、征收管理

（一）纳税方法

印花税的纳税方法，根据税额大小、贴花次数以及税收管理的需要，分别采用以下三种税种方法：

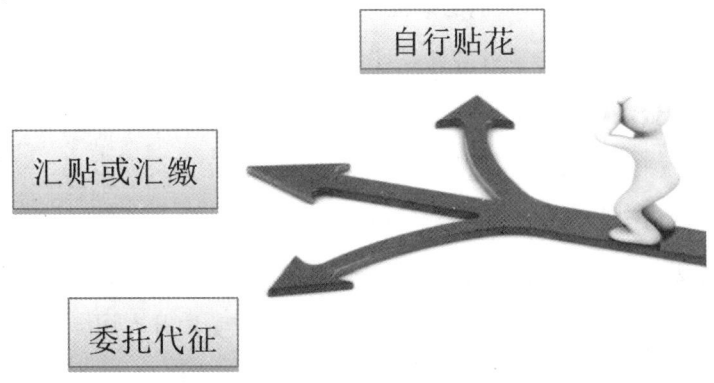

1.自行贴花

这种方法，一般适用于应税凭证较少或者贴花次数较少的纳税人。纳税人书立、领受或者使用印花税法列举的应税凭证的同时，纳税义务即已产生，应当根据应纳税凭证的性质和适用的税目税率自行计算应纳税额，自行购买印花税票，自行一次贴足印花税票并加以注销或划销，纳税义务才算全部履行完毕。值得注意的是，纳税人购买了印花税票，支付了税款，国家就取得了财政收入。但就印花税来说，纳税人支付了税款并不等于已履行了纳税义务，纳税人必须自行贴花并注销或划销，这样才算完整地完成了纳税义务。也就是通常所说的"三自"纳税办法。

对已贴花的凭证，修改后所载金额增加的，其增加部分应当补贴印花税票。凡多贴印花税票者，不得申请退税或者抵用。

2.汇贴或汇缴

这种方法，一般适用于应纳税额较大或者贴花次数频繁的纳税人。

一份凭证应纳税额超过500元的，应向当地税务机关申请填写缴款书或者完税证，将其中一联粘贴在凭证上或者由税务机关在凭证上加注完税标记代替贴花。这就是通常所说的"汇贴"办法。

同一种类应纳税凭证，需频繁贴花的，纳税人可以根据实际情况自行决定是否采用按期汇总缴纳印花税的方式，汇总缴纳的期限为1个月。采用按期汇总缴纳方式的纳税人应事先告知主管税务机关。缴纳方式一经选定，1年内不得改变。主管税务机关接到纳税人要求按期汇总缴纳印花税的告知后，应及时登记，制定相应的管理办法，防止出现管理漏洞。对采用按期汇总缴纳方式缴纳印花税的纳税人，应加强日常监督、检查。

实行印花税按期汇总缴纳的单位，对征税凭证和免税凭证汇总时，凡分别汇总的，按本期征税凭证的汇总金额计算缴纳印花税；凡确属不能分别汇总的，应按本期全部凭证的实际汇总金额计算缴纳印花税。

凡汇总缴纳印花税的凭证，应加注税务机关指定的汇缴戳记、编号并装订成册后，将已贴印花或者缴款书的一联黏附册后，盖章注销，保存备查。

经税务机关核准，持有代售许可证的代售户，代售印花税票取得的税款须专户存储，并按照规定的期限，向当地税务机关结报，或者填开专用缴款书直接向银行缴纳，不得逾期不缴或者挪作他用。代售户领存的印花税票及所售印花税票的税款，如有损失，应负责赔偿。

3.委托代征

这一方法主要是通过税务机关的委托，经由发放或者办理应纳税凭证的单位代为征收印花税税款。税务机关应与代征单位签订代征委托书。所谓发放或者办理应纳税凭证的单位，是指发放权利、许可证照的单位和办理凭证的鉴证、公正及其他有关事项的单位。如按照印花税法规定，工商行政管理机关核发各类营业执照和商标注册证的同时，负责代售印花税票，征收印花税税款，并监督领受单位或个人负责贴花。税务机关委托工商行政管理机关代售印花税票，按代售金额5%的比例支付代售手续费。

> 印花税法规定，发放或者办理应纳税凭证的单位，负有监督纳税人依法纳税的义务，具体是指对以下纳税事项监督：
> （1）应纳税凭证是否已粘贴印花；
> （2）粘贴的印花是否足额；
> （3）粘贴的印花是否按规定注销。

对未完成以上纳税手续的，应督促纳税人当场完成。

（二）纳税环节

印花税应当在书立或领受时贴花。具体是指在合同签订时，账簿启用时和证照领受时贴花。如果合同是在国外签订，并且不便在国外贴花的，应在将合同带入境时办理贴花纳税手续。

（三）纳税地点

印花税一般实行就地纳税。对于全国性商品物资订货会（包括展销会、交易会等）上所签订合同应纳的印花税，由纳税人回其所在地后及时办理贴花完税手续；对地方主办、不涉及省际关系的订货会、展销会上所签合同的印花税，其纳税地点由各省、自治区、直辖市人民政府自行确定。

（四）纳税申报

印花税的纳税人应按照条例的有关规定及时办理纳税申报，并如实填写《印花税纳税申报表》（见表 15-2）。

（五）违章与处罚

印花税纳税人有下列行为之一的，由税务机关根据情节轻重予以处罚：

1.在应纳税凭证上未贴或者少贴印花税票的或者已粘贴在应税凭证上的印花税票未注销或者未划销的，由税务机关追缴其不缴或者少缴的税款、滞纳金，并处不缴或者少缴的税款 50%以上 5 倍以下的罚款。

2.已贴用的印花税票揭下重用造成未缴或少缴印花税的，由税务机关追缴其不缴或者少缴的税款、滞纳金，并处不缴或者少缴的税款 50%以上 5 倍以下的罚款；构成犯罪的，依法追究刑事责任。

3.伪造印花税票的，由税务机关责令改正，处以 2000 元以上 1 万元以下的罚款；情节严重的，处以 1 万元以上 5 万元以下的罚款；构成犯罪的，依法追究刑事责任。

4.按期汇总缴纳印花税额的纳税人，超过税务机关核定的纳税期限，未缴或少缴印花税款的，由税务机关追缴其补缴或者少缴的税款、滞纳金，并处不缴或者少缴的税款 50%以上 5 倍以下的罚款；情节严重的，同时撤销其汇缴许可证；构成犯罪的，依法追究刑事责任。

5.纳税人违反以下规定的，由税务机关责令限期改正，可处以 2000 元以下的罚款；

情节严重的，处以2000元以上1万元以下的罚款。

（1）凡汇总缴纳印花税的凭证，应有税务机关指定的汇缴戳记，编号并装订成册后，将已贴花或者缴款书的一联粘附册后，盖章注销，保存备查。

（2）纳税人对纳税凭证应妥善保存。凭证的保存期限，凡国家已有明确规定的，按规定办理；没有明确规定的其余凭证均应在履行完毕后保存1年。

6.待售户对取得的税款逾期不缴或者挪作他用，或者违反合同将所领印花税票转托他人代售或者转至其他地区销售，或者为按规定详细提供领、售印花税情况的，税务机关可视情节轻重，给予警告或者取消其代售资格的处罚。

表15-2　印花税纳税申报表

纳税人识别号：　　　　　　　　　　　　　　　　　　金额单位：元（列至角分）

纳税人名称							税款所属时期			
应税凭证名称	件数	计税金额	适用税率	应纳税额	已纳税额	应补（退）税额	贴花状况			
							上期结存	本期购进	本期贴花	本期结存
1	2	3	4	5=2×4 或 5=3×4	6	7=5-6	8	9	10	11=8+9-10
如纳税人填报，由纳税人填写以下各栏			如委托代理人填报，由代理人填写以下各栏							备注
会计主管（签章）		纳税人（公章）		代理人名称		代理人（公章）				
				代理人地址		电话				
				经办人姓名						
以下由税务机关填写										
收到申报表日期					接收人					

填表日期：　年　月　日

第十六章　关税法律制度

| 关　税 | 关税是对进出国境或关境的货物、物品征收的一种税。 |

关境又称税境,是指一国海关法规可以全面实施的境域。国境是一个主权国家的领土范围。通常情况下,一国的关境与国境的范围是一致的,关境即是国境。但由于自由港、自由区和关税同盟的存在,关境与国境有时不完全一致。

关税一般分为进口关税、出口关税和过境关税。我国目前对进出境货物征收的关税分为进口关税和出口关税两类。

我国关税的相关法律、法规主要包括国务院颁布的《中华人民共和国进出口关税条例》(以下简称《进出口关税条例》)、《中华人民共和国海关进出口税则》(以下简称《海关进出口税则》)以及1987年1月22日第六届全国人民代表大会常务委员会第十九次会议通过,2000年7月8日第九届全国人民代表大会常务委员会第十六次修正的《中华人民共和国海关法》(以下简称《海关法》)。

第一节 关税纳税义务人及税目

一、关税纳税人

贸易型商品的纳税人是经营进口货物的收、发货人。

具体包括：

（1）外贸进出口公司；

（2）工贸或农贸结合的进出口公司；

（3）其他经批准经营进出口商品的企业。

物品的纳税人包括：

（1）入境旅客随身携带的行李、物品的持有人；

（2）各种运输工具上服务人员入境时携带自用物品的持有人；

（3）馈赠物品以及其他方式入境个人物品的所有人；

（4）个人邮递物品的收件人。

接受纳税人委托办理货物报关等有关手续的代理人，可以代办纳税手续。

二、关税课税对象

关税的课税对象是进出境的货物、物品。凡准许进出口的货物，除国家另有规定的以外，均应由海关征收进口关税或出口关税。对从境外采购进口的原产于中国境内的货物，也应按规定征收进口关税。

三、关税税目

关税的税目、税率都由《海关进出口税则》规定。它包括三个主要部分：归类总规则、进出口税率表、出口税率表、其中归类总规则是进口货物分类的具有法律效力的原则和方法。

进出口税则中的商品分类目录为关税税目。按照税则归类总规则及其归类方法，每一种商品都能找到一个最适合的对应税目。

第二节 关税税率及其计税依据

一、关税税率

(一) 税率的种类

关税的税率分为进口税率和出口税率两种。其中进口税率又分为普通税率、最惠国税率、协定税率、关税配额税率和暂定税率。进口货物适用何种关税税率是以进口货物的原产地为标准的。进口关税一般采用比例税率,实行从价计征的办法,但对啤酒、原油等少数货物则实行从量计征。对广播用录像机、放像机、摄像机等实行从价加从量的复合税率。

1. 普通税率

对原产于未与我国共同适用最惠国条款的世界贸易组织成员国或地区,未与我国订有相互给予最惠国待遇、关税优惠条款贸易协定的和特殊关税优惠条款贸易协定的国家或者地区的进口货物,以及原产地不明的货物,按照普通税率征税。

2. 最惠国税率

对原产于与我国共适用最惠国条款的世界贸易组织成员国或地区的进口货物,原产于我国签订含有相互给予最惠国待遇的双边贸易协定的国家或者地区的进口货物,以及原产于我国的进口货物,按照最惠国税率征税。

3. 协定税率

对原产于我国签订含有关税优惠条款的区域性贸易协定的国家或地区的进口货物,按协定税率征税。

4. 特惠税率

对原产于与我国签订含有特殊关税优惠条款的贸易协定的国家或地区的进口货物,按特惠税率征税。

5. 关税配额税率

是指关税配额限度内的税率。关税配额是进口国限制进口货物数量的措施,把征收关税和进口配额相结合以限制进口。对于在配额内进口的货物可以适用较低的关税配额税率,对于配额之外的则使用较高的税率。

6. 暂定税率

是在最惠国税率的基础上,对于一些国内需要降低进口关税的货物,以及出于国际双边关系的考虑需要个别安排的进口货物，可以实行暂定税率。

（二）税率的确定

进出口货物应当依照《海关进出口税则》规定的归类原则归入适合的税号，按照适用的税率征税。其中：

1. 进出口货物，应当按照收发货人或其代理人申报进口或者出口之日实施的税率征税；

2. 进口货物到达前，经海关核准先行申报的，应当按照装载此货物的运输工具申报进境之日实施的税率征税；

3. 进口货物的补税和退税，适用该进出口货物原申报进口或者出口之日所实施的税率，但下列情况除外：

（1）按照特定减免税办法批准予以减免税的进口货物，后因情况改变经海关批准转让或出售需予补税的，应按其原进口之日实施的税率征税。

（2）加工贸易进口料、件等属于保税性质的进口货物，如经批准转为内销，应按向海关申报转为内销当日实施的税率征税；如未经批准擅自转为内销的，则按海关查获日期所施行的税率征税。

（3）对经批准缓税进口的货物以后交税时，不论是分期或一次交清税款，都应按货物原进口之日实施的税率征税。

（4）分期支付租金的租赁进口货物，分期付税时，都应按该项货物原进口之日实施的税率征税。

（5）溢卸、误卸货物事后确定需予征税时，应按其原运输工具申报进口日期所实施的税率征税。如原进口日期无法查明的，可按确定补税当天实施的税率征税。

（6）对由于《海关进出口税则》归类的改变、完税价格的审定或其他工作差错而需补征税款的，应按原征税日期实施的税率征税。

（7）查获走私进口货物需予补税时，应按查获日期实施的税率征税。

（8）暂时进口货物转为正式进口需予补税时，应按其转为正式进口之日实施的税率征税。

二、关税计税依据

我国对进出口货物征收关税，主要采取从价计征的办法，以商品价格为标准征收关税。因此，关税主要以进出口货物的完税价格为计税依据。

（一）进口货物的完税价格

1.一般贸易项下进口的货物以海关审定的成交价格为基础的到岸价格作为完税价格

所谓成交价格是一般贸易项下进口货物的买方为购买该项货物向卖方实际支付或应当支付的价格。在货物成交过程中，进口人在成交价外另支付给卖方的佣金，应计入成交价格，而向境外采购代理人支付的买方佣金则不能列入，如已包括在成交价格中应予以扣除；卖方付给进口人的正常回扣，应从成交价格中扣除。卖方违反合同规定延期交货的罚款，卖方在货价中冲减时，罚款则不能从成交价格中扣除。

到岸价格是指包括货价以及货物运抵我国关境内输入地点起卸前的包装费、运费、保险费和其他劳务费等费用构成的一种价格，其中还应包括为了在境内生产、制造、使用或出版、发行的目的而向境外支付的与该进口货物有关的专利、商标、著作权以及专有技术、计算机软件和资料等费用。

为避免低报、瞒报价格偷逃关税，进口货物的到岸价格不能确定时，本着公正、合理原则，海关应当按照规定估定完税价格。

2.特殊贸易下进口货物的完税价格

对于某些特殊、灵活的贸易方式（如寄售等）下进口的货物，在进口时没有"成交价格"可做依据，为此《进出口关税条例》对这些进出口货物制定了确定其完税价格的方法，主要有：

（1）运往境外加工的货物的完税价格。出境时已向海关报明，并在海关规定期限内复运进境的，以加工后货物进境时的到岸价格与原出境货物价格的差额作为完税价格。如无法得到原出境货物的到岸价格，可以用原出境货物相同或类似货物在进境时的到岸价格，或用原出境货物申报出境时的隔岸价格代替。如果两种方法都不行，则可用原出境货物在境外支付的工缴费加上运抵中国关境输入地点起卸前的包装费、运费、保险费和其他劳务费等作为完税价格。

（2）运往境外修理的机械器具、运输工具或者其他货物的完税价格。出境时已向海关报明并在海关规定期限内复运进境的，以经海关审定的修理费和料件费作为完税价格。

（3）租借和租赁进口货物的完税价格。租借、租赁方式进境的货物，以海关审查确定的货物租金作为完税价格。

（4）对于国内单位留购的进口货样、展览品和广告陈列品，以留购价格作为完税价格。但对于留购货样、展览品和广告陈列品的买方，除按留购价格付款外，又直接或间接给卖方一定利益的，海关可以另行确定上述货物的完税价格。

（5）逾期未出境的暂进口货物的完税价格。对于经海关批准暂时进口的施工机械、工程车辆、供安装使用的仪器和工具、电视或电影摄制机械，以及盛装货物的容器等，如入境超过半年仍留在国内使用的，应自第 7 个月起，按月征收进口关税，其完税价格按原货进口时的到岸价格确定，每月的税额计算公式：

$$每月关税 = 货物原到岸价格 \times 关税税率 \times 1/48$$

（6）转让出售进口减免税货的完税价格。按照特定减免税办法批准予以减免税进口的货物，在转让或出售而需补税时，可按这些货物原进口时到岸价格来确定其完税价格。其计算公式为：

$$完税价格 = 原入境到岸价格 \times [1 - 实际使用月份 \div （管理年限 \times 12）]$$

管理年限是指海关对减免税进口的货物监督管理的年限。

（二）出口货物的完税价格

出口货物应以海关审定的货物售予境外的离岸价格，扣除出口关税后作为完税价格。计算公式为：

$$出口货物完税价格 = 离岸价格 \div （1 + 出口税率）$$

离岸价格应以该项货物运离关境的最后一个离岸的离境价格为实际离岸价格。若该项货物从内地起运，则从内地口岸至最后出境口岸所支付的国内段运输费用应予扣除。离岸价格不包括装船以后发生的费用。出口货物在成交价格以外支付给国外的佣金应予扣除，未单独列明的则不予扣除。出口货物在成交价格以外，买方还另行支付的货物包装费，应计入成交价格。当离岸价格不能确定时，完税价格由海关估定。

（三）进出口货物完税价格的审定。

对于进出口货物的收发货人或其代理人向海关申报进出口货物的成交价格明显偏低，而又不能提供合法证据和正当理由的；申报价格明显低于海关掌握的相同或类似货物的国际市场上公开成交货物的价格，而又不能提供合法证据和正当理由的；申报价格经海关调查认定买卖双方之间有特殊经济关系或对货物的使用、转让互相订有特殊条件或特殊安排，影响成交价格的，以及其他特殊成交情况，海关认为需要估价的，则按以下方法依次估定完税价格：

（1）相同货物成交价格法。即以从同一出口国家或地区购进的相同的货物成交价格作为被估货物完税价格的价格依据。

（2）类似货物成交价格法。即以从同一出口国家或地区购进的类似货物的成交价格作为被估货物的完税价格的依据。

（3）国际市场价格法。即以进口货物的相同或类似货物在国际市场上公开的成交价格为该进口货物的完税价格。

（4）国内市场价格倒扣法。即以进口货物的相同或类似货物在国内市场上的批发价格，扣除合理的税、费、利润后的价格。

（5）合理方法估定的价格。如果按照上述几种方法顺序估价仍不能确定完税价格时，则可由海关按照合理方法估定。

第三节 关税应纳税额的计算

一、从价税计算方法

从价税是最普遍的关税计征方法，它以进（出）口货物的完税价格作为计税依据。进（出）口货物应纳关税税额的计算公式为：

> 应纳税额=应税进（出）口货物数量×单价完税价×适用税率

二、应从量计税方法

从量税是以进口商品的数量为计税依据的一种关税计征方法。其应纳关税税额的计算公式为：

> 应纳税额=应税进口货物数量×关税单位税额

三、复合计征计算方法

复合税是对某种进口货物同时使用从价和从量计征的一种关税计征方法。其应纳关税数额的计算公式为：

> 应纳税额=应税进口货物数量×关税单位税额+应税进口货物数量×单位完税价格×适用税率

四、滑准税计算方法

滑准税是指关税的税率随着进口商品价格的变动而反方向变动的一种税率形式，即价格越高，税率越低，税率为比例税率。因此对实行滑准税率的进口商品应纳关税税额的计算方法与从价税的计算方法相同。

第四节 关税税收优惠及税收管理政策

一、关税税收优惠政策

关税的减税、免税分为法定性减免税、政策性减免税和临时性减免税。

《海关法》和《进出口关税条例》中规定的减免税,称为法定性减免税。主要有下列情形:

1. 一票货物关税税额、进口环节增值税或者消费税税额在人民币50元以下的;
2. 无商业价值的广告品及货样;
3. 国际组织、外国政府无偿赠送的物资;
4. 进出境运输工具装载的途中必需的燃料、物料和饮食用品;
5. 因故退还的中国出口货物,可以免征进口关税,但已征收的出口关税不予退还;
6. 因故退还的境外进口货物,可以免征出口关税,但已征收的进口关税不予退还。

对上述情况的货物,经海关审查无误后可以免税。

有下列情形之一的进口货物,海关可以酌情减免税:

> ✓ 在境外运输途中或者在起卸时,遭受到损坏或损失的;
> ✓ 起卸后海关放行前,因不可抗力遭受损坏或者损失的;
> ✓ 海关查验时已经破漏、损坏或者腐烂,经证明不是保管不慎造成的。

为境外厂商加工、装配成品何为制造外销产品而进口的原材料、辅料、零件、部件、配套件和包装物料,海关按照实际加工出口的成品数量免征进口关税;或者对进口料、件先征进口关税,再按照实际加工出口的成品数量予以退税。

中国缔结或参加的国际条约规定减征、免征关税的货物、物品,海关应当按照规定减免关税。

二、关税征收管理

关税应在货物实际进出境时,即在纳税人按进出口货物通关规定向海关申报后、海关放行前一次性缴纳。进出口货物的收发货人或其代理人应当在海关签发税款缴款凭证次日起15日内(星期日和法定节假日除外),向指定银行缴纳税款。逾期不缴的,除依法追缴外,由海关自到期次日起至缴清税款之日止,按日征收欠缴税额0.5‰的滞纳金。

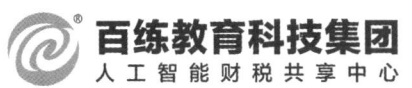

中国企业财务管理协会高校财税专业建设与发展委员会指定教材

新编精讲

管理会计必修宝典

编著 颜 萍 王管谈

（下）财务应用篇

副主编：李 敏　吕 宁　于树兰　宋 飞
　　　　李文华　赵增林　杜 娟　刘 凯

中国商业出版社

图书在版编目（CIP）数据

管理会计必修宝典 / 颜萍，王管谈编著. -- 北京：中国商业出版社，2020.3

ISBN 978-7-5208-1009-8

Ⅰ．①管… Ⅱ．①颜… ②王… Ⅲ．①管理会计 Ⅳ．①F234.3

中国版本图书馆 CIP 数据核字(2019)第 267169 号

责任编辑：巫皆富

中国商业出版社出版发行

010-63180647　www.c-cbook.com

(100053　北京广安门内报国寺1号)

新华书店经销

廊坊市旭日源印务有限公司印刷

*

787毫米×1092 毫米　16 开　21 印张　173 千字

2020 年 3 月第 1 版 2020 年 3 月第 1 次印刷

定价：138.00元

****

（如有印装质量问题可更换）

前言

随着现代化生产的迅速发展，经济管理水平的提高，会计工作从传统的事后记账、算账、报账，转为事前的预测与决策、事中的监督与控制、事后的核算与分析。"全面推进我国管理会计体系建设，是适应我国经济转型升级的必然要求。"财政部党组成员、部长助理余蔚平表示，财政部已将管理会计列入今后会计改革发展的重点方向。

百练教育科技集团在社会对会计专业人才的需求以及管理会计发展大趋势下，组织一批具有丰富实战经验的财税专家，联合相关高校财税方面的知名教授，结合企业实际应用案例编纂了《管理会计必修宝典》系列丛书，该丛书内容精练、覆盖面广，结构合理，读者可在较短时间内快速掌握管理会计相关知识，并胜任其业务岗位的要求。

本丛书分为上下两个部分，上部是税务相关内容，以我国现行税法和会计准则（制度）为法规依据，基于税务会计与财务会计适度分离的原则，系统地阐述了税务会计理论结构和纳税基础；以增值税会计、所得税会计为重点，分述符合税法要求的各税种会计的确认、计量与申报。从企业经营实际出发，帮助企业财会人员，厘清常见经济事项的会计和税务处理，对日常工作中容易遇到重、难点财税事项，结合案例进行了详细阐释。

下部包括成本会计、财务报表的编制和分析、财务预测、财务预算体系的运用、财务分析的阐述，更加注重从业者综合运用财务会计知识能力的培养，有利于促进会计主管由单纯的会计核算向价值管理提升，为企业内控及投融资活动提供决策支持。在成本会计部分，重视知识的可操作性，通过一个完整案例展示给读者；财务报表填制部分，则按照企业会计准则的相关要求进行编写。

本书由百练教育科技集团颜萍担任主编，对全书的结构及体例进行总纂。李敏主任担任副主编。具体编写分工如下：颜萍（第一、二、三、四、五章）；山东轻工职业学院吕宁副教授、潍坊理工学院于树兰副教授（第六、七、八章）；衡水职业技术学院李敏副教授（第九、十章）；其余部分内容由百练教育科技集团等诸多一线实战专家集体编写。本书在编写过程参考了有关专家的教材和专著，在此一并感谢！

会计是一个博大精深的学科，本书中所涉及的税务会计、成本会计核算和财务报表填制，均以实用性见长，并没有长篇累牍的罗列过多的方法，旨在使广大读者通过该丛书的学习，能在短期内迅速成长为管理型财务人员。

目 录

- 第一章 成本会计概述 205
  - 第一节 成本会计概念及岗位职责 205
  - 第二节 成本会计核算的准备工作及核算程序 206
  - 第三节 成本核算对象和成本项目 207
- 第二章 要素费用的归集与分配 208
  - 第一节 成本核算的科目设置 208
  - 第二节 材料、外购动力的归集和分配 210
  - 第三节 职工薪酬的归集与分配 215
  - 第四节 固定资产折旧费的账务处理 219
- 第三章 辅助生产费用的归集与分配 220
  - 第一节 直接分配法 220
  - 第二节 交互分配法 222
  - 第三节 计划成本分配法 224
- 第四章 制造费用的归集和分配 226
  - 第一节 制造费用的归集 226
  - 第二节 制造费用的分配 228
- 第五章 生产费用在完工产品和在产品之间的归集和分配 230
  - 第一节 概述 230
  - 第二节 按约当产量法分配生产费用 231
- 第六章 成本管理的主要内容 233
- 第七章 量本利的分析与应用 235
- 第八章 标准成本控制与分析 243
- 第九章 财务报表编制 249
  - 第一节 认识财务报表 249
  - 第二节 资产负债表 256
  - 第三节 利润表 262
  - 第四节 所有者权益变动表 264
  - 第五节 现金流量表 266
  - 第六节 附注 269
- 第十章 财务报表分析 271
  - 第一节 财务分析与评价的主要内容与方法 271
  - 第二节 基本的财务报表分析 278

第一部分

成本核算

第一章　成本会计概述

从传统上来说，成本会计是为求得产品的总成本和单位成本而核算全部生产成本和费用的会计活动。成本会计作为会计工作的一个重要分支，同其他的会计核算一样，也是在不断完善之中，以更好地适应经济发展和企业需求。

第一节　成本会计概念及岗位职责

一、成本会计的相关概念和意义

产品成本，是指企业在生产产品过程中发生的材料费用、职工薪酬等，以及不能直接计入产品成本而按一定标准分配计入成本的各种间接费用。

产品成本核算是对生产经营过程中实际发生的成本、费用进行计算，并进行相应的账务处理。

企业通过产品成本核算，一方面可以审核各项生产费用和经营管理费用的支出，分析和考核产品成本计划的执行情况，促使企业降低成本和费用；另一方面，还可以为计算利润、进行成本和利润预测提供数据，有助于提高企业经营管理水平。

二、成本核算会计的岗位职责

成本会计工作作为制造类企业会计核算工作的重要组成部分，需要明确岗位职责，以下都属于成本会计岗位的相关职责：

1. 拟定成本核算办法。
2. 评估成本方案，及时改进成本核算方法。
3. 协助各部门进行成本经济核算，并分解下达成本、费用、计划指标。
4. 加强成本控制，努力节约开支，不断降低成本。
5. 审核公司各项成本的支出，进行成本核算、费用管理、成本分析，定期编制成本分析报表。
6. 做好各相关成本资料的整理、归档、数据库的建立、查询、更新工作。
7. 负责配合制定成本核算方法，编制成本预算，决算报表。
8. 协助管理在产品和自制半成品。

第二节 成本会计核算的准备工作及核算程序

在进行成本核算之前，企业应当做好各项原始记录，并做好各项盘点工作，包括材料物资收发领用，劳动用工和工资发放，机器设备交付使用以及水、电、暖等消耗的原始记录。

此外，还需要根据企业会计准则正确确定固定资产的折旧方法、使用年限、残值、无形资产的摊销方法、摊销期限等。并且一经确定，不得随意变更。

企业应当根据自身生产特点和管理要求选择适当的成本计算方法。目前，常用的方法有品种法、分批法、分步法、分类法等。

一、 正确划分各种费用支出的界限

1. 正确划分收益性支出和资本性支出的界限；
2. 正确划分成本费用、期间费用和营业外支出的界限；
3. 正确划分本期费用与以后期间费用的界限；
4. 正确划分各种产品成本费用的界限；
5. 正确划分本期完工产品与期末在产品成本的界限。

二、 成本核算的一般程序

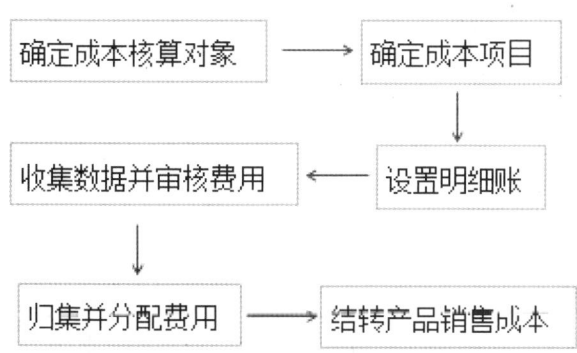

第三节 成本核算对象和成本项目

一、成本核算对象

成本核算对象，是指确定归集和分配生产费用的具体对象，即生产费用承担的客体。一般情况下，生产一种或几种产品的，以产品品种为成本核算对象，分批、单件生产的产品，以每批或每件产品为成本核算对象，多步骤连续加工的产品，以每种产品及各生产步骤为成本核算对象，产品规格繁多的，可将产品结构、耗用原材料和工艺过程基本相同的各种产品，适当合并作为成本核算对象。

成本核算对象的确定，是设立成本明细账、归集和分配生产费用以及正确计算成本的前提。具体的成本核算对象应当根据企业生产经营特点和管理要求加以确定。

二、成本项目

对于工业企业而言，一般可设置"直接材料""直接人工""燃料及动力""制造费用"等项目。

为了便于归集生产费用，正确计算产品成本，需要对生产费用进行合理的分类。生产费用按经济用途划分，可将计入产品成本的生产费用分为以下四个成本项目：

成本项目	含　义
直接材料	指企业在生产产品和提供劳务过程中实际消耗的、直接用于产品生产、构成产品实体的原材料、辅助材料、备品配件、外购半成品、包装物、低值易耗品等费用
燃料及动力	燃料及动力是指直接用于产品生产的外购和自制的燃料和动力
直接人工	指企业在生产产品和提供劳务过程中为获取直接从事产品生产人员提供的服务而给予各种形式的报酬以及其他相关支出
制造费用	指企业为生产产品和提供劳务而发生的各项间接费用，包括车间管理人员的工资和福利费、车间房屋建筑物和机器设备的折旧费、租赁费、办公费、水电费、机物料消耗、劳动保护费、季节性和修理期间的停工损失、信息系统维护费等

第二章 要素费用的归集与分配

从广义上来说,生产成本是生产单位为生产产品或提供劳务而发生的各项生产费用,包括各项直接支出和制造费用。直接支出包括直接材料(原材料、辅助材料、备品备件、燃料及动力等)、直接工资(生产人员的工资、补贴)、其他直接支出(如福利费),这些我们把它直接计入"生产成本"科目;制造费用是指企业车间为组织和管理生产所发生的各项费用,包括车间管理人员工资、折旧费、维修费、修理费及其他制造费用(办公费、差旅费、劳保费等),这些我们把它计入"制造费用"科目,期末再按照一定标准计入"生产成本"。

第一节 成本核算的科目设置

一、"生产成本"科目

生产成本指企业进行工业性生产,包括生产各种产品(产成品、自制半成品等)、自制材料、自制工具、自制设备等发生的各项生产费用。本科目可按基本生产成本和辅助生产成本进行明细核算。基本生产成本应当分别按照基本生产车间和成本核算对象(产品的品种、类别、定单、批别、生产阶段等)设置明细账,并按照规定的成本项目设置专栏。

企业应将生产经营过程中发生的各种耗费,按其耗用情况直接或分配计入各有关成本类账户。对基本生产车间发生的直接材料和直接人工等费用,记入"生产成本—基本生产成本"科目。对辅助生产车间发生的费用,通过"生产成本—辅助生产成本"科目核算。

各辅助生产车间在计算出各自的劳务成本后,按提供劳务量的情况分配计入各有关成本账户。

如果辅助生产车间也单独核算本身发生的制造费用,月末还应先将这些制造费用分配计入辅助生产成本。

二、"制造费用"科目

制造费用是指工业企业为生产产品(或提供劳务)而发生的,应计入产品成本的间接费用。

本科目核算企业生产车间为生产产品和提供劳务而发生的各项间接费用,以及虽然直接用于产品生产但管理上不要求或不便于单独核算的费用。企业可按不同的生产车间、部门和费用项目进行明细核算。期末,将共同负担的制造费用按照一定的标准分配计入各成本核算对象,除季节性生产外,本科目期末应无余额。

 温馨提示：

对小型工业企业而言，也可以将"生产成本"和"制造费用"两个会计科目合并为"生产费用"一个会计科目，下设"基本生产成本""辅助生产成本""制造费用"三个明细科目。

第二节 材料、外购动力的归集和分配

一、材料的归集和分配

1. 领料单的使用

领料单是由领用材料的部门或者人员（简称领料人）根据所需领用材料的数量填写的单据。领料单一般采用一次凭证进行登记。

其内容有领用日期、材料名称、单位、数量、金额等。为明确材料领用的责任，领料单除了要有领用人的签名外，还需要主管人员的签名、保管人的签名等。

领料人凭借领料单到仓库中领取所需材料时，由库存管理人员确认并出具出货单方可领取材料。

领料单

2018年7月31日　　　NO.0000026　　　材料部门：

材料编号	材料名称	规格	计量单位	数量 请领	数量 实发	单价（元）	金额（元）	用途
505	甲	DS8088	千克	150	150	10	1500	机物料消耗

部门主管：张方　　　管员：李明　　　领料人：陈刚

2. 领料凭证汇总表的使用

财务人员根据一定期间内的领料单编制领料凭证汇总表，登记领料凭证汇总表，以进行下一步的会计处理。

参考示例

领料凭证汇总表

2018年3月　　　　　　　单位：元

部门＼材料名称	生产车间 产品用	生产车间 车间用	辅助生产车间 供水车间	辅助生产车间 供电车间	管理部门	合计
甲材料	87858					87858
乙材料	45214					45214
丙材料	21410		8785	5425	5458	41078
丁材料		584				584
原材料小计	154482	584	8785	5425	5458	174734

续表

部门 材料名称	生产车间		辅助生产车间		管理部门	合计
	产品用	车间用	供水车间	供电车间		
燃料		6875	658	842		8375
低值易耗品	1100	5485	658	555	584	8382
包装材料	6484	4544	5887	477	562	17954
合计	162066	17488	15988	7299	6604	209445

3. 原材料分配表的编制

对于直接用于产品生产、构成产品实体的原材料，一般分产品领用。应直接计入产品成本的"直接材料"。

对于不能分产品领用的材料，如化工产品中为几种产品共同耗用的材料，需要采用适当的分配方法，分配计入各相关产品成本的"直接材料"成本项目。

在分配时，分配标准可以依据材料消耗与产品的关系进行确定。比如，以生铁为原料生产各种铁铸件，应以生产的铁铸件的重量比例为分配依据。

（1）以下是相应的计算公式：

材料费用分配率=材料消耗总额÷产品重量、耗用的原材料、生产工时等适用的分配标准

某种产品应负担的材料费用
=该产品的重量、耗用的原材料、生产工时等×材料费用分配率

（2）在消耗定额比较准确的情况下，原材料也可以按照产品的材料定额消耗量比例或材料定额费用比例进行分配。

计算公式如下：

某种产品材料定额消耗量=该种产品实际产量×单位产品材料消耗定额

材料消耗量分配率=材料实际总消耗量÷各种产品材料定额消耗量之和

某种产品应分配的材料费用
=该种产品的材料定额消耗量×材料消耗量分配率×材料单价

按材料定额消耗量比例分配材料费用计算举例：

举例：

某工厂1月生产甲、乙两种产品领用某材料900千克，每千克10元。本月投产甲产品200件，乙产品400件。甲产品材料消耗定额为1千克，乙产品材料消耗定额为2千克。

解析：

甲产品的材料定额消耗量=200×1=200（千克）

乙产品的材料定额消耗量=400×2=800（千克）

材料消耗量分配率=900÷（200+800）=0.9

甲产品负担的材料费用=200×1×0.9=180（元）

乙产品负担的材料费用=400×2×0.9=720（元）

通过各项材料金额加总，填制材料费用分配表。

材料费用分配表包括了成本项目、直接计入部分、分配计入部分、费用合计等，材料费用分配表样式如下表所示（假设该企业基本生产车间原材料消耗均需分配计入）

材料费用分配表　　　　　　　单位：元

应借科目			直接计入	分配计入		合计
总账科目	明细科目	成本或费用项目		定额消耗量（千克）	分配计入	
基本生产成本	甲产品	原材料	89854	55千克	11000	100854
	乙产品	原材料	12358	600千克	120000	132358
	丙产品	原材料	21235	33千克	6600	27835
	小计		123447		137600	261047
辅助生产成本	二车间	原材料	54788			54788
	三车间	原材料	23214			23214
	小计		78002			78002
制造费用	一车间	机物料消耗	14524			14524
	二车间	机物料消耗	12547			12547
	三车间	机物料消耗	13254			13254
	小计		40325			40325
	管理费用		8000			8000
	合计		249774		137600	387374

根据材料费用分配表编制会计分录并填写记账凭证：分录为：（以上表为例）

借：生产成本——基本生产成本——甲产品　　100 854

　　　　　　　　　　　　　——乙产品　　132 358

　　　　　　　　　　　　　——丙产品　　27 835

　　　　——辅助生产成本——二车间　　54 788

	——三车间	23 214
制造费用——一车间		14 524
——二车间		12 547
——三车间		13 254
管理费用		8 000
贷：原材料		387 374

二、外购动力费用的归集与分配

外购动力费用是指企业为从外单位购入的电力、蒸汽等动力所支付的费用。

外购动力根据企业生产实际情况计入"生产成本""制造费用""管理费用"等。用于直接生产的可直接计入"生产成本"，对于无法直接计入"生产成本"的计入"制造费用"。

对于外购动力可以按照生产工时分配至各类产品成本。

举例：

某企业本月生产甲、乙两种产品，甲产品生产工时 1000 小时，乙产品生产工时 600 小时，基本生产车间用电总计 5000 千瓦时（该企业基本生产车间电力均为生产直接耗用且能直接计入生产成本），辅助生产车间总计用电 1000 千瓦时（该企业辅助车间电费计入制造费用科目核算），其中供水车间用电 600 千瓦时，运输车间用电 400 千瓦时。管理部门用电200 千瓦时。电费 1 元/千瓦时。

分析：

基本生产车间动力分配率=5000÷（1000+600）=3.125

甲产品直接承担的动力费用=1000×3.125=3125（元）

乙产品直接承担的动力费用=600×3.125=1875（元）

编制外购动力分配表：

外购动力费用分配表　　单位：元

应借科目			生产工时（小时）	分配率（单价）	金额
总账科目	明细科目	成本费用科目			
生产成本	基本生产成本	甲产品	1000	3.1250	3125.00
		乙产品	600	3.1250	1875.00
		小计			5000.00
	辅助生产成本	供水车间			
		运输车间			
制造费用		基本生产车间			
		供水车间			600.00
		运输车间			400.00
管理费用		电费			200.00
合计					6200.00

编制会计分录以填制记账凭证：

借：生产成本——基本生产成本——甲产品　　3 125

　　　——基本生产成本——乙产品　　1 875

　　制造费用——供水车间　　600

　　　　——运输车间　　400

　　管理费用——电费　　200

　贷：应付账款　　6 200

第三节 职工薪酬的归集与分配

职工薪酬是指企业在生产产品或提供劳务活动过程中所发生的各种直接和间接人工费用的总和。对于职工薪酬的分配，实务中通常有两种处理方法：一是按本月应付金额分配本月工资费用，这适用于各月份之间工资差别较大的情况；二是按本月支付工资金额分配本月工资费用，这适用于月份之间工资差别不大的情况。

一、职工薪酬的归集

生产人员薪酬一般采用计时工资或计件工资。计时工资，以考勤记录为依据；计件工资，以产量记录中的数量和质量记录为依据。此外，计时工资和计件工资以外的各种奖金、津贴、补贴等，按照有关规定计算。

工资结算和支付的凭证为工资结算单或工资单。工资结算单一般按车间、部门分别填制，样式如下表所示：

工资结算单

生产车间：一车间　　　　2018年3月　　　　单位：元

姓名	班组别	工资级别	月标准工资	日标准工资	计件工资	奖金	津贴和补贴		扣缺勤工资				合计
							工龄津贴	夜班津贴	病假		事假		
									天数	金额	天数	金额	
张明	1	6	2800			800	500	300	2	100	1	100	4200
李鑫	1	6	2800			1200	500	600					5100
孙正	1	2	2200			500	300						3000
张芳	1	1	2100			700	100		3	150			2750
刘金	2	4	2400			500	350	300					3550
丁克	2	2	2200			500	150				3	300	2550
吴宏	2	4	2400			500	350						3250
生产工人工资合计			16900			4700	2250	1200		250		400	24400
刘菲			5000			800	800	200					6800
孙辰			4000			800	600	200	1	100			5500
李娟			4000			800	900	200					5900

续表

姓名	班组别	工资级别	月标准工资	日标准工资	计件工资	奖金	津贴和补贴		扣缺勤工资				合计
							工龄津贴	夜班津贴	病假		事假		
									天数	金额	天数	金额	
车间管理人员工资合计			13000			2400	2300	600				100	18200

二、职工薪酬的分配

直接进行产品生产的生产工人的职工薪酬，直接计入产品成本的"直接人工"成本项目。

对于不能直接计入产品成本的直接生产人员薪酬，按工时、产品产量、产值比例等方式合理分配后，计入各有关产品成本的"直接人工"项目。

比例等方式合理分配后，计入各有关产品成本的"直接人工"项目。

如果按照工时来分配，计算公式如下：

工资费用分配率=该种产品生产工资总额÷各种产品生产工时之和

某种产品应分配的生产工资=该种产品生产工时×工资费用分配率

举例

某企业基本车间生产甲、乙两种产品，共发生薪酬费用600万元，甲产品生产工时为100小时，乙产品生产工时为200小时，按照生产工时比例分配：

分配率=600÷（100+200）=2

甲产品分配职工薪酬=2×100=200（万元）

乙产品分配职工薪酬=2×200=400（万元）

温馨提示：

如果难以取得各种产品的实际生产工时数据，但单件工时定额比较准确的情况下，也可按产品的定额工时比例分配职工薪酬，相应的计算公式如下：

某种产品耗用的定额工时=该种产品投产量×单位产品工时定额分配率

=各种产品生产工资总额÷各种产品定额工时之和

某种产品应分配的工资=该种产品定额工时×分配率

三、职工薪酬的账务处理

1. 根据工资结算单和确定好的标准编制职工薪酬分配表。职工薪酬分配表参考样式如下表所示（假设该企业基本车间人工费用均需要分配计入）：

职工薪酬费用分配表

应借科目			计时工资			
总账科目	明细科目	成本或费用项目	生产工时（小时）	分配率（元）	金额	合计
基本生产成本	甲产品	直接人工	125	15	1 875.00	1 875.00
	乙产品	直接人工	254	15	3 810.00	3 810.00
	丙产品	直接人工	111	15	1 665.00	1 665.00
	小计				7 350.00	7 350.00
辅助生产成本	二车间				4 647.00	4 647.00
	三车间				5 874.00	5 874.00
	小计				10 521.00	10 521.00
制造费用	一车间				4 544.00	4 544.00
	二车间				2 414.00	2 414.00
	三车间				2 142.00	2 142.00
	小计				9 100.00	9 100.00
合计					26 971.00	26 971.00

2. 编制分录以做记账凭证

借：生产成本——基本生产成本——甲产品　　1 875

　　　　　　　　　　　　　——乙产品　　3 810

　　　　　　　　　　　　　——丙产品　　1 665

　　生产成本——辅助生产成本——二车间　　4 647

　　　　　　　　　　　　　——三车间　　5 874

　　制造费用——一车间　　4 544

　　　　　　——二车间　　2 414

　　　　——三车间   2 142
　贷：应付职工薪酬   26 971

第四节 固定资产折旧费的账务处理

固定资产折旧是指在固定资产使用寿命内,按照确定的方法对应计折旧额进行系统分摊。使用寿命是指固定资产的预计寿命,或者该固定资产所能生产产品或提供劳务的数量。应计折旧额是指应计提折旧的固定资产的原价扣除其预计净残值后的金额。已计提减值准备的固定资产,还应扣除已计提的固定资产减值准备累计金额。

对于折旧的核算,我们可以每个月制作固定资产折旧费用计算表,并据以编制会计凭证。

固定资产折旧费用计算表可参考如下格式:

固定资产折旧费用计算表

部门	固定资产名称	原值	月折旧率	月折旧额
基本车间	设备	300 000	8‰	2 400
	房屋	500 000	2‰	1 000
供水车间	设备	100 000	8‰	800
	房屋	700 000	2‰	1 400
运输车间	设备	200 000	8‰	1 600
	房屋	100 000	2‰	200
管理部门	设备	50 000	8‰	400
	房屋	200 000	2‰	400
合计		2 150 000		8 200

以该表为例,假设该企业根据其业务特点,确定其基本生产车间固定资产折旧计入制造费用核算,辅助车间固定资产折旧直接计入辅助生产成本,分录如下:

借:制造费用　　　　　　　　　　　　　　　3 400

　　生产成本——辅助生产成本——供水车间　2 200

　　　　　　　　　　　　　　——运输车间　1 800

　　管理费用　　　　　　　　　　　　　　　800

　　贷:累计折旧　　　　　　　　　　　　　8 200

第三节 计划成本分配法

计划成本分配法是指按照计划成本将费用在各辅助生产车间进行分配和调整的一种方法。

计划成本分配法的特点是辅助车间为各受益单位提供的劳务，都按照劳务的计划单位成本进行分配，辅助生产车间实际发生的费用与按计划单位成本分配转出的费用之间的差额采用简化计算方法计入管理费用。该方法适用于辅助生产劳务计划单位成本比较准确的企业。

我们在第一节的例子上加以改动，作为计划成本分配法案例。

举例：

珠江公司设有一个基本生产车间和机修、供电两个辅助生产车间。2018年3月机修车间共发生费用60000元，共提供修理劳务250小时（其中包括为供电车间提供10小时，为基本车间提供210小时，为管理部门提供20小时，为销售部门提供10小时）；供电车间发生费用120000元，提供电力100000千瓦时（其中为机修车间提供20000千瓦时，为基本生产车间提供65000千瓦时，为管理部门提供10000千瓦时，为销售部门提供5000千瓦时），该企业假定机修车间每修理工时250元，供电车间每千瓦时电耗费1.18元，该公司采用计划分配法分配辅助费用。

生产费用分配表

2018年3月　　　　　　　数量单位：小时、千瓦时

珠江公司　　　　　　　　金额单位：元

项目			机修车间	供电车间	合计
计划单位成本			250	1.18	251.18
辅助生产费用	机修	耗用量		20 000	
		分配金额		23 600	23 600
	供电	耗用量	10		
		分配金额	2 500		2 500
制造费用	基本车间	耗用量	210	65 000	
		分配金额	52 500	76 700	129 200
管理费用		耗用量	20	10 000	
		分配金额	5 000	11 800	16 800

	耗用量	10	5 000	
销售费用	分配金额	2 500	5 900	8 400
按计划成本分配金额合计		62 500	118 000	180 500
辅助生产实际成本		83 600	122 500	206 100

需要注意的是"辅助实际生产成本"的计算：

60 000+23 600=83 600

120 000+2 500=122 500

对于上面的算式我们暂且可以这样记：本辅助车间待分配辅助生产费用+其他辅助车间按计划成本分配法分来的费用="辅助生产实际成本"。至于这个"辅助生产实际成本"的实质意义，初学者大可不必去深究。

或者我们也可以这样来理解，观察这张分配表，机修车间分走了62 500（从供电车间）分来了 23 600，"净分走"了 62 500-23 600=38 900，而其原本的待分配金额为 60 000，产生了差额 60000-38900=21100，这个差额处理比较麻烦，所以我们干脆把这个差额作为管理费用。

以下是分录：

借：生产成本——辅助生产成本 ——机修车间   23 600

　　　　　　　　　　　　　　——供电车间   2 500

　　制造费用——基本车间   129 200

　　管理费用   16 800

　　销售费用   8 400

　　贷：生产成本——辅助生产成本—— 机修车间   62 500

　　　　　　　　　　　　　　——供电车间   118 000

借：管理费用   25 600

　　贷：生产成本——辅助生产成本 ——机修车间   21 100

　　　　　　　　　　　　　　——供电车间   4 500

第四章 制造费用的归集和分配

企业应设置"制造费用"账户核算来核算制造费用。该账户应按不同的生产单位设立明细账。"制造费用"账户属于成本类账户，借方登记归集发生的制造费用，贷方反映制造费用的分配，月末无余额。

第一节 制造费用的归集

一、制造费用的内容

制造费用包括间接材料、间接人工、车间固定资产折旧、低值易耗品消耗、其他支出等。

1. 间接材料费

间接材料是指企业生产单位在生产过程中耗用的，但不能或无法归入某一特定产品的材料费用。如机器的润滑油、修理备件等。间接费用的归集一般可以根据"材料费用分配表"等原始记录进行。

2. 间接人工费用

间接人工费用是指企业生产单位中不直接参与产品生产的或其他不能归入直接人工的那些人工成本，如修理工人工资、管理人员工资等。

3. 折旧费

固定资产折旧费的归集是通过将按月编制的各车间、部门折旧计算明细表汇总编制整个企业的"折旧费用分配表"进行的。根据"折旧费用分配表"登记制造费用明细账和总账。

4. 低值易耗品费用

低值易耗品是指不作为固定资产核算的各种劳动手段，包括一般工具、专用工具、管理用具、劳动保护用品等。生产单位耗用的低值易耗品，由于其价值低或容易损坏，一般不用像固定资产那样严格计算其转移价值，而是采用比较简便的方法将其费用一次或分次转入产品成本。

5. 其他支出

企业生产单位的其他支出是指上述各项支出以外的支出，如水电费、差旅费、运输费、办公费、设计制图费、劳动保护费等。

二、制造费用的归集

登记制造费用明细账，可根据"材料费用分配表""外购动力费用分配表""职工薪酬分配表""低值易耗品费用分配表""固定资产折旧费用分配表""其他费用分配表""辅助生产费用分配表"等来填写（相关表格样式可参考第二章、第三章内容）。

下表是制造费用明细账示例：

基本生产车间制造费用明细账

月	日	摘要	人工费用	办公费	动力费	低值易耗品	折旧费	水电费	其他	合计	转出	余额
7	31	据工资分配表	700							700		
7	31	据材料费用分配表				255				255		
7	31	根据动力分配表			325					325		
7	31	根据折旧费分配表					5900			5900		
7	31	辅助生产成本转入							500	500		
7	31	合计	700		325		5900		500	7680		
7	31	结转									7680	0

第二节 制造费用的分配

制造费用，一般应先分配辅助生产的制造费用，将其计入辅助生产成本，然后再分配辅助生产费用，将其中应由基本生产负担的制造费用计入基本生产的制造费用，最后再分配基本生产的制造费用。

制造费用的分配方法很多，通常包括生产工人工时比例法，生产工人工资比例法，机器工时比例法等。分配方法一经确定，不得随意变更。

参考公式：

制造费用分配率=制造费用总额÷各产品分配标准之和（如产品生产总工时、生产工人工资总和、产品计划产量的定额工时总数等）

举例：

下面我们以生产工人工时比例分配法为例。

某企业生产甲、乙、丙三种产品，甲产品生产人工工时 30 小时，乙产品生产人工工时 10 小时，丙产品生产人工工时 20 小时，制造费用明细账如下：

单位：元

月	日	摘要	人工费用	办公费	动力费	低值易耗品	折旧费	水电费	其他	合计	转出	余额
7	31	据工资分配表	700							700		
7	31	据材料费用分配表								255		
7	31	根据动力分配表			325					325		
7	31	根据折旧费分配表					5900			5900		
7	31	辅助生产成本转入							500	500		
7	31	合计	700		325		5900		500	7680		
7	31	结转									7680	0

制造费用分配表

2018年7月31日

应借科目		生产工时	分配金额（分配率）
总账科目	明细科目	（小时）	（元）
基本生产成本	甲产品	30	2880.00
	乙产品	10	960.00
	丙产品	40	3840.00
合计		80	7680

分配率＝7680÷80＝96

甲产品分担：30×96＝2880（元）

乙产品分担：10×96＝960（元）

丙产品分担：40×96＝3840（元）

业务处理：

  借：生产成本——基本生产成本——甲产品　2 880

         ——乙产品　960

         ——丙产品　3 840

   贷：制造费用　　　　　　　7 680

机器工时比例法、生产工人工资比例法计算思路类似，不再举例。

第五章 生产费用在完工产品和在产品之间的归集和分配

（以约当产量法为例）

第一节 概述

产品的生产费用包括在产品成本和完工产品成本。月末，产品成本明细账按照成本项目归集了相应的生产费用后，为确定完工产品总成本和单位成本，还应将已经归集的产品成本在完工产品和月末在产品之间进行分配。

在产品指从原材料、外购物投入生产到制成成品出产前，存在于生产过程的各个阶段、各个环节上需要继续加工的产品，包括存在于车间之间的半成品和存在于车间内部的在制品（包括未经验收入库的产品和等待返修的废品）。

对于生产费用如何在完工产品与在产品之间分配，企业应当根据在产品的多少、各月在产品数量变化的大小、各项成本比重的大小，以及定额管理基础的好坏等具体条件，采用适当的分配方法进行分配。

常用的分配方法有：不计算在产品成本法、在产品按固定成本计价法、在产品按所耗直接材料成本计价法、约当产量比例法、在产品按定额成本计价法、定额比例法等。

第二节 按约当产量法分配生产费用

约当产量法是根据月末在产品盘点的数量用技术测定，定额工时消耗或凭借经验估计，确定它们的完工程度，再按完工程度，将在产品折合成产品的数量，然后将产品应计算的全部生产费用，按完工产品数量和在产品约当量进行计算，求出单位成本、完工产品成本和在产品成本的计算方法。

举例：

闽江公司 2018 年 7 月生产车间投入生产 500 件，完工 400 件，未完工 100 件。该车间原材料为投产时一次投料，而直接人工和制造费用是陆续发生，假定在产品完工比例 50%，以下是其本月成本相关资料。

月初在产品和本月发生的费用

2018年7月　　　　　　　　　　　　　单位：元

项目	直接材料	直接人工	制造费用	合计
月初在产品成本	7200	900	810	8910
本月发生费用	36000	9000	9900	54900
生产费用合计	43200	9900	10710	63810

由于原材料是投产时一次投料，所以对于直接材料而言，在产品与完工产品所占单位比重是一样的，因此不必计算约当产量。而直接人工与制造费用由于是陆续发生，在产品完工比例 50%，也就是说计算时一件在产品相当于半件产成品。

我们制作成本计算单：

成本计算单

2018年7月

甲产品　　　　　　　　　　　　　　　　　　　单位：元

项目	直接材料	直接人工	制造费用	合计
月初在产品成本	7200	900	810	8910
本月发生费用	36000	9000	9900	54900
生产费用合计	43200	9900	10710	63810
月末完工产品数量	400	400	400	
月末在产品约当产量	100	50	50	
分配率	86.4	22	23.8	
完工产品成本	34560	8800	9520	52880

根据成本计算单编制记账凭证，分录如下：

借：库存商品——甲产品　　　　　　　　52 880
　　贷：生产成本——基本生产成本——甲产品　52 880

第六章　成本管理的主要内容

一、成本管理的意义

1. 降低成本，为企业扩大再生产创造条件。

2. 增加企业利润，提高企业经济效益。

3. 帮助企业取得竞争优势，增强企业的竞争能力和抗压能力。

二、成本管理的目标

（一）总体目标

成本管理的总体目标服从于企业的整体经营目标。在竞争性经济环境中，成本管理系统的总体目标主要依据竞争战略而定。

成本领先战略中，成本管理的总体目标是追求成本水平的绝对降低；差异化战略中，成本管理的总体目标则是保证实现产品、服务等方面差异化的前提下，对产品全生命周期成本进行管理，实现成本的持续降低。

（二）具体目标

成本管理的具体目标是对总体目标的进一步细分，主要包括成本计算的目标和成本控制的目标。

成本计算的目标是为所有内、外部信息使用者提供成本信息。

成本控制的目标是降低成本水平。在竞争性经济环境中，成本目标因竞争战略的不同而有所差异。实施成本领先战略的企业中，成本控制的目标是在保证一定产品质量和服务的前提下，最大限度地降低企业内部成本，表现为对生产成本和经营费用的控制。实施差异化战略的企业中，成本控制的目标则是在保证企业实现差异化战略的前提下，降低产品全生命周期成本，实现持续性的成本节省，表现为对产品所处生命周期不同阶段发生成本的控制，如对研发成本、供应商成本和消费成本的重视和控制。

三、成本管理的具体内容

一般来说，成本管理具体包括成本规划、成本核算、成本控制、成本分析和成本考核五项内容。

（一）成本规划

成本规划是进行成本管理的第一步，主要是指成本管理的战略制定。它从总体上规划成本管理工作，并为具体的成本管理提供战略思路和总体要求。成本规划根据企业的竞争战略和所处的内外部环境制定。

（二）成本核算

成本核算分为财务成本的核算和管理成本的核算。财务成本核算采用历史成本计量，而管理成本核算既可以用历史成本又可以是现在成本或未来成本。

（三）成本控制

成本控制的原则主要有以下三方面：一是全面控制原则，即成本控制要全部、全员、全程控制。二是经济效益原则。提高经济效益不单单是依靠降低成本的绝对数，更重要的是实现相对的节约，以较少的消耗取得更多的成果，取得最佳的经济效益。三是例外管理原则。即成本控制要将注意力集中在非正常的例外事项上。

（四）成本分析

通过成本分析，可以深入了解成本变动的规律，寻求成本降低的途径，为有关人员进行成本规划和经营决策提供参考依据。

（五）成本考核

成本考核是定期对成本计划及有关指标实际完成情况进行总结和评价，对成本控制的效果进行评估。成本考核指标可以是财务指标，也可以是非财务指标。

第七章 量本利的分析与应用

一、量本利分析概述

（一）量本利分析的含义

量本利分析，也叫本量利分析，简称 CVP 分析，它是在成本性态分析和变动成本计算模式的基础上，通过研究企业在一定期间内的成本、业务量和利润三者之间的内在联系，揭示变量之间的内在规律性，为企业预测、决策、规划和业绩考评提供必要的财务信息的一种定量分析方法。

（二）量本利分析的基本假设

一般来说，量本利分析主要基于以下四个假设前提：

1.总成本由固定成本和变动成本两部分组成

该假设要求企业所发生的全部成本可以按其性态区分为变动成本和固定成本，并且变动成本总额与业务量成正比例变动，固定成本总额保持不变。在相关范围内，固定成本总额和单位变动成本通常是与业务量大小无关的。因此，按成本习性划分成本是量本利分析的基本前提条件。

2.销售收入与业务量呈完全线性关系

该假设要求销售收入必须随着业务量的变化而变化，两者之间应保持完全线性关系，因此，当销售量在相关范围内变化时，产品的单价不会发生变化。

3.产销平衡

假设当期产品的生产量与业务量相一致，不考虑存货水平变动对利润的影响。即假定每期生产的产品总量总是能在当期全部销售出去，产销平衡。假设产销平衡，主要是在保本分析时不考虑存货的影响。

4.产品产销结构稳定

假设同时生产销售多种产品的企业，其销售产品的品种结构不变。即在一个生产与销售多种产品的企业，以价值形式表现的产品的产销总量发生变化时，原来各产品的产销额在全部产品的产销额中所占的比重不会发生变化。这是因为在产销多种产品的情况下，保本点会受到多种产品贡献和产销结构的影响，只有在产销结构不变的基础上进行的保本分析才是有效的。

二、量本利分析的基本原理

1.量本利分析的基本关系式

利润＝销售收入－总成本

$$=销售量×单价-销售量×单位变动成本-固定成本$$
$$=销售量×（单价-单位变动成本）-固定成本$$

例如，M 公司生产一种产品，单价为 10 元，单位变动成本为 6 元，每月固定成本为 1200 元，本月正常销售量为 800 件，则利润＝800×（10－6）－1200＝200（元）

如果 M 公司下月的目标利润为 2400 元，在其他条件不变的情况下，应实现的目标销售量为：

目标销售量×（10－6）－1200＝2400 解得：目标销售量＝900（件）

2.边际贡献（边际利润、贡献毛益）

（1）形式

①边际贡献总额＝销售收入总额－变动成本总额

②单位边际贡献＝单价－单位变动成本

③边际贡献率＝边际贡献总额÷销售收入总额

$$=单位边际贡献÷单价$$
$$=1-变动成本率$$

其中：变动成本率＝变动成本总额÷销售收入总额

$$=单位变动成本÷单价$$

（2）边际贡献方程式

①利润＝边际贡献总额－固定成本

$$=销售量×单位边际贡献-固定成本$$
$$=销售收入×边际贡献率-固定成本$$

②边际贡献＝固定成本＋利润

该公式表明边际贡献的用途，首先用于回收固定成本，剩余部分形成企业利润。例如，M 公司生产一种产品，单价为 10 元，单位变动成本为 6 元，每月固定成本为 1200 元，本月正常销售量为 800 件，则：

单位边际贡献＝10－6＝4（元）

边际贡献率＝4÷10＝40%

变动成本率＝6÷10＝1－40%＝60%

边际贡献＝8000－4800＝800×4＝8000×40%＝3200（元）

利润＝3200－1200＝2000（元）

三、单一产品量本利分析

（一）保本分析

保本分析，又称盈亏临界分析，是研究当企业恰好处于保本状态时量本利关系的一种定量分析方法，是量本利分析的核心内容。

1. 保本点

保本点是指企业处于不盈不亏、利润为零时的业务量或金额。表示保本点的方法有三种：一是用实物数量来表示，即保本销售量；二是用货币金额来表示，即保本销售额；三是用相对数表示，即盈亏临界点作业率。

（1）保本销售量=固定成本总额÷（单价－单位变动成本）

=固定成本总额÷单位边际贡献

（2）保本销售额=保本销售量×单价

=固定成本总额÷（1-变动成本率）

=固定成本总额÷边际贡献率

（3）保本作业率=保本销售量÷正常销售量

=保本销售额÷正常销售额×100%

保本作业率表明企业保本的销售量在正常经营销售量中所占的比重。该指标可以提供企业在保本状态下对生产能力利用程度的要求。

企业经营管理者总是希望企业的保本点越低越好，保本点越低，企业的经营风险就越小。从保本点的计算公式可以看出，降低保本点的途径主要有三个：

（1）降低固定成本总额。在其他因素不变时，保本点的降低幅度与固定成本的降低幅度相同。

（2）降低单位变动成本。在其他因素不变时，可以通过降低单位变动成本降低保本点，但两者降低的幅度并不一致。

（3）提高销售单价。在其他因素不变时，可以通过提高单价来降低保本点，同降低单位变动成本一样，销售单价与保本点的变动幅度也不一致。

例如，M 公司生产一种产品，单价为 10 元，单位变动成本为 6 元，每月固定成本为 1200 元，本月正常销售量为 800 件，则：

保本点销售量＝1200÷（10－6）＝1200÷4＝300（件）

边际贡献率＝（10-6）÷10＝40%

保本点销售额＝300×10＝1200÷40%＝3000（元）

保本点作业率＝300÷800＝37.5%

（二）安全边际分析

保本点是企业经营成果允许下降的下限，作为经营者，总是希望企业在保本的基础上获取更大的利润。在企业经营活动开始前，根据企业的具体条件，通过分析制订出实现目标利润的销售数量（或销售金额），形成安全边际。

1. 安全边际

安全边际是指企业实际（或预计）销售额超过保本销售额的差额，表示销售额下降多少企业仍不至于亏损。表示安全边际的方法有三种：

一是用实物数量来表示，即安全边际量；二是用货币金额来表示，即安全边际额；三是用相对数来表示，即安全边际率。

（1）安全边际量＝实际（或预计）销售量－保本销售量

（2）安全边际额＝实际（或预计）销售收入－保本销售收入

（3）安全边际率＝安全边际量÷实际（或预计）销售量

＝安全边际额÷实际（或预计）销售收入×100%

2. 企业的正常销售量分成两部分

（1）保本点销售量创造的边际贡献为企业收回固定成本；

（2）安全边际量创造的边际贡献形成企业的利润。

3. 安全边际与利润的关系

利润＝销量×（单价－单位变动成本）－固定成本

＝销量×（单价－单位变动成本）－保本点销量×（单价－单位变动成本）

＝（销量－保本点销量）×（单价－单位变动成本）

＝安全边际量×单位边际贡献

＝安全边际额×边际贡献率

＝安全边际率×边际贡献

例如，M 公司生产一种产品，单价为 10 元，单位变动成本为 6 元，每月固定成本为 1200 元，本月正常销售量为 800 件，保本点销售量为 300 件，则：

安全边际量＝800－300＝500（件）

安全边际额＝8000－3000＝500×10＝5000（元）

安全边际率＝500÷800＝5000÷8000＝62.5%

利润＝500×4＝5000×40%＝62.5%×3200＝2000（元）

4. 安全边际与风险程度

一般来讲，安全边际体现了企业在生产经营中的风险程度大小。由于保本点是下限，所以，目标销售量（或销售金额）和实际销售量（或销售金额）二者与保本点销售量（或销售金额）差距越大，安全边际或安全边际率越大，反映出该企业经营风险越小；反之则相反。

通常采用安全边际率这一指标来评价企业经营是否安全。下表为安全边际率与评价企业经营安全程度的一般性标准，该标准可以作为企业评价经营安全与否的参考。

安全边际率	40%以上	30%～40%	20%～30%	10%～20%	10%以下
经营安全程度	很安全	安全	较安全	值得注意	危险

只有安全边际才能为企业提供利润,而保本销售额扣除变动成本后只为企业收回固定成本。安全边际销售额减去其自身变动成本后成为企业利润,即安全边际中的边际贡献等于企业利润。

(1) 息税前利润=边际贡献－固定成本

=单位边际贡献×正常销售量－单位边际贡献×盈亏临界点销售量

=单位边际贡献×(正常销售量－盈亏临界点销售量)

=单位边际贡献×安全边际量

(2) 息税前利润=边际贡献－固定成本

=边际贡献率×正常销售收入－边际贡献率×盈亏临界点销售收入

=边际贡献率×(正常销售收入－盈亏临界点销售收入)

=边际贡献率×安全边际额

(3) 销售(息税前)利润率=息税前利润÷正常销售收入

=边际贡献率×安全边际额÷正常销售收入

=边际贡献率×安全边际率

从上述关系式可以看出,要提高企业的销售利润率水平主要有两种途径:一是扩大现有销售水平,提高安全边际率;二是降低变动成本水平,提高边际贡献率。

四、多种产品量本利分析

进行多种产品保本分析的方法包括加权平均法、联合单位法、分算法、顺序法和主要产品法等。

(一)加权平均法

加权平均法是指在各种产品边际贡献的基础上,以各种产品的预计销售收入占总收入的比重为权数,确定企业加权平均的综合边际贡献率,进而分析多品种条件下量本利关系的一种方法。

采用加权平均法计算多种产品保本点销售额的关键,是根据各种产品的销售单价、单位变动成本和销售数量计算出一个加权平均的边际贡献率,然后根据固定成本总额和加权平均的边际贡献率计算出保本点销售额。其计算公式如下:

加权平均边际贡献率

=Σ(某种产品销售额-某种产品成本变动)÷Σ各种产品销售额×100%

综合保本销售额=固定成本总额÷加权平均边际贡献

某种产品保本销售额＝综合保本销售额×某种产品销售额÷Σ各种产品销售额

某种产品保本销售量＝某种产品保本销售额÷某种产品销售单价

（二）联合单位法

联合单位法是指在事先确定各种产品间产销实物量比例的基础上，将各种产品产销实物量的最小比例作为一个联合单位，确定每一联合单位的单价、单位变动成本，进行量本利分析的一种分析方法。

该方法将多种产品保本点的计算问题转换为单一产品保本点问题的计算。根据存在稳定比例关系的产销量比，可以计算出每一联合单位的联合单位边际贡献和联合单位变动成本，并以此计算整个企业的联合保本点销售量以及各产品的保本点销售量。

（三）分算法

分算法是指在一定的条件下，将全部固定成本按一定标准在各种产品之间进行合理分配，确定每种产品应补偿的固定成本数额，然后再对每一种产品按单一品种条件下的情况分别进行量本利分析的方法。

该方法的关键是要合理地进行固定成本的分配。在分配固定成本时，对于专属于某种产品的固定成本应直接计入产品成本；对于应由多种产品共同负担的公共性固定成本，则应选择适当的分配标准在各产品之间进行分配。鉴于固定成本需要由边际贡献来补偿，故按照各种产品的边际贡献比重分配固定成本的方法最为常见。

（四）顺序法

顺序法是指按照事先规定的品种顺序，依次用各种产品的边际贡献补偿整个企业的全部固定成本，直至全部由产品的边际贡献补偿完为止，从而完成量本利分析的一种方法。

（五）主要产品法

在企业产品品种较多的情况下，如果存在一种产品是主要产品，它提供的边际贡献占企业边际贡献总额的比重较大，代表了企业产品的主导方向，则可以按该主要品种的有关的资料进行量本利分析，视同于单一品种。确定主要品种应以边际贡献为标志，并只能选择一种主要产品。

五、利润敏感性分析

所谓利润敏感性分析就是研究量本利分析的假设前提中的诸因素发生微小变化时，对利润的影响方向和影响程度。

（一）各因素对利润的影响程度

各相关因素变化都会引起利润的变化，但其影响程度各不相同。反映各因素对利润敏感程度的指标为利润的敏感系数，其计算公式为：敏感系数=利润变动百分比/因素变动百分比。

（二）目标利润要求变化时允许各因素的升降幅度

当目标利润有所变化时，只有通过调整各因素现有水平才能达到目标利润变动的要求。因此，对各因素允许升降幅度的分析，实质上是各因素对利润影响程度分析的反向推算，在计算上表现为敏感系数的倒数。

变动因素	引起的利润变动额
销量	边际贡献变动额
单价	销售收入变动额
单位变动成本	－变动成本总额变动额
固定成本	－固定成本总额变动额

各因素敏感程度的排序：

（1）单价的敏感程度最高；

（2）盈利状态下，边际贡献＞固定成本，则：销量的敏感程度大于固定成本的敏感程度；

（3）销量和单位变动成本的敏感程度的高低取决于边际贡献率（变动成本率）的大小。

举例：

某公司生产和销售单一产品，该产品单位边际贡献为 2 元，2014 年销售量为 40 万件，利润为 50 万元。假设成本性态保持不变，则销售量的利润敏感系数是：

销售量的利润敏感系数＝边际贡献÷利润＝（40×2）÷50＝1.60

六、量本利分析在经营决策中的应用

量本利分析主要应用包括生产工艺设备的选择和新产品投产的选择。

（一）生产工艺设备的选择

通过计算成本无差别点来决策。

（二）生产工艺设备的选择——成本分界点法

1.成本分界点：两个备选方案预期成本相同情况下的业务量。

（1）存在条件：两个备选方案的固定成本总额和单位变动成本此消彼长。

（2）决策规则：若预计业务量水平超过成本分界点，则应选择固定成本较高、单位变动成本较低的方案（增量成本较少），但经营风险可能较大（保本点较高、经营杠杆较高）。

2.不同备选方案之间无差别的成本项目，属于决策无关成本，不纳入考虑范畴。

举例：

沿用前例的资料，假设该公司通过对产销量的估计决定采用新的生产线，并对原有的产品进行了研发，开发出新产品 A 和新产品 B。原有产品的产销量为 20000 件。企业面临投产决策，有以下三种方案可供选择：

方案一：投产新产品 A，A 产品将达到 9000 件的产销量，并使原有产品的产销量减少 20%；

方案二：投产新产品 B，B 产品将达到 4000 件的产销量，并使原有产品的产销量减少 15%；

方案三：A、B 两种新产品一起投产，由于相互之间的影响，产销将分别为 10000 件和 2000 件，并使原有产品的产销量减少 50%。

另外，投产新产品 B 还需要增加额外的辅助生产设备，这将导致每年的固定成本增加 10000 元。其他有关资料如下：

项目	原有产品	新产品 A	新产品 B
年销售量	20000	9000	4000
售价	50	60	75
单位变动成本	40	45	50
单位边际贡献	10	15	25
年固定成本	80000	—	10000

要求：为该企业选择应投产的产品。

『解析』

方案一的增量利润＝9000×15−20000×20%×10＝95000（元）

方案二的增量利润＝4000×25−20000×15%×10−10000＝60000（元）

方案三的增量利润＝10000×15+2000×25−20000×50%×10−10000＝90000（元）

由于方案一增加的利润最多，因此，企业应该选择方案一。

第八章 标准成本控制与分析

一、标准成本的分类

（一）标准成本的类型

类型	含义
理想标准成本	它是指在现有条件下所能达到的最优成本水平。
正常标准成本	它是指在正常情况下，企业经过努力可以达到的成本标准，这一标准考虑了生产过程中不可避免的损失、故障和偏差。
两者关系	通常来说，正常标准成本大于理想标准成本。理想标准成本要求异常严格，一般很难达到，而正常标准成本具有客观性、现实性、激励性等特点。

（二）标准成本的制定

内容	具体项目	制定方法
直接材料标准成本	材料价格标准	材料的价格标准通常采用企业编制的计划价格，它通常是以订货合同的价格为基础，并考虑到未来物价、供求等各种变动因素后按材料种类分别计算的。一般由财务部门和采购部门等共同制定
直接材料标准成本	材料用量标准	材料的用量标准是指在现有生产技术条件下，生产单位产品所需的材料数量，它包括构成产品实体的材料和有助于产品形成的材料，以及生产过程中必要的损耗和难以避免的损失所耗用的材料。材料的用量标准一般应根据科学的统计调查，以技术分析为基础计算确定

内容	具体项目	制定方法
制造费用标准成本	制造费用价格标准	制造费用价格标准，也就是制造费用的分配率标准。其计算公式为：制造费用分配率标准=标准制造费用总额÷标准总工时
制造费用标准成本	制造费用用量标准	制造费用用量标准就是工时用量标准，其含义与直接人工用量标准相同

内容	具体项目	制定方法
直接人工标准成本	直接人工价格标准	直接人工的价格标准就是工资率标准，通常由劳动工资部门根据用工情况制定，当采用计时工资时，工资率标准就是单位工时工资率标准，它是由标准工资总额除以标准总工时来计算的
	直接人工用量标准	直接人工用量标准，就是工时用量标准，它是指在现有的生产技术水平下，生产单位产品所耗用的必要的工作时间，包括对产品直接加工工时、必要的间歇或停工工时，以及不可避免的废次品所耗用的工时等，一般由生产技术部门、劳动工资部门等运用特定的技术测定方法和分析统计资料后确定

二、成本差异的分析与计算

（一）成本差异的含义

1. 成本差异

一定时期生产一定数量的产品所发生的实际成本与相关的标准成本之间的差额，即：

成本差异＝实际产量下实际成本（总额）－实际产量下标准成本（总额）

＝实际产量下实际成本－实际产量下标准用量×标准价格

2. 超支差异：实际成本＞标准成本，表现为正数。

3. 节约差异：实际成本＜标准成本，表现为负数。

（二）变动成本差异分析的基本公式——因素分析法（差额分析法）

1. 用量差异＝（实际产量下实际用量－实际产量下标准用量）×标准价格

＝（实际产量下实际用量－实际产量×用量标准）×标准价格

2. 价格差异＝实际产量下实际用量×（实际价格－标准价格）

＝实际产量下实际成本－实际产量下实际用量×标准价格

（三）直接材料成本差异的计算分析

1. 直接材料用量差异＝（实际用量－实际产量下标准用量）×标准价格

（1）有生产部门原因，也有非生产部门原因。

如产品设计结构、原料质量、工人的技术熟练程度、废品率的高低；

（2）责任需要通过具体分析才能确定，但主要往往应由生产部门承担。

2. 直接材料价格差异＝实际用量×（实际价格－标准价格）

＝实际材料成本－实际用量×标准价格

受各种主客观因素的影响，较为复杂，如市场价格、供货厂商、运输方式、采购批量等的变动；主要由采购部门承担责任。

举例：

甲公司采用标准成本制度核算产品成本。本月实际产量为 225 件产品，生产实际领用原材料 32000 千克，其实际成本为 20000 元。该产品直接材料的标准单价为 0.6 元/千克，标准消耗量为 200 千克/件，则：

直接材料实际产量下标准成本＝225×200×0.6＝27000（元）

直接材料成本差异＝20000－27000＝－7000（元）（节约）

直接材料用量差异＝（32000－225×200）×0.6＝－7800（元）（节约）

直接材料实际单价＝20000÷32000＝0.625（元/千克）

直接材料价格差异＝32000×（0.625－0.6）＝20000－32000×0.6＝800（元）（超支）

（四）直接人工成本差异的计算分析

1. 直接人工效率差异（用量差异）

＝（实际工时－实际产量下标准工时）×标准工资率

（1）形成原因是多方面的：工人技术状况、工作环境和设备条件的好坏等；

（2）主要责任在生产部门。

2. 直接人工工资率差异（价格差异）＝实际工时×（实际工资率－标准工资率）

＝实际工资总额－实际工时×标准工资率

（1）形成原因比较复杂，包括：工资制度的变动、工人的升降级、加班或临时工的增减等；

（2）责任一般不在生产部门，劳动人事部门更应对其承担责任。

续前例，甲公司本月实际产量为 225 件产品，生产该产品本月消耗实际工时 1500 小时，实际工资额为 12600 元，该产品直接人工的标准工资率为 8 元/小时，工时标准为 5 小时/件，则：

直接人工实际产量下标准成本＝225×5×8＝9000（元）

直接人工成本差异＝12600－9000＝3600（元）（超支）

直接人工效率差异＝（1500－225×5）×8＝3000（元）（超支）

直接人工实际工资率＝12600/1500＝8.4（元/小时）

直接人工工资率差异＝1500×（8.4－8）＝12600－1500×8＝600（元）（超支）

（五）变动制造费用成本差异的计算和分析

1. 变动制造费用效率差异（数量差异）

＝（实际工时－实际产量下标准工时）×变动制造费用标准分配率

形成原因：与直接人工效率差异的形成原因基本相同。

2. 变动制造费用耗费差异（价格差异）

＝实际工时×（变动制造费用实际分配率－变动制造费用标准分配率）

＝实际变动制造费用总额－实际工时×变动制造费用标准分配率

续前例，甲公司本月实际产量为 225 件产品，生产该产品本月消耗实际工时 1500 小时，实际变动制造费用发生额为 6450 元，该产品变动制造费用的标准分配率为 4 元/小时，工时标准为 5 小时／件，则：

变动制造费用实际产量下标准成本＝225×5×4＝4500（元）

变动制造费用成本差异＝6450－4500＝1950（元）（超支）

变动制造费用效率差异＝（1500－225×5）×4＝1500（元）（超支）

变动制造费用实际分配率＝6450÷1500＝4.3（元／小时）

变动制造费用耗费差异＝1500×（4.3－4）＝6450－1500×4＝450（元）（超支）

（六）固定制造费用成本差异的计算分析——实际成本、预算成本、标准成本之间的比较

1. 预算产量下标准固定制造费用 VS 实际产量下标准固定制造费用

（1）预算产量下标准固定制造费用（固定制造费用预算总额） 由：

固定制造费用标准分配率＝固定制造费用预算总额/预算产量下标准工时总额

可得：

固定制造费用预算总额（预算产量下标准固定制造费用）＝固定制造费用标准分配率×预算产量下标准工时

（2）实际产量下标准固定制造费用（固定制造费用标准成本）

＝固定制造费用标准分配率×实际产量下标准工时

（3）固定制造费用标准成本通常小于固定制造费用预算总额，其原因在于实际产量下标准工时未能达到预算产量下标准工时。二者的差异称为能量差异：

固定制造费用能量差异

＝固定制造费用预算总额－固定制造费用标准成本

＝预算产量下标准固定制造费用－实际产量下标准固定制造费用

＝固定制造费用标准分配率×（预算产量下标准工时－实际产量下标准工时）

2. 两差异（耗费差异＋能量差异）分析法

固定制造费用差异＝固定制造费用实际成本－固定制造费用标准成本

＝（固定制造费用实际成本－固定制造费用预算总额）＋（固定制造费用预算总额－固定制造费用标准成本）

＝耗费差异＋能量差异

3.三差异（耗费差异＋产量差异＋效率差异）分析法——将能量差异中的效率因素分解出来

能量差异＝固定制造费用标准分配率×（预算产量下标准工时－实际产量下标准工时）

＝固定制造费用标准分配率×［（预算产量下标准工时－实际产量下实际工时）＋（实际产量下实际工时－实际产量下标准工时）］

＝固定制造费用标准分配率×（预算产量下标准工时－实际产量下实际工时）＋ 固定制造费用标准分配率×（实际产量下实际工时－实际产量下标准工时）

＝产量差异＋效率差异

续前例，甲公司本月预算产量为 304 件产品，实际产量为 225 件产品，生产该产品本月消耗实际工时 1500 小时，实际固定制造费用发生额为 1020 元，该产品固定制造费用的标准分配率为 1 元/小时，工时标准为 5 小时/件，则：

预算产量下标准工时＝304×5＝1520（工时）

预算产量下标准固定制造费用（固定制造费用预算）＝1520×1＝1520（元）

实际产量下标准固定制造费用（固定制造费用标准成本）＝225×5×1＝1125（元）

固定制造费用成本差异＝1020－1125＝－105（元）（节约）

两差异法下：

固定制造费用耗费差异＝1020－1520＝－500（元）

固定制造费用能量差异＝1520－1125＝（1520－225×5）×1＝395（元）

三差异法下：

固定制造费用耗费差异＝1020－1520＝－500（元）

固定制造费用产量差异＝（1520－1500）×1＝20（元）

固定制造费用效率差异＝（1500－225×5）×1＝375（元）

第二部分

财务报表

第九章 财务报表编制

第一节 认识财务报表

一、财务报表及其目标

财务报表又称为财务会计报告,是指企业对外提供的反映企业某一特定日期的财务状况和某一会计期间的经营成果、现金流量等会计信息的文件。

企业至少应当按年编制财务报表。年度财务报表涵盖的期间短于一年的,应当披露年度财务报表的涵盖期间、短于一年的原因以及报表数据不具可比性的事实。

财务报告的目标是向财务报告使用者(包括投资者、债权人、政府及其有关部门和社会公众等)提供与企业财务状况、经营成果和现金流量等有关的会计信息,反映企业管理层受托责任履行情况,有助于财务会计报告使用者作出经济决策。

二、财务报表组成

一套完整的财务报表至少包括资产负债表、利润表、现金流量表、所有者权益变动表(或股东权益变动表)和财务报表附注。

资产负债表是反映企业一定日期财务状况的财务报表,通过分析资产负债表,可以了解企业资产的总额、资产的来源等。

利润表是反映企业一定时期的经营成果的会计报表,通过分析利润表,可以了解企业一定时期的盈亏状况。

现金流量表是反映企业一定会计期间经营活动、投资活动和筹资活动产生的现金流入流出情况的会计报表,通过分析现金流量表,可以了解企业的收益质量、偿债能力、支付能力等。

所有者权益变动表是反映构成所有者权益的各组成部分当期的增减变动情况。

财务报表附注是对在资产负债表、利润表、现金流量表和所有者权益变动表等报表中列示项目的文字描述或明细资料,以及对未能在这些报表中列示的项目的说明等。

三、各种财务报表格式

1. 资产负债表

我国的资产负债表采用账户式结构，格式如下：

资产负债表

年　　月　　日　　　　　　　　　　　　　　　　　　会企01表

编制单位　　　　　　　　　　　　　　　　　　　　　　　单位：元

资　产	期初数	期末数	负债及所有者权益	期初数	期末数
流动资产：			**流动负债：**		
货币资金			短期借款		
库存现金			交易性金融负债		
银行存款			衍生金融负债		
其他货币资金			应付票据及应付账款		
交易性金融资产			预收款项		
衍生金融资产			合同负债		
应收票据及应收账款			应付职工薪酬		
预付账款			应交税费		
其他应收款			其他应付款		
存货			持有待售负债		
合同资产			一年内到期的非流动负债		
持有待售资产			其他流动负债		
一年内到期的非流动资产			**流动负债合计**		
其他流动资产			**非流动负债：**		
流动资产合计			长期借款		
非流动资产：			应付债券		
债权投资			长期应付款		
其他债权投资			专项应付款		
长期应收款			预计负债		
长期股权投资			递延收益		
其他权益工具投资			递延所得税负债		
投资性房地产			其他非流动负债		
其他非流动金融资产			**非流动负债合计**		
固定资产			**负债合计**		
减：累计折旧			**股东权益（所有者权益）**		
固定资产净值			股本（实收资本）		
在建工程			其他权益工具		
			资本公积		
生产性生物资产			减：库存股		
油气资产			其他综合收益		
无形资产			专项储备		
开发支出			盈余公积		
商誉			未分配利润		
长期待摊费用			其中：本年利润		
递延所得税资产			**股东权益合计**		
其他非流动资产					
非流动资产合计					
资产合计			**负债及所有者权益合计**		

单位负责人：　　　　会计主管：　　　　复核：　　　　制表：

2.利润表

我国的利润表采用多步式结构,格式如下:

利润表

编制单位：　　　　　　　　　　年　月　　　　　　　　　　单位：万元

项目	本年金额	上年金额
一、营业收入		
减：营业成本		
税金及附加		
销售费用		
管理费用		
财务费用		
加：其他收益		
投资收益（损失以"-"填列）		
净敞口套期收益		
公允价值变动收益（损失以"-"填列）		
信用减值损失		
资产减值损失		
资产处置收益		
二、营业利润		
加：营业外收入		
减：营业外支出		
三、利润总额		
减：所得税费用		
四、净利润（净亏损以"-"填列）		

3.现金流量表

我国企业的现金流量表采用报告式结构，格式如下：

现金流量表

编制单位：　　　　　　　　年　月　　　　　　　　　单位：元

项　目	本期金额	上期金额
一、经营活动产生的现金流量		
销售商品、提供劳务收到的现金		
收到的税费返还		
收到的其他与经营活动有关的现金		
经营活动现金流入小计		
购买商品、接受劳务支付的现金		
支付给职工以及为职工支付的现金		
支付的各项税费		
支付其他与经营活动有关的现金		
经营活动现金流出小计		
经营活动产生的现金流量净额		
二、投资活动产生的现金流量		
收回投资收到的现金		
取得投资受益收到的现金		
处置固定资产、无形资产和其他长期资产收回的现金		
处置子公司及其他营业单位收到的现金		
收到其他与投资活动有关的现金		
投资活动现金流入小计		
购建固定资产、无形资产和其他长期资产支付的现金		
投资支付的现金		
取得子公司及其他营业单位支付的现金		
支付其他与经营活动有关的现金		
投资活动现金流出小计		
投资活动产生的现金流量净额		
三、筹资活动产生的现金流量		
吸收投资收到的现金		
取得借款收到的现金		
收到其他与筹资活动有关的现金		
筹资活动现金流入小计		
偿还债务支付的现金		
分配股利、利润或偿付利息支付的现金		
支付其他与筹资活动有关的现金		
筹资活动现金流出小计		
筹资活动产生的现金流量净额		
四、汇率变动对现金及现金等价物的影响		
五、现金及现金等价物净增加额		
加：期初现金及现金等价物		
六、期末现金及现金等价物余额		

4.所有者权益变动表

所有者权益变动表以矩阵的形式列示，格式如下：

所有者权益变动表

编制单位　　　　　　　　　　年度　　　　　　　　　　单位：元

项目	本年金额							上年金额						
	实收资本（或股本）	资本公积	减：库存股	其他综合收益	盈余公积	未分配利润	所有者权益合计	实收资本（或股本）	资本公积	减：库存股	其他综合收益	盈余公积	未分配利润	所有者权益合计
一、上年年末余额														
加：会计政策变更														
前期差错更正														
二、本年年初余额														
三、本年增减变动金额（减少以"－"填列）														
（一）综合收益总额														
（二）所有者投入和减少资本														
1.所有者投入资本														
2.股份支付计入所有者权益的金额														
3.其他														
（三）利润分配														
1.提取盈余公积														
2.对所有者（或股东）的分配														
3.其他														
（四）所有者权益内部结转														
1.资本公积转增资本（或股本）														
2.盈余公积转增资本（或股本）														
3.盈余公积弥补亏损														

4.其他													
四、本年年末余额													

5.附注

如果按照各项会计准则规定披露的信息不足以让报表使用者了解特定交易或事项对企业财务状况和经营成果的影响时，企业还应当披露其他的必要信息。企业不应以附注披露代替确认和计量，不恰当的确认和计量也不能通过充分披露相关会计政策而纠正。

附注也是财务报表的组成部分，企业应在附注中披露以下内容：

（1）企业的基本情况。

（2）财务报表的编制基础。

（3）遵循企业会计准则的声明。

（4）重要会计政策和会计估计。

（5）会计政策和会计估计变更以及差错更正的说明。

（6）报表重要项目的说明。

（7）或有和承诺事项、资产负债表日后非调整事项、关联方关系及其交易等需要说明的事项。

（8）有助于财务报表使用者评价企业管理资本的目标、政策及程序的信息。

第二节 资产负债表

一、资产负债表的概念

资产负债表是指反映企业在某一特定日期的财务状况的报表。该表反映了企业资产、负债、所有者权益方面的内容,并满足会计基本等式"资产=负债+所有者权益"。

资产:反映由过去的交易或事项形成并由企业在某一特定日期所拥有或控制的,预期会给企业带来经济利益的资源。

负债:反映在某一特定日期企业所承担的、预期会导致经济利益流出企业的现时义务。

所有者权益:是指企业资产扣除负债后的剩余权益,反映企业在某一特定日期投资者拥有的净资产。

二、资产负债表的编制原则

根据企业会计准则,资产和负债应当分为流动资产和非流动资产、流动负债和非流动负债列示。

资产满足下列条件之一的,应当归类为流动资产:

1. 预计在一个正常营业周期中变现、出售或耗用。
2. 主要为交易目的而持有。
3. 预计在资产负债表日起一年内变现。
4. 自资产负债表日起一年内,交换其他资产或清偿负债的能力不受限制的现金或现金等价物。

正常营业周期,是指企业从购买用于加工的资产起至实现现金或现金等价物的期间。正常营业周期通常短于一年。因生产周期较长等导致正常营业周期长于一年的,尽管相关资产往往超过一年才变现、出售或耗用,仍应当划分为流动资产。正常营业周期不能确定的,应当以一年(12个月)作为正常营业周期。

流动资产以外的资产应当归类为非流动资产,并应按其性质分类列示。被划分为持有待售的非流动资产应当归类为流动资产。

负债满足下列条件之一的,应当归类为流动负债:

1. 预计在一个正常营业周期中清偿。
2. 主要为交易目的而持有。
3. 自资产负债表日起一年内到期应予以清偿。
4. 企业无权自主地将清偿推迟至资产负债表日后一年以上。负债在其对手方选择的情况下可通过发行权益进行清偿的条款与负债的流动性划分无关。

企业对资产和负债进行流动性分类时,应当采用相同的正常营业周期。企业正常营业周期中的经营性负债项目即使在资产负债表日后超过一年才予清偿的，仍应当划分为流动负债。经营性负债项目包括应付账款、应付职工薪酬等，这些项目属于企业正常营业周期中使用的营运资金的一部分。

流动负债以外的负债应当归类为非流动负债，并应当按其性质分类列示。被划分为持有待售的非流动负债应当归类为流动负债。

需要注意的是，对于在资产负债表日起一年内到期的负债，企业有意图且有能力自主地将清偿义务展期至资产负债表日后一年以上的，应当归类为非流动负债；不能自主地将清偿义务展期的，即使在资产负债表日后、财务报告批准报出日前签订了重新安排清偿计划协议，该项负债仍应当归类为流动负债。

企业在资产负债表日或之前违反了长期借款协议，导致贷款人可随时要求清偿的负债，应当归类为流动负债。

贷款人在资产负债表日或之前同意提供在资产负债表日后一年以上的宽限期，在此期限内企业能够改正违约行为，且贷款人不能要求随时清偿的，该项负债应当归类为非流动负债。

三、资产负债表的编制

在报表中进行分别列示的内容项目，我们把它们称为"报表项目"。

很多"报表项目"与"会计科目"的叫法是一样的，但是我们需要清楚，即使名称是一样的，它们的含义也未必完全一样，我们需要准确区分。

（一）资产负债表项目的填列方法

1. 根据总账科目余额直接填列。如"以公允价值计量且其变动计入当期损益的金融资产""短期借款""应付票据"项目等根据总账中各账户直接填列即可。

2. 根据总账科目的余额计算填列。如"货币资金"项目，根据总账"库存现金""银行存款""其他货币资金"合计数填列。

3. 根据明细账科目和总账科目分析计算填列。如"应付账款"项目，需要根据"应付账款"和"预付账款"明细账贷方余额计算填列。

4. 根据总账科目和明细账科目余额分析计算填列。如"长期借款"项目，需要根据"长期借款"总账科目扣除"长期借款"所属的明细科目中将一年内到期且企业不能自主地将清偿义务延期的长期借款后的金额填列。

5. 根据有关科目余额减去其备抵科目余额后的净额填列。如"固定资产"项目需要根据"固定资产"科目减去"累计折旧""固定资产减值准备"来填列。

6. 综合运用上述方法分析填列。如"存货"项目，需要根据"原材料""委托加工物资""周转材料""材料采购""在途物资""发出商品""生产成本""材料成本差异"等总账科目余额汇总数,减去"存货跌价准备"后的净额填列。

(二)资产负债表项目具体填列说明

资产类项目

1."货币资金"项目,反映企业库存现金、银行存款、其他货币资金等的合计数。本项目应根据"现金""银行存款""其他货币资金"科目的期末余额合计填列。

2."以公允价值计量且其变动计入当期损益的金融资产"项目,反映企业持有的以公允价值计量且其变动计入当期损益的为交易目的所持有的债券投资、股票投资、基金投资、权证投资等金融资产。本项目根据"交易性金融资产"科目和在初始确认时指定为以公允价值计量且其变动计入当期损益的金融资产科目的期末余额填列。

3."应收票据"项目,反映企业收到的商业票据,包括商业承兑汇票和银行承兑汇票。本项目应根据"应收票据"科目减去相对应的坏账准备后的净额填列。

4."应收股利",反映企业因股权投资而应收取的现金股利,企业应收其他单位的利润,也包括在本项目内。本项目应根据期末"应收股利"减去对应的坏账准备后的净额填列。

5."应收利息"项目,反映企业因债权投资而应收取的利息。企业购入到期还本付息债券应收的利息,不包括在本项目内。本项目应根据"应收利息"科目减去相对应的坏账准备后的净额填列。

6."应收账款"项目,反映企业因销售商品、产品和提供劳务等应向购买单位收取的各种款项,减去已计提的坏账准备后的净额。本项目应根据"应收账款"科目所属和明细科目的期末借方余额合计,减去"坏账准备"科目中有关应收账款计提的坏帐准备期末余额后的净额填列。如"应收账款"科目所属明细科目期末有贷方余额,应在本表"预收账款"项目内填列。

7."其他应收款"项目,反映企业对其他单位和个人的除应收票据、应收账款、预付账款、应收股利、应收利息等经营活动以外的其他应收和暂付的款项。本项目应根据期末"其他应收款"科目减去对应的坏账准备的净额填列。

8."预付款项"项目,反映企业预付给供应单位的款项。本项目应根据"预付账款"科目所属有关明细科目期末借方余额合计填列。如"预付账款"科目所属明细科目有贷方余额的,应在本表"应付账款"项目内填列。如"应付账款"科目所属明细科目有借方余额的,也应包括在本项目内。

9."存货"项目,反映企业期末在库、在途和在加工中的各项存货的可变现净值,包括各种材料、商品、在产品、半成品、包装物、低值易耗品、分期收款发出商品、委托代销商品等。本项目应根据"物资采购""原材料""周转材料""库存商品""生产成本"等科目的期末余额合计,减去"存货跌价准备"科目期末余额后的金额填列。

10."一年内到期的非流动资产"项目,反映企业将于一年内到期的非流动资产项目金额。本项目应根据有关科目的期末余额分析填列,如一年内到期的持有至到期投资。

11."其他流动资产"项目,反映企业除以上流动资产项目外的其他流动资产,本项目应根据有关科目的期末余额填列。

12."长期股权投资"项目,反映企业对被投资单位实施控制、重大影响的权益性投资,以及对其合营企业的权益性投资。本项目应根据"长期股权投资"科目减去"长期股权投资减值准备"余额后的净额填列。

13."固定资产"项目,反映企业的各种固定资产账面价值。该项目应根据"固定资产"科目扣除"累计折旧"科目和"固定资产减值准备"科目的期末净额填列。

14."工程物资"项目,反映企业各项工程尚未使用的工程物资的实际成本。本项目应根据"工程物资"科目的期末余额填列。

15."在建工程"项目,反映企业期末各项未完工程的实际支出,包括交付安装的设备价值,未完建筑安装工程已经耗用的材料、工资和费用支出等项目的可收回金额。本项目应根据"在建工程"科目的期末余额,减去"在建工程减值准备"科目期末余额后的金额填列。

16."固定资产清理"项目,反映企业因出售、毁损、报废等转入清理但尚未清理完毕的固定资产的账面价值,以及固定资产清理过程中所发生的清理费用和变价收入等各项金额的差额。本项目应根据"固定资产清理"科目的期末借方余额填到;如"固定资产清理"科目期末为贷方余额,以"-"号填列。

17."无形资产"项目,本项目应根据"无形资产"科目的期末余额,减去"累计摊销""无形资产减值准备"科目期末余额后的净额填列。

18."开发支出"项目,反映开发无形资产过程中能够资本化的支出部分。本项目应根据"研发支出"科目中所属的"资本化支出"明细科目期末余额填列。

19."长期待摊费用"项目,反映企业尚未摊销的期限在一年以上(不含一年)的各种费用,本项目应根据"长期待摊费用"科目的期末余额减去一年内(含一年)摊销的数额后的金额填列。

20."其他非流动资产"项目,反映企业除长期股权投资、固定资产、在建工程、工程物资、无形资产等以外的其他非流动资产。本项目应根据有关科目的期末余额填列。

负债类项目

21."短期借款"项目,反映企业向银行或其他金融机构借入的尚未归还的一年期以下(含一年)的借款。本项目应根据"短期借款"科目的期末余额填列。

22."应付票据"项目,反映企业为了购买材料、商品和接受劳务货等而开出、承兑的尚未到期付款的应付票据,包括银行承兑汇票和商业承兑汇票。本项目应根据"应付票据"科目的期末余额填列。

23."应付账款"项目，反映企业购买原材料、商品和接受劳务供应等而应付给供应单位的款项。本项目应根据"应付账款"科目所属各明细科目的期末贷方余额合计填列；如"应付账款"科目所属各明细科目期末有借方余额，应在本表"预付账款"项目内填列。

24."预收账款"项目，反映企业预收购买单位的账款。本项目应根据"预收账款"科目所属各有关明细科目的期末贷方余额合计填列。如"预收账款"科目所属有关明细科目有借方余额的，应在本表"应收账款"项目内填列；如"应收账款"科目所属明细科目有贷方余额的，也应包括在本项目内。

25."应付职工薪酬"项目，反映企业为获得职工提供的服务或解除劳动关系而给予的各种形式的报酬或补偿。企业提供给职工配偶、子女、受赡养人、已故员工遗属及其他受益人等的福利，也属于职工薪酬。职工薪酬主要包括短期薪酬、离职后福利、辞退福利和其他长期职工福利。

26."应付股利"项目，反映企业尚未支付的现金股利或利润。本项目应根据"应付股利"科目的期末余额填列。

27."应交税费"项目，反映企业按照税法规定计算应缴纳的各种税费，包括增值税、消费税、所得税、资源税、土地增值税、城市维护建设税、房产税、土地使用税、车船税、教育费附加、矿产资源补偿费等。企业所缴纳的税金不需要预计应交数的，如印花税、耕地占用税等，不在本项目列示。如"应交税费"科目期末为借方余额,以"-"号填列。

28."其他应付款"项目，反映企业除应付票据、应付账款、预收账款应付职工薪酬、应付股利、应付利息、应交税费等经营活动以外的其他单位和个人的款项。本项目应根据"其他应付款"科目的期末余额填列。

29."长期借款"项目，反映企业借入尚未归还的一年期以上（不含一年）的借款。本项目应根据"长期借款"科目的期末余额填列。

30."应付债券"项目，反映企业发行的尚未偿还的各种长期债券的本息。本项目应根据"应付债券"科目的期末余额填列。

31."其他非流动负债"项目，反映企业除长期借款、应付债券等项目以外的其他长期负债。本项目应根据有关科目的期末余额填列。如其他长期负债价值较大的，应在会计报表附注中披露其内容和金额。

上述长期负债项目中将于一年内（含一年）到期的长期负债，应在"一年内到期的长期负债"项目内单独反映。上述长期负债各项目均应根据有关科目期末余额扣除将于一年内（含一年）到期偿还数后的余额填列。

所有者权益项目

32."实收资本(股本)"项目,反映企业各投资者实际投入的股本总额。本项目应根据"实收资本"(或"股本")科目的期末余额的填列。

33."资本公积"项目,反映企业资本公积的期末余额。本项目应根据"资本公积"科目的期末余额填列。

34."其他综合收益"项目,反映企业其他综合收益的期末余额。本项目应根据"其他综合收益"科目的期末余额填列。

35."盈余公积"项目,反映企业盈余公积的期末余额。本项目应根据"盈余公积"科目的期末余额填列。

36."未分配利润"项目,反映企业尚未分配的利润。本项目应根据"本年利润"科目和"列润分配"科目的余额计算填列。未弥补的亏损,在本项目内以"-"号反映。

第三节 利润表

一、利润表的概念

利润表也称损益表，是反映企业一定会计期间的经营成果的报表。它可以反映企业在一定会计期间收入、费用、利润的数额及构成情况。

二、利润表的编制原理

我国的利润表为多步式利润表，主要步骤如下：

第一步，以营业收入为基础，减去营业成本、税金及附加、销售费用、管理费用、财务费用、资产减值损失，再加上公允价值变动收益和投资收益和其他收益，计算除营业利润。

第二步，在营业利润基础上，加上营业外收入，减去营业外支出，计算出利润总额。

第三步，利润总额减去所得税费用，计算出净利润。

第四步，在净利润基础上计算每股收益。

第五步，以净利润和其他综合收益为基础，计算综合收益。

三、利润表的编制

利润表填列说明：

1．"营业收入"项目，反映企业经营主要业务和其他业务所确认的收入总额。本项目应根据"主营业务收入"和"其他业务收入"科目的发生额分析填列。

2．"营业成本"项目，反映企业经营主要业务和其他业务所发生的成本总额。本项目应根据"主营业务成本"和"其他业务成本"科目的发生额分析填列。

3．"税金及附加"项目，反映企业经营业务应负担的消费税、城市维护建设税、资源税、土地增值税、教育费附加、房产税、土地使用税、车船使用税、印花税等相关税费。本项目应根据"税金及附加"科目的发生额分析填列。

4．"销售费用"项目，反映企业在销售商品过程中发生的包装费、广告费等费用和为销售本企业商品而专设的销售机构的职工薪酬、业务费等经营费用。本项目应根据"销售费用"科目的发生额分析填列。

5．"管理费用"项目，反映企业为组织和管理生产经营发生的管理费用。本项目应根据"管理费用"科目的发生额分析填列。

6．"财务费用"项目，反映企业筹集生产经营所需资金等而发生的筹资费用以及银行收取的手续费等。本项目应根据"财务费用"科目的发生额分析填列。

7．"资产减值损失"项目，反映企业各项资产发生的减值损失。本项目应根据"资产减值损失"科目发生额分析填列。

8．"公允价值变动收益"项目，反映企业应当计入当期损益的资产或负债公允价值变动收益。本项目应根据"公允价值变动损益"科目的发生额分析填列，如为净损失，本项目以"-"号填列。

9."投资收益"项目，反映企业以各种方式对外投资所取得的收益。本项目应根据"投资收益"科目的发生额分析填列。如为投资损失，本项目用"-"号填列。

10."其他收益"项目，反映收到的与企业日常活动相关的计入当期收益的政府补助。本项目应根据"其他收益"科目发生额分析填列。

11."营业利润"项目，反映企业实现的营业利润。如为亏损，本项目以"-"号填列。

12."营业外收入"项目，反映企业发生的与经营业务无直接关系的各项收入。本项目应根据"营业外收入"科目的发生额分析填列。

13."营业外支出"项目，反映企业发生的与经营业务无直接关系的各项支出。本项目应根据"营业外支出"科目的发生额分析填列。

14."利润总额"项目，反映企业实现的利润。如为亏损，本项目以"-"号填列。

15."所得税费用"项目，反映企业应从当期利润总额中扣除的所得税费用。本项目应根据"所得税费用"科目的发生额分析填列。

16."净利润"项目，反映企业实现的净利润。如为亏损，本项目以"-"号填列。

17."每股收益"项目，包括基本每股收益和稀释每股收益两项指标，反映普通股或潜在普通股已公开交易的企业，以及正在公开发行普通股或潜在普通股过程中的企业的每股收益信息。

18."其他综合收益税后净额"项目，反映企业根据企业会计准则规定未在损益中确认的各项利得和损失扣除所得税影响后的净额。

19."综合收益总额"项目，反映企业净利润与其他综合收益的合计金额。

20."每股收益"项目，包括基本每股收益和稀释每股收益俩项指标，反映普通股或潜在普通股已公开交易的企业，以及正处在公开发行普通股或潜在普通股过程中的企业的每股收益信息。

第四节 所有者权益变动表

一、所有者权益变动表概念

所有者权益变动表是指反映所有者权益各组成部分当期增减变动情况的报表。所有者权益变动表应当反映构成所有者权益的各组成部分当期的增减变动情况。综合收益和与所有者（或股东，下同）的资本交易导致的所有者权益的变动，应当分别列示。

与所有者的资本交易，是指企业与所有者以其所有者身份进行的、导致企业所有者权益变动的交易。

所有者权益变动表至少应当单独列示反映下列信息的项目：

1. 综合收益总额，在合并所有者权益变动表中还应单独列示归属于母公司所有者的综合收益总额和归属于少数股东的综合收益总额；
2. 会计政策变更和前期差错更正的累积影响金额；
3. 所有者投入资本和向所有者分配利润等；
4. 按照规定提取的盈余公积；
5. 所有者权益各组成部分的期初和期末余额及其调节情况。

二、所有者权益变动表的编制原则

所有者权益变动表各项目均需填列"本年金额"和"上年金额"两栏。所有者权益变动表"上年金额"栏内各项数字，应根据上年度所有者权益变动表"本年金额"内所列数字填列。上年度所有者权益变动表规定的各个项目的名称和内容同本年度不一致的，应对上年度所有者权益变动表各项目的名称和数字按照本年度的规定进行调整，填入所有者权益变动表的"上年金额"栏内。

所有者权益变动表"本年金额"栏内各项数字一般应根据"实收资本（或股本）""资本公积""其他综合收益""盈余公积""利润分配""库存股""以前年度损益调整"科目的发生额分析填列。

三、所有者权益变动表的编制

所有者权益变动表各项目的列报说明：

1. "上年年末余额"项目

反映企业上年资产负债表中实收资本（或股本）、资本公积、库存股、其他综合收益、盈余公积、未分配利润的年末余额。

2. "会计政策变更"和"前期差错更正"项目

分别反映企业采用追溯调整法处理的会计政策变更的累计影响金额和采用追溯重述法处理的会计差错更正的累积影响金额。

3."本年增减变动额"项目

（1）"综合收益总额"项目，反映净利润和其他综合收益扣除所得税影响后净额相加后的合计金额。

（2）"所有者投入和减少资本"项目，反映企业当年所有者投入的资本和减少的资本。

①"所有者投入资本"项目，反映企业接受投资者投入形成的实收资本（或股本）和资本溢价或股本溢价。

②"股份支付计入所有者权益的金额"项目，反映企业处于等待期中的权益结算的股份支付当年计入资本公积的金额。

（3）"利润分配"项目，反映企业当年的利润分配金额。

（4）"所有者权益内部结转"项目，反映企业构成所有者权益的组成部分之间的增减变动情况。

①"资本公积转增资本（或股本）"项目，反映企业以资本公积转增资本或股本的金额。

②"盈余公积转增资本（或股本）"项目，反映企业以盈余公积转增资本或股本的金额。

③"盈余公积弥补亏损"项目，反映企业以盈余公积弥补亏损的金额。

第五节 现金流量表

一、现金流量表概念

现金流量表是反映企业在一定会计期间现金和现金等价物流入和流出的报表。这里的现金是指企业库存现金以及可以随时用于支付的存款，包括库存现金、银行存款和其他货币资金（如外埠存款、银行汇票存款、银行本票存款等）。不能随时用于支付的存款不属于现金。

现金等价物是指企业持有的期限短、流动性强、易于转换为已知现金、价值变动风险很小的投资。期限短，一般是指三个月内到期。需要注意的是，权益性投资不属于现金等价物。

现金流量是指一定会计期间内企业现金和现金等价物的流入和流出。现金和现金等价物之间的转换（如从银行提取现金等）不属于现金流量。

二、企业现金流量的分类

（一）经营活动产生的现金流量

经营活动的范围很广，它包括了除投资活动和筹资活动以外的所有交易和事项。

对于工商企业而言，经营活动主要包括：销售商品、提供劳务、购买商品、接受劳务、支付税费等。

（二）投资活动产生的现金流量

投资活动是指企业长期资产的购建和不包括在现金等价物范围内的投资及其处置活动。其中，长期资产是指固定资产、无形资产、在建工程、其他资产等持有期限在一年或一个营业周期以上的资产。

一般来说，投资活动产生的现金流入项目主要有：收回投资所收到的现金，取得投资收益所收到的现金，处置固定资产、无形资产和其他长期资产所收回的现金净额，收到的其他与投资活动有关的现金；投资活动产生的现金流出项目主要有：购建固定资产、无形资产和其他长期资产所支付的现金，投资所支付的现金，支付的其他与投资活动有关的现金。

（三）筹资活动产生的现金流量

筹资活动是指导致企业资本及债务规模和构成发生变化的活动。

一般来说，筹资活动产生的现金流入项目主要有：吸收投资所收到的现金，取得借款所收到的现金，收到的其他与筹资活动有关的现金；筹资活动产生的现金流出项目主要有：偿还债务所支付的现金，分配股利、利润或偿付利息所支付的现金，支付的其他与筹资活动有关的现金。

三、现金流量表填写说明

（一）经营活动的现金流量

1. 销售商品、提供劳务收到的现金（企业因销售商品、提供劳务而实际收到的价款及销项税额）=本期销售商品、提供劳务本期收现+前期销售商品、提供劳务本期收现+本期预收的款项-因商品退货造成的本期付现额+收回以前的坏账。

2. 收到的税费返还（企业收到返还的所得税、增值税、营业税、消费税、关税和教育费附加等各种税费返还款）。

3. 收到其他与经营活动有关的现金。所有属于经营活动范畴，但不属于以上内容的现金流入均在此列示。如罚款收入、流动资产损失中由个人赔偿的现金收入、经营租赁收到的现金等。

4. 购买商品、接受劳务支付的现金（企业因购买商品、接受劳务而在本期支付的价款及进项税额）=本期购入商品、接受劳务本期付现额+前期购入商品、接受劳务本期付现额+本期预付款项-本期发生的因购货退回收到的现金。

5. 支付给职工以及为职工支付的现金（包括企业为职工所支付的各种现金）。

注意 不包括：

（1）支付的离退休人员的各项费用（此内容应计入经营活动中的其他支付项）；

（2）支付给在建工程人员的现金（此内容应计入投资活动中的购建固定资产项）。

6. 支付的各项税费（不包括本期退回的增值税、所得税）。

7. 支付的其他与经营活动有关的现金。所有属于经营活动范畴但不属于上述内容的现金流出均在此列示。如罚款支出、支付的差旅费、业务招待费、保险费以及经营租赁支付的现金等。

（二）投资活动的现金流量

1. 收回投资所收到的现金=出售、转让或到期收回除现金等价物以外的交易性金融资产+处置长期股权投资收到的现金+收回持有至到期投资本金而收到的现金。不包括持有至到期投资收回的利息和处置子公司及其他营业单位收到的现金。

2. 取得投资收益所收到的现金（企业因股权性投资及债权性投资而取得的现金股利、利息，以及从子公司、联营企业和合营企业分回利润而收到的现金）。

3. 处置固定资产、无形资产和其他长期资产收回的现金净额，反映企业处置固定资产、无形资产和其他长期资产所取得的现金（包括因资产毁损而收到的保险赔偿收入），扣除为处置这些资产而支付的有关费用后的净额。

4.处置子公司及其他营业单位收到的现金净额。

5.收到其他与投资活动有关的现金。

6.购建固定资产、无形资产和其他长期资产所支付的现金(反映企业购建固定资产,取得无形资产和其他长期资产所支付的现金)。

注意不包括:

(1)购建固定资产而发生的借款利息资本化的部分(应计入筹资活动中"分配股利、利润或偿付利息支付的现金"项);

(2)融资租入固定资产支付的租赁费(应计入筹资活动中"支付其他与筹资活动有关的现金"项);

(3)企业以分期付款方式购建固定资产各期支付的现金(列入筹资活动中"支付其他与筹资活动有关的现金"项)。

7.投资支付的现金,反映企业进行权益性投资和债权投资支付的现金,包括企业取得的除现金等价物以外的短期股票投资、短期债券投资、长期股权投资、持有至到期投资、可供出售金融资产而支付的现金,以及支付的佣金,手续费等附加费用。

8.取得子公司及其他营业单位支付的现金净额。

9.支付其他与投资活动有关的现金。

(三)筹资活动的现金流量

1.吸收投资收到的现金,反映企业收到的投资者投入的现金,包括以发行股票、债券等方式筹集资金实际收到的款项净额(发行收入减去支付的佣金等发行费用后的净额)。

 *温馨提示:*

由企业直接支付的审计、咨询等费用,在"支付其他与筹资活动有关的现金"项目中反映,不能从这里扣除。

2.取得借款收到的现金。

3.收到的其他与筹资活动有关的现金。

4.偿还债务支付的现金,反映企业以现金偿还债务的本金。

5.分配股利、利润或偿付利息支付的现金。

6.支付其他与筹资活动有关的现金,如捐赠现金支出。

第六节　附注

附注是对在资产负债表、利润表、现金流量表和所有者权益变动表等报表中列示项目的文字描述或明细资料，以及对未能在这些报表中列示项目的说明等。

附注应当披露财务报表的编制基础，相关信息应当与资产负债表、利润表、现金流量表和所有者权益变动表等报表中列示的项目相互参照。

附注一般应当按照下列顺序至少披露：

（一）企业的基本情况

1. 企业注册地、组织形式和总部地址。
2. 企业的业务性质和主要经营活动。
3. 母公司以及集团最终母公司的名称。
4. 财务报告的批准报出者和财务报告批准报出日，或者以签字人及其签字日期为准。
5. 营业期限有限的企业，还应当披露有关其营业期限的信息。

（二）财务报表的编制基础

（三）遵循企业会计准则的声明

企业应当声明编制的财务报表符合企业会计准则的要求，真实、完整地反映了企业的财务状况、经营成果和现金流量等有关信息。

（四）重要会计政策和会计估计

重要会计政策的说明，包括财务报表项目的计量基础和在运用会计政策过程中所做的重要判断等。重要会计估计的说明，包括可能导致下一个会计期间内资产、负债账面价值重大调整的会计估计的确定依据等。

企业应当披露采用的重要会计政策和会计估计，并结合企业的具体实际披露其重要会计政策的确定依据和财务报表项目的计量基础，以及会计估计所采用的关键假设和不确定因素。

（五）会计政策和会计估计变更以及差错更正的说明

企业应当按照《企业会计准则第 28 号——会计政策、会计估计变更和差错更正》的规定，披露会计政策和会计估计变更以及差错更正的情况。

（六）报表重要项目的说明

企业应当按照资产负债表、利润表、现金流量表、所有者权益变动表及其项目列示的顺序，对报表重要项目的说明采用文字和数字描述相结合的方式进行披露。报表重要项目的明细金额合计，应当与报表项目金额相衔接。

企业应当在附注中披露费用按照性质分类的利润表补充资料，可将费用分为耗用的原材料、职工薪酬费用、折旧费用、摊销费用等。

（七）或有和承诺事项、资产负债表日后非调整事项、关联方关系及其交易等需要说明的事项

（八）有助于财务报表使用者评价企业管理资本的目标、政策及程序的信息

企业应当在附注中披露下列关于其他综合收益各项目的信息：

1. 其他综合收益各项目及其所得税影响；
2. 其他综合收益各项目原计入其他综合收益、当期转出计入当期损益的金额；
3. 其他综合收益各项目的期初和期末余额及其调节情况。

企业应当在附注中披露终止经营的收入、费用、利润总额、所得税费用和净利润，以及归属于母公司所有者的终止经营利润。

终止经营，是指满足下列条件之一的已被企业处置或被企业划归为持有待售的、在经营和编制财务报表时能够单独区分的组成部分：

1. 该组成部分代表一项独立的主要业务或一个主要经营地区。
2. 该组成部分是拟对一项独立的主要业务或一个主要经营地区进行处置计划的一部分。
3. 该组成部分是仅仅为了再出售而取得的子公司。

同时满足下列条件的企业组成部分（或非流动资产，下同）应当确认为持有待售：该组成部分必须在其当前状况下仅根据出售此类组成部分的惯常条款即可立即出售；企业已经就处置该组成部分作出决议，如按规定需得到股东批准的，应当已经取得股东大会或相应权力机构的批准；企业已经与受让方签订了不可撤销的转让协议；该项转让将在一年内完成。

企业应当在附注中披露在资产负债表日后、财务报告批准报出日前提议或宣布发放的股利总额和每股股利金额（或向投资者分配的利润总额）。

第十章 财务报表分析

第一节 财务分析与评价的主要内容与方法

一、财务分析的意义和内容

财务分析是根据企业财务报表等信息资料，采用专门方法，系统分析和评价企业财务状况、经营成果以及未来发展趋势的过程。

财务分析以企业财务报告及其他相关资料为主要依据，对企业的财务状况和经营成果进行评价和剖析，反映企业在运营过程中的利弊得失和发展趋势，从而为改进企业财务管理工作和优化经济决策提供重要财务信息。

（一）财务分析的意义

财务分析对不同的信息使用者具有不同的意义。具体来说，财务分析的意义主要体现在如下方面：

1.可以判断企业的财务实力。通过对资产负债表和利润表有关资料进行分析，计算相关指标，可以了解企业的资产结构和负债水平是否合理，从而判断企业的偿债能力、营运能力及获利能力等财务实力，揭示企业在财务状况方面可能存在的问题。

2.可以评价和考核企业的经营业绩，揭示财务活动存在的问题。通过指标的计算、分析和比较，能够评价和考核企业的盈利能力和资产周转状况，揭示其经营管理的各个方面和各个环节问题，找出差距，得出分析结论。

可以挖掘企业潜力，寻求提高企业经营管理水平和经济效益的途径。企业进行财务分析的目的不仅仅是发现问题，更重要的是分析问题和解决问题。通过财务分析，应保持和进一步发挥生产经营管理中成功的经验，对存在的问题应提出解决的策略和措施，以达到扬长避短、提高经营管理水平的经济效益的目的。

3.可以评价企业的发展趋势。通过各种财务分析，可以判断企业的发展趋势，预测其生产经营的前景及偿债能力，从而为企业领导层进行生产经营决策、投资者进行投资决策和债权人进行信贷决策提供重要的依据，避免因决策错误给其带来重大的损失。

（二）财务分析的内容

财务分析信息的需求者主要包括企业所有者、企业债权人、企业经营决策者和政府等。不同主体出于不同的利益考虑，对财务分析信息有着各自不同的要求。

1.企业所有者作为投资人，关心其资本的保值和增值状况，因此较为重视企业获利能力指标，主要进行企业盈利能力分析。

2.企业债权人因不能参与企业剩余收益分享，首先关注的是其投资的安全性，因此更重视企业偿债能力指标,主要进行企业偿债能力分析,同时也关注使企业盈利能力分析。

3.企业经营决策者必须对企业经营理财的各个方面,包括运营能力、偿债能力、获利能力及发展能力的全部信息予以详尽地了解和掌握,主要进行各方面综合分析,并关注企业财务风险和经营风险。

4.政府兼具多重身份,既是宏观经济管理者,又是国有企业的所有者和重要的市场参与者,因此政府对企业财务分析的关注点因所具身份不同而异。

尽管不同企业的经营状况、经营规模、经营特点不同,作为运用价值形式进行的财务分析,归纳起来其分析的内容不外乎偿债能力分析、营运能力分析、获利能力分析、发展能力分析和综合能力分析五个方面。

二、财务分析的方法

(一)比较分析法

比较分析法,是通过对比两期或连续数期财务报告中的相同指标,确定其增减变动的方向、数额和幅度,来说明企业财务状况或经营成果变动趋势的一种方法。采用这种方法,可以分析引起变化的主要原因、变动的性质,并预测企业未来的发展趋势。

比较分析法的具体运用主要有重要财务指标的比较、会计报表的比较和会计报表项目构成的比较三种方式。

1.重要财务指标的比较

这种方法是指将不同时期财务报告中的相同指标或比率进行纵向比较,直接观察其增减变动情况及变动幅度,考察其发展趋势,预测其发展前景。不同时期财务指标的比较主要有以下两种方法:

(1)定基动态比率,是以某一时期的数额为固定的基期数额而计算出来的动态比率。其计算公式为:

定基动态比率 = 分析期数额 ÷ 固定基期数额 × 100%

(2)环比动态比率,是以每一分析期的数据与上期数据相比较计算出来的动态比率。其计算公式为:

环比动态比率 = 分析期数额 ÷ 前期数额 × 100%

2.会计报表的比较

这是指将连续数期的会计报表的金额并列起来,比较各指标不同期间的增减变动金额和幅度,据以判断企业财务状况和经营成果发展变化的一种方法。具体包括资产负债表比较、利润表比较和现金流量表比较等。

3.会计报表项目构成的比较

这种方法是在会计报表比较的基础上发展而来的,是以会计报表中的某个总体指标作为 100%,再计算出各组成项目占该总体指标的百分比,从而比较各个项目百分比的增减变动,以此来判断有关财务活动的变化趋势。

采用比较分析法时,应当注意以下问题:(1) 用于对比的各个时期的指标,其计算口径必须保持一致;(2) 应剔除偶发性项目的影响,使分析所利用的数据能反映正常的生产经营状况;(3) 应运用例外原则对某项有显著变动的指标作重点分析,研究其产生的原因,以便采取对策,趋利避害。

(二) 比率分析法

比率分析法是通过计算各种比率指标来确定财务活动变动程度的方法。比率指标的类型主要有构成比率、效率比率和相关比率三类。

1.构成比率

构成比率又称结构比率,是某项财务指标的各组成部分数值占总体数值的百分比,反映部分与总体的关系。利用构成比率,可以考察总体中某个部分的形成和安排是否合理,以便协调各项财务活动。其计算公式为:

构成比率=某个组成部分的数值÷总体数值×100%

比如,企业资产中流动资产、固定资产和无形资产占资产总额的百分比(资产构成比率),企业负债中流动负债和长期负债占负债总额的百分比(负债构成比率)等。利用构成比率,可以考察总体中某个部分的形成和安排是否合理,以便协调各项财务活动。

2.效率比率

效率比率,是某项财务活动中所费与所得的比率,反映投入与产出的关系。利用效率比率指标,可以进行得失比较,考察经营成果,评价经济效益。

比如,将利润项目与销售成本、销售收入、资本金等项目加以对比,可以计算出成本利润率、销售利润率和资本金利润率指标,从不同角度观察比较企业获利能力的高低及其增减变化情况。

3.相关比率

相关比率,是以某个项目和与其有关但又不同的项目加以对比所得的比率,反映有关经济活动的相互关系。利用相关比率指标,可以考察企业相互关联的业务安排得是否合理,以保障经营活动顺畅进行。

比如,将流动资产与流动负债进行对比,计算出流动比率,可以判断企业的短期偿债能力,将负债总额与资产总额进行对比,可以判断企业长期偿债能力。

采用比率分析法时,应当注意以下几点:(1) 对比项目的相关性;(2) 对比口径的一致性;(3) 衡量标准的科学性。

(三)因素分析法

因素分析法是依据分析指标与其影响因素的关系,从数量上确定各因素对分析指标影响方向和影响程度的一种方法。

因素分析法具体有两种:连环替代法和差额分析法。

1. 连环替代法

连环替代法,是将分析指标分解为各个可以计量的因素,并根据各个因素之间的依存关系,顺次用各因素的比较值(通常为实际值)替代基准值(通常为标准值或计划值),据以测定各因素对分析指标的影响。

例:某企业 2018 年 10 月某种原材料费用的实际数是 4 620 元,而其计划数是 4 000 元。实际比计划增加 620 元。由于原材料费用是由产品产量、单位产品材料消耗量和材料单价三个因素的乘积组成,因此就可以把材料费用这一总指标分解为三个因素,然后逐个来分析它们对材料费用总额的影响程度。现假设这三个因素的数值如下表所示。

项 目	单位	计划数	实际数
产品产量	件	100	110
单位产品材料消耗量	千克	8	7
材料单价	元	5	6
材料费用总额	元	4 000	4 620

根据上述资料,材料费用总额实际数较计划数增加 620 元。运用连环替代法,可以计算各因素变动对材料费用总额的影响。

计划指标:　　100×8×5 = 4 000(元)　　　　　　　　　　①
第一次替代:　110×8×5 = 4 400(元)　　　　　　　　　　②
第二次替代:　110×7×5 = 3 850(元)　　　　　　　　　　③
第三次替代:　110×7×6 = 4 620(元)　　　　　　　　　　④
实际指标:

②－① = 4 400－4 000 = 400(元)　　　　　　　　产量增加的影响

③－② ＝ 3 850－4 400 ＝ －550(元)　　　　　材料节约的影响
④－③ ＝ 4 620－3 850 ＝ 770(元)　　　　　价格提高的影响
400－550＋770 ＝ 620(元)　　　　　　　　　全部因素的影响

2. 差额分析法

差额分析法是连环替代法的一种简化形式，是利用各个因素的比较值与基准值之间的差额，来计算各因素对分析指标的影响。

仍用上例表中的资料。可采用差额分析法计算确定各因素变动对材料费用的影响。

由于产量增加对财务费用的影响为：$(110-100) \times 8 \times 5 = 400$（元）

由于材料消耗节约对材料费用的影响为：$(7-8) \times 110 \times 5 = -550$（元）

由于价格提高对材料费用的影响为：$(6-5) \times 110 \times 7 = 770$（元）

采用因素分析法时，必须注意以下问题：

(1) 因素分解的关联性。构成经济指标的因素，必须是客观上存在着的因果关系，要能够反映形成该项指标差异的内在构成原因，否则就失去了应用价值。

(2) 因素替代的顺序性。确定替代因素时，必须根据各因素的依存关系，遵循一定的顺序并依次替代，不可随意加以颠倒，否则就会得出不同的计算结果。

(3) 顺序替代的顺序性。因素分析法在计算每一因素变动的影响时，都是在前一次计算的基础上进行，并采用连环比较的方法确定因素变化影响结果。

(4) 计算结果的假定性。由于因素分析法计算的各因素变动的影响数，会因替代顺序不同而有差别，因而计算结果不免带有假定性，即它不可能使每个因素计算的结果，都达到绝对的准确。为此，分析时应力求使这种假定合乎逻辑，具有实际经济意义。这样，计算结果的假定性，才不至于妨碍分析的有效性。

三、财务分析的局限性

财务分析对于了解企业的财务状况和经营成绩，评价企业的偿债能力和经营能力，帮助制定经济决策，有着显著的作用。但由于种种因素的影响，财务分析也存在着一定的局限性。在分析中，应注意这些局限性的影响，以保证分析结果的正确性。

(一) 资料来源的局限性

1. 报表数据的时效性问题

财务报表中的数据，均是企业过去经济活动的结果和总结，用于预测未来发展趋势，只有参考价值，并非绝对合理。

2. 报表数据的真实性问题

在企业形成其财务报表之前,信息提供者往往对信息使用者所关注的财务状况以及对信息的偏好进行仔细分析与研究,并尽力满足信息使用者对企业财务状况和经营成果信息的期望。其结果极有可能使信息使用者所看到的报表信息与企业实际状况相距甚远,从而误导信息使用者的决策。

3.报表数据的可靠性问题

财务报表虽然是按照会计准则编制的,但不一定能准确地反映企业的客观实际。例如:报表数据未按通货膨胀进行调整;某些资产以成本计价,并不代表其现在真实价值;许多支出在记账时存在灵活性,既可以作为当期费用,也可以作为资本项目在以后年度摊销;很多资产以估计值入账,但未必正确;偶然事件可能歪曲本期的损益,不能反映盈利的正常水平。

4.报表数据的可比性问题

根据会计准则的规定,不同的企业或同一个企业的不同时期都可以根据情况采用不同的会计政策和会计处理方法,使得报表上的数据在企业不同时期和不同企业之间的对比在很多时候失去意义。

5.报表数据的完整性问题

由于报表本身的原因,其提供的数据是有限的。对报表使用者来说,可能不少需要的信息在报表或附注中根本找不到。

(二) 财务分析方法的局限性

对于比较分析法来说,在实际操作时,比较的双方必须具备可比性才有意义。对于比率分析法来说,比率分析是针对单个指标进行分析,综合程度较低,在某些情况下无法得出令人满意的结论;比率指标的计算一般都是建立在以历史数据为基础的财务报表之上的,这使比率指标提供的信息与决策之间的相关性大打折扣。对于因素分析法来说,在计算各因素对综合经济指标的影响额时,主观假定各因素的变化顺序而且规定每次只有一个因素发生变化,这些假定往往与事实不符。并且,无论何种分析法均是对过去经济事项的反映。随着环境的变化,这些比较标准也会发生变化。而在分析时,分析者往往只注重数据的比较,而忽略经营环境的变化,这样得出的分析结论也是不全面的。

(三) 财务分析指标的局限性

1.财务指标体系不严密

每一个财务指标只能反映企业的财务状况或经营状况的某一方面,每一类指标都过分强调本身所反映的方面,导致整个指标体系不严密。

2.财务指标所反映的情况具有相对性

在判断某个具体财务指标是好还是坏，或根据一系列指标形成对企业的综合判断时，必须注意财务指标本身所反映情况的相对性。因此，在利用财务指标进行分析时，必须掌握好对财务指标的"信任度"。

3.财务指标的评价标准不统一

比如，对流动比率，人们一般认为指标值为 2 比较合理，速动比率则认为 1 比较合适，但许多成功企业的流动比率都低于 2，不同行业的速动比率也有很大差别，如采用大量现金销售的企业，几乎没有应收账款，速动比率大大低于 1 是很正常的。相反，一些应收账款较多的企业，速动比率可能要大于 1。因此，在不同企业之间用财务指标进行评价时没有一个统一标准，不便于不同行业间的对比。

4.财务指标的计算口径不一致

比如，对反映企业营运能力指标，分母的计算可用年末数，也可用平均数，而平均数的计算又有不同的方法，这些都会导致计算结果不一样，不利于评价比较。

四、财务评价

财务评价，是对企业财务状况和经营情况进行的总结、考核和评价。它以企业的财务报表和其他财务分析资料为依据，注重对企业财务分析指标的综合考核。

财务综合评价的方法有很多，包括杜邦分析法、沃尔评分法等。目前我国企业经营绩效评价主要使用的是功效系数法。功效系数法又叫功效函数法，它根据多目标规划原理，对每一项评价指标确定一个满意值和不允许值，以满意值为上限，以不允许值为下限，计算各指标实现满意值的程度，并以此确定各指标的分数，再经过加权平均进行综合，从而评价被研究对象的综合状况。

运用功效系数法进行经营业绩综合评价的一般步骤包括：选择业绩评价指标，确定各项业绩评价指标的标准值，确定各项业绩评价指标的权数，计算各类业绩评价指标得分，计算经营业绩综合评价分数，得出经营业绩综合评价分级。在这一过程中，正确选择评价指标特别重要。一般来说，指标选择要根据评价目的和要求，考虑分析评价的全面性、综合性。2002年财政部等五部委联合发布了《企业绩效评价操作细则(修订)》。我国企业多数执行或参照执行该操作细则。需要指出的是，《企业绩效评价操作细则(修订)》中提到的绩效评价体系，既包括财务评价指标，又包括非财务指标，避免了单纯从财务方面评价绩效的片面性。

运用科学的财务绩效评价手段，实施财务绩效综合评价，不仅可以真实反映企业经营绩效状况，判断企业的财务改善水平，而且有利于适时揭示财务风险，引导企业持续、快速、健康的发展。

第二节　基本的财务报表分析

财务报表分析，又称财务分析，是通过收集、整理企业财务会计报告中的有关数据，并结合其他有关补充信息，对企业的财务状况、经营成果和现金流量情况进行综合比较和评价，为财务会计报告使用者提供管理决策和控制依据的一项管理工作。

香雪公司2018年度资产负债表、利润表、现金流量表、所有者权益变动表如下：

资产负债表

编制单位：香雪公司　　　　　2017 年 12 月 31 日　　　　　　　单位：万元

资产	期末余额	年初余额	负债和所有者权益	期末余额	年初余额
流动资产：			流动负债：		
货币资金	44	25	短期借款	60	45
以公允价值计量且其变动计入当期损益的金融资产	6	12	以公允价值计量且其变动计入当期损益的金融资产	28	10
应收票据	14	11	应付票据	5	4
应收账款	398	199	应付账款	100	109
预付款项	22	4	预收款项	10	4
应收利息			应付职工薪酬	2	1
应收股利			应交税费	5	4
其他应收款	12	22	应付利息	12	16
存货	119	326	应付股利		
一年内到期的非流动资产	77	11	其他应付款	25	22
其他流动资产	8		一年内到期的非流动负债		

续表

资产	期末余额	年初余额	负债和所有者权益	期末余额	年初余额
流动资产合计	700	610	其他流动负债	53	5
非流动资产			流动负债合计	300	220
长期应收款		45	非流动负债		
长期股权投资	30		长期借款	450	245
投资性房地产			应付债券	240	260
固定资产	1238	955	长期应付款	50	60
在建工程	18	35	专项应付款		
工程物资			预计负债		
固定资产清理		12	递延收益		
生产性生物资产			递延所得税负债		
油气资产			其他非流动负债		15
无形资产	6	8	非流动负债合计	740	580
开发支出			负债合计	1040	800
商誉			所有者权益：		
长期待摊费用	5	15	实收资本	100	100
递延所得税资产			资本公积	10	10
			减：库存股		
			其他综合收益		
其他流动资产	3		盈余公积	60	40

续表

资产	期末余额	年初余额	负债和所有者权益	期末余额	年初余额
非流动资产合计	1300	1070	未分配利润	790	730
			所有者权益合计	960	880
资产总计	2000	1680	负债和所有者权益总计	2000	1680

利润表

编制单位：香雪公司　　　　2017年12月　　　　单位：万元

项目	本年金额	上年金额
一、营业收入	3000	2850
减：营业成本	2644	2503
税金及附加	28	28
销售费用	22	20
管理费用	46	40
财务费用	110	96
资产减值损失		
加：公允价值变动收益（损失以"-"填列）		
投资收益	6	
其中：对联营企业和合营企业的投资收益		
其他收益		
二、营业利润	156	163
加：营业外收入	45	72
其中：非流动资产处置利得		
减：营业外支出	1	
其中：非流动资产处置损失		

续表

项目	本年金额	上年金额
三、利润总额	200	235
减：所得税费用	64	75
四、净利润（净亏损以"-"填列）	136	160

现金流量表

编制单位：香雪公司　　　　2017年12月　　　　单位：万元

项目	本月金额	上期金额
一、经营活动产生的现金流量		
销售商品、提供劳务收到的现金	2810	
收到的税费返还		
收到的其他与经营活动有关的现金	10	
经营活动现金流入小计	2820	
购买商品、接受劳务支付的现金	2363	
支付给职工以及为职工支付的现金	29	
支付的各项税费	91	
支付其他与经营活动有关的现金	14	
经营活动现金现金流出小计	2497	
经营活动产生的现金流量净额	323	
二、投资活动产生的现金流量		
收回投资收到的现金	4	
取得投资收益收到的现金	6	
处置固定资产、无形资产和其他长期资产收回的现金净额	12	
处置子公司及其他营业单位收到的现金净额		

续表

项目	本月金额	上期金额
收到其他与投资活动有关的资金		
投资活动现金流入小计	22	
购建固定资产、无形资产和其他长期资产支付的现金	369	
投资支付的现金	30	
取得子公司及其他营业单位支付的现金净额		
支付其他与投资活动有关的现金		
投资活动现金流出小计	399	
投资活动产生的现金流量净额	-377	
三、筹资活动产生的现金流量		
吸收投资收到的现金		
取得借款收到的现金	270	
收到其他与筹资活动有关的现金		
筹资活动现金流入小计	270	
偿还债务支付的现金	20	
分配股利、利润或偿付利息支付的现金	152	
支付其他与筹资活动有关的现金	25	
筹资活动现金流出小计	197	
筹资活动产生的现金流量净额	73	
四、汇率变动对现金及现金等价物的影响		
五、现金及现金等价物净增加额	19	
加：期初现金及现金等价物余额	25	
六、期末现金及现金等价物余额	44	

所有者权益变动表

编制单位：香雪公司　　　　2017年度　　　　　　　　单位：万元

项目	本年金额							上年金额						
	实收资本（或股本）	资本公积	减：库存股	其他综合收益	盈余公积	未分配利润	所有者权益合计	实收资本（或股本）	资本公积	减：库存股	其他综合收益	盈余公积	未分配利润	所有者权益合计
一、上年年末余额	100	10			40	730	880							
加：会计政策变更														
前期差错更正														
二、本年年初余额	100	10			40	730	880							
三、本年增减变动金额（减少以"-"号填列）														
（一）综合收益总额						136	136							

续表

项目	本年金额						上年金额					
	实收资本（或股本）	资本公积	减：库存股	其他综合收益	盈余公积	未分配利润	所有者权益合计	实收资本（或股本）	资本公积	减：库存股	其他综合收益	盈余公积	未分配利润	所有者权益合计
（二）所有者投入和减少资本												
1.所有者投入资本												
2.股份支付计入所有者权益的金额												
3.其他												
（三）利润分配												
1.提取盈余公积					20	-20						
2.对所有者（或股东）的分配						-56	-56					

	本年金额						上年金额					
	实收资本（或股本）	资本公积	减：库存股	其他综合收益	盈余公积	未分配利润	所有者权益合计	实收资本（或股本）	资本公积	减：库存股	其他综合收益	盈余公积	未分配利润	所有者权益合计
3.其他													
（四）所有者权益内部结转													
1.资本公积转增资本（或股本）													
2.盈余公积转增资本（或股本）													
4.其他													
四、本年年末余额	100	10			60	790	960						

一、盈利分析

（一）盈利能力分析

1. 销售净利率

销售净利率是指净利润与销售收入的比率，通常用百分数表示。其计算公式为：

$$销售净利率=（净利润\div销售收入）\times 100\%$$

该比率越大，企业的盈利能力越强。根据香雪公司的财务报表数据：

本年销售净利率=（136÷3000）×100%=4.53%

上年销售净利率=（160÷2850）×100%=5.61%

变动=4.53%-5.61%= -1.08%

"销售收入"是利润表的第一行数字，"净利润"是利润表的最后一行数字，两者相除可以概括企业的全部经营成果。它表明每 1 元销售收入与其成本费用之间可以"挤"出来的净利润。

2. 资产净利率

资产净利率是指净利润与总资产的比率，它反映每 1 元资产创造的净利润。其计算公式为：

$$资产净利率=（净利润\div总资产）\times 100\%$$

根据香雪公司的财务报表数据：

本年资产净利率=（136÷2000）×100%=6.8%

上年资产净利率=（160÷1680）×100%=9.5238%

变动=6.8%-9.5238%= -2.7238%

资产净利率是企业盈利能力关键。虽然股东报酬由资产净利率和财务杠杆共同决定，但提高财务杠杆会同时增加企业风险，往往并不增加企业价值。此外，财务杠杆的提高有诸多限制，企业经常处于财务杠杆不可能再提高的临界状态。因此，驱动权益净利率的基本动力是资产净利率。

3. 权益净利率

权益净利率是净利润与股东权益的比率，它反映每 1 元股东资本赚取的净利润，可以衡量企业的总体盈利能力。

其计算公式为：

$$权益净利率=（净利率\div股东权益）\times 100\%$$

根据香雪公司的财务报表数据：

本年权益净利率=（136÷960）×100%=14.1667%

上年权益净利率=（160÷880）×100%=18.1818%

权益净利率的分母是股东的投入，分子是股东的所得。对于股权投资者来说，具有非常好的综合性，概括了企业的全部经营业绩和财务业绩。香雪公司本年股东的报酬率减少了，总体来讲不如上一年。

4.总资产报酬率

总资产报酬率是指企业一定时期内获得的报酬总额与资产平均总额的比率。它表示企业包括净资产和负债在内的全部资产的总体获利能力，用以评价企业运用全部资产的总体获利能力，是评价企业资产运营效益的重要指标。

其计算公式为：

总资产报酬率=（利润总额+利息支出）/平均资产总额×100%

根据香雪公司的财务报表数据：

本年总资产报酬率=（200+110）/（2000+1680）÷2×100%=16.85%

总资产报酬率表示企业全部资产获取收益的水平，全面反映了企业的获利能力和投入产出状况。该指标越高，表明企业投入产出的水平越好，企业的资产运营越有效。

5.营业利润率

营业利润率是指企业的营业利润与营业收入的比率。它是衡量企业经营效率的指标，反映了在考虑营业成本的情况下，企业管理者通过经营获取利润的能力。

其计算公式为：

营业利润率=（营业利润÷营业收入）×100%

根据香雪公司的财务报表数据：

本年营业利润率=156÷3000×100%=5.2%

上年营业利润率=163÷2850×100%=5.72%

营业利润率越高，说明企业百元商品销售额提供的营业利润越多，企业的盈利能力越强；反之，此比率越低，说明企业盈利能力越弱。

6.成本费用利润率

成本费用利润率是企业一定期间的利润总额与成本、费用总额的比率。其计算公式为：

成本费用利润率=（利润总额÷成本费用总额）×100%

根据香雪公司的财务报表数据：

本年成本费用利润率=200÷（2644+22+46+110）×100%=7.09%

上年成本费用利润率=235÷（2503+20+40+96）×100%=8.84%

成本费用利润率指标表明每付出 1 元成本费用可获得多少利润，体现了经营耗费所带来的经营成果。该项指标越高，利润就越大，反映企业的经济效益越好。

（二）盈利质量分析

1. 全部资产现金回收率

全部资产现金回收率是经营活动现金净流量与平均资产总额的比率。其计算公式为：

全部资产现金回收率=（经营活动现金净流量÷平均资产总额）×100%

根据香雪公司的财务报表数据：

全部资产现金回收率=323÷(2000+1680)÷2×100%=17.55%

全部资产现金回收率旨在考评企业全部资产产生现金的能力，该比值越大越好。比值越大说明资产利用效果越好，利用资产创造的现金流入越多，整个企业获取现金能力越强，经营管理水平越高。反之，则经营管理水平越低，经营者有待提高管理水平，进而提高企业的经济效益。一般与行业平均水平相比进行分析。

2. 盈利现金比率

盈利现金比率是经营现金净流量与净利润的比率。其计算公式为：

盈利现金比率=（经营现金净流量÷净利润）×100%

根据香雪公司的财务报表数据：

本年盈利现金比率=323÷136=2.375

上年盈利现金比率=323÷160=2.01

盈利现金比率反映本期经营活动产生的现金净流量之间的比率关系，一般情况下，该比率越大，企业盈利质量也就越强。该比率越大，企业盈利质量越强，其值一般应大于1。当比率小于1时，说明企业本期净利润中尚存在没有实现的现金收入，在这种情况下，即使企业盈利，也可能发生现金短缺，严重时会导致破产。

3. 销售收现比率

销售收现比率是销售商品或提供劳务收到的现金与主营业务收入净额的比率。其计算公式为：

销售收现比率=（销售商品或提供劳务收到的现金÷主营业务收入净额）×100%

根据香雪公司的财务报表数据：

本年销售收现比率=2810÷3000=0.94

数值越大表明销售收现能力越强，销售质量越高。

该指标反映公司每 1 元主营业务收入中,有多少实际收到现金的收益。一般地,其数值越大表明公司销售收现能力越强,销售质量越高。比率等于或基本等于 1,说明本期销售收到的现金与本期的销售收入基本一致,没有形成挂账,资金周转良好;该比率大于 1,即本期收到的销售现金大于本期主营业务收入,不仅当期销售全部变现,部分前期应收款项也被收回,这种状况应与应收款项的下降相对应;该比率小于 1,即本期销售收到的现金小于当期的主营业务收入,说明账面收入高,而变现收入低,应收款项增多,必须关注其债权资产的质量和信用政策的调整。

二、偿债能力分析

1. 净运营资本

净营运资本是指流动资产超过流动负债的部分。其计算公式如下:

净营运资本=流动资产-流动负债
　　　　　=长期资本-长期资产

根据香雪公司的财务报表数据:

本年净营运资本=700-300=400(万元)

上年净营运资本=610-220=390(万元)

如果流动资产与流动负债相等,并不足以保证偿债。企业必须保持流动资产大于流动负债,即保有一定数额的净营运资本作为安全边际,以防止流动负债"穿透"流动资产。香雪公司现存 300 万元流动负债的具体到期时间不易判断,现存 700 万元的流动资产生成现金的金额和时间也不好预测,净营运资本 400 万元是流动负债"穿透"流动资产的"缓冲垫"。因此,净营运资本越多,流动负债的偿还越有保障,短期偿债能力越强。

2. 流动比率

流动比率是全部流动资产与流动负债的比值。其计算公式如下:

流动比率=流动资产÷流动负债

根据香雪公司的财务报表数据:

本年流动比率=700÷300=2.33

上年流动比率=610÷220=2.77

流动比率是相对数,排除了企业规模不同的影响,更适合同业比较以及本企业不同历史时期的比较。流动比率假设全部流动资产都可用于偿还流动负债,表明每 1 元流动负债有多少流动资产作为偿债保障。香雪公司的流动比率降低了 0.44(2.77-2.33),即为每 1 元流动负债提供的流动资产保障减少了 0.44 元。

3. 速动比率

流动比率是速动资产与流动负债的比值。其计算公式如下：

速动比率=速动资产÷流动负债

根据香雪公司的财务报表数据：

本年速动比率=（44+6+14+398+12）÷300=1.58

上年速动比率=（25+12+11+199+22）÷220=1.22

速动比率假设速动资产是可偿债资产，表明每1元流动负债有多少速动资产作为偿债保障。ABC 公司的速动比率比上年提高了0.36，说明为每1元流动负债提供的速动资产保障增加0.36元。

与流动比率一样，不同行业的速动比率差别很大。例如，采用大量现金销售的商店，几乎没有应收款项，速动比率大大低于1很正常。相反，一些应收款项较多的企业，速动比率可能要大于1。

4.现金比率

速动资产中，流动性最强、可直接用于偿债的资产称为现金资产。现金资产包括货币资金、交易性金融资产等。与其他速动资产不同，它们本身就是可以直接偿债的资产，而非速动资产需要等待不确定的时间，才能转换为不确定金额的资金。

现金资产与流动负债的比值称为现金比率，其计算公式如下：

现金比率=（货币资金+交易性金融资产）÷流动负债

根据香雪公司的财务报表数据：

本年现金比率=（44+6）÷300=0.167

上年现金比率=（25+12）÷220=0.168

现金比率假设现金资产是可偿债资产，表明每 1 元流动负债有多少现金资产作为偿债保障。香雪公司的现金比率比上年下降 0.001，说明企业为每 1 元流动负债提供的现金资产保障下降了 0.001 元。

5.现金流量比率

经营活动现金流量净额与流动负债的比值，称为现金流量比率。其计算公式如下：

现金流量比率=经营活动现金流量净额÷流动负债

根据香雪公司的财务报表数据：

现金流量比率=323÷300=1.08

公式中的"经营活动现金流量净额"，通常使用现金流量表中的"经营活动产生的现金流量净额"。它代表企业自发创造现金的能力，已经扣除了经营活动自身所需的现金流出，是可以用来偿债的现金流量。

公式中的"流动负债"，通常采用资产负债表中的"流动负债"的期末数而非平均数，因为实际需要偿还的是期末金额，而非平均金额。

现金流量比率表明每 1 元流动负债的经营活动现金流量保障程度。该比率越高，偿债能力越强。

6. 资产负债率

资产负债率是总负债占总资产的百分比。

其计算公式如下：

资产负债率=（总负债÷总资产）×100%

该比值越低，企业偿债越有保证，贷款越安全。

根据香雪公司的财务报表数据：

本年资产负债率=（1040÷2000）×100%=52%

上年资产负债率=（800÷1680）×100%=48%

资产负债率反映总资产中有多大比例是通过负债取得的。它可以衡量企业清算时对债权人利益的保护程度。资产负债率越低，企业偿债越有保证，贷款越安全。资产负债率还代表企业的举债能力。一个企业的资产负债率越低，举债越容易。如果资产负债率高到一定程度，没有人愿意提供贷款了，则表明企业的举债能力已经用尽。

7. 产权比率与权益乘数

产权比率和权益乘数是资产负债率的另外两种表现形式，它和资产负债率的性质一样，其计算公式如下：

产权比率=总负债÷股东权益 权益乘数=总资产÷股东权益

根据香雪公司的财务报表数据：

本年产权比率=（1040÷960）×100%=1.0833

本年权益乘数=（2000÷960）×100%=2.0833

产权比率表明每 1 元股东权益借入的债务额，权益乘数表明每 1 元股东权益拥有的资产额，它们是两种常用的财务杠杆比率。财务杠杆既表明债务多少，又与偿还能力有关。财务杠杆影响资产净利率和权益净利率之间的关系，还表明权益净利率的风险高低，与盈利能力有关。

8. 利息保障倍数

利息保障倍数是指息税前利润对利息费用的倍数。其计算公式如下：

利息保障倍数=息税前利润÷利息费用=（净利润+利息费用+所得税费用）÷利息费用

根据香雪公司的财务报表数据：

本年利息保障倍数=（136+110+64）÷110=2.82

上年利息保障倍数=（160+96+75）÷96=3.45

利息保障倍数表明每 1 元利息支付有多少倍的息税前利润做保障，可以反映企业的长期偿债能力。通常可以用财务费用金额作为利息费用，也可以根据报表附注确定更准确的利息费用金额。利息保障倍数越大，利息支付越有保障。

9.现金流量利息保障倍数

现金流量利息保障倍数，是指经营活动现金流量净额对利息费用的倍数。其计算公式如下：

现金流量利息保障倍数=经营活动现金流量净额÷利息费用

根据香雪公司的财务报表数据：

本年现金流量利息保障倍数=323÷110=2.94

现金流量利息保障倍数是现金基础的利息保障倍数，表明每 1 元利息费用有多少倍的经营活动现金流量净额作保障。它比利润基础的利息保障倍数更可靠，因为实际用以支付利息的是现金，而不是利润。

10.经营现金流量债务比

现金流量债务比，是指经营活动现金流量净额与债务总额比率。其计算公式为：

经营现金流量债务比=（经营活动现金流量净额÷债务总额）×100%

根据香雪公司的财务报表数据：

本年经营现金流量债务比=（323÷1040）×100%=31%

一般来讲，该比率中的债务总额采用期末数而非平均数，因为实际需要偿还的是期末金额，而非平均金额。

该比率表明企业用经营活动现金流量净额偿付全部债务的能力。比率越高，偿还债务总额的能力越强。

三、营运能力分析

1.应收账款周转率

应收账款周转率是销售收入与应收账款的比率，它有三种表示形式：应收账款周转次数、应收账款周转天数和应收账款与收入比。

其计算公式如下：

应收账款周转次数=销售收入÷应收账款

应收账款周转天数=365÷（销售收入÷应收账款）

应收账款与收入比=应收账款÷销售收入

根据香雪公司的财务报表数据

本年应收账款周转次数=3000÷398=7.5（次/年）

本年应收账款周转天数=365÷（3000÷398）=48.4（天/年）

本年应收账款与收入比=398÷3000=13.3%

应收账款周转次数，表明 1 年中应收账款周转的次数，或者说明每 1 元应收账款投资支持的销售收入。应收账款周转天数，也称为应收账款收现期，表明从销售开始到回收现金平均需要的天数。应收账款与收入比，则表明每 1 元销售收入需要的应收账款投资。

2. 存货周转率

存货周转率是销售收入与存货的比率，也有三种计量方式。其计算公式如下：

存货周转次数=销售收入÷存货

存货周转天数=365÷（销售收入÷存货）

存货与收入比=存货÷销售收入

根据香雪公司的财务报表数据：

本年存货周转次数=3000÷119=25.2（次/年）

本年存货周转天数=365÷（3000÷119）=14.5（天/次）

本年应收账款与收入比=119÷3000=4%

存货周转次数，表明 1 年中存货周转的次数，或者说明每 1 元存货支持的销售收入。存货周转天数表明存货周转一次需要的时间，也就是存货转换成现金平均需要的时间。存货与收入比，表明每 1 元销售收入需要的存货投资。存货过多会浪费资金，存货过少不能满足流转需要，在特定的生产经营条件下存在一个最佳的存货水平。

3. 流动资产周转率

流动资产周转率是销售收入与流动资产的比率，也有三种计量方式。其计算公式为：

流动资产周转次数=销售收入÷流动资产

流动资产周转天数=365÷（销售收入÷流动资产）

=365÷流动资产周转次数流动资产与收入比

=流动资产÷销售收入

根据香雪公司的财务报表数据：

本年流动资产周转次数=3000÷700=4.3（次/年）

本年流动资产周转天数=365÷（3000÷700）=85.2（天/次）

本年流动资产与收入比=700÷3000=23.3%

流动资产周转次数，表明 1 年中流动资产周转的次数，或者说明每 1 元流动资产支持的销售收入。流动资产周转天数表明流动资产周转一次需要的时间，也就是期末流动资产转换成现金平均需要的时间。流动资产与收入比，表明每 1 元销售收入需要的流动资产投资。

4. 净营运资本周转率

净营运资本周转率是销售收入与净营运资本的比率，也有三种计量方式。其计算公式为：

净营运资本周转次数=销售收入÷净营运资本

净营运资本周转天数=365÷（销售收入÷净营运资本）

净营运资本与收入比=净营运资本÷销售收入

根据香雪公司的财务报表数据：

本年净营运资本周转次数=3000÷400=7.5（次/年）

本年净营运资本周转天数=365÷（3000÷400）=48.7（天/次）

本年净营运资本与收入比=400÷3000=13.3%

净营运资本周转次数，表明1年中净营运资本周转的次数，或者说明每1元净营运资本支持的销售收入。净营运资本周转天数表明净营运资本周转一次需要的时间，也就是净营运资本转换成现金平均需要的时间。净营运资本与收入比，表明每1元销售收入需要的净营运资本投资。

5.非流动资产周转率

非流动资产周转率是销售收入与非流动资产的比率，也有三种计量方法。

其计算公式为：

非流动资产周转次数=销售收入÷非流动资产

非流动资产周转天数=365÷（销售收入÷非流动资产）

=365÷非流动资产周转数

非流动资产与收入比=非流动资产÷销售收入

根据香雪公司的财务报表数据：

本年非流动资产周转次数=3000÷1300=2.3（次/年）

本年非流动资产周转天数=365÷（3000÷1300）=158.2（天/次）

本年非流动资产与收入比=1300÷3000=43.3%

非流动资产周转次数，表明1年中非流动资产周转的次数，或者说明每1元非流动资产支持的销售收入。非流动资产周转天数表明非流动资产周转一次需要的时间，也就是非流动资产转换成现金平均需要的时间。非流动资产与收入比，表明每1元销售收入需要的非流动资产投资。

非流动资产周转率反映非流动资产的管理效率。主要是针对投资预算和管理进行分析，以确定投资与竞争战略是否一致，收购和剥离政策是否合理。

6.总资产周转率

总资产周转率是销售收入与总资产的比率，也有三种计量方法。

总资产周转次数=销售收入÷总资产

总资产周转天数=365÷（销售收入÷总资产）

=365÷总资产周转次数

总资产与收入比=总资产÷销售收入

根据香雪公司的财务报表数据：

本年总资产周转次数=3000÷2000=1.5（次/年）

本年总资产周转天数=365÷（3000÷2000）=243.3（天/次）

本年总资产与收入比=2000÷3000=66.7%

总资产周转次数，表明1年中总资产周转的次数，或者说明每1元总资产支持的销售收入。总资产周转天数表明总资产周转一次需要的时间，也就是总资产转换成现金平均需要的时间。总资产与收入比，表明每1元销售收入需要的总资产投资。

四、发展能力分析

1. 股东权益增长率

股东权益增长率是本期股东权益增加额与股东权益期初余额比率，股东权益的增加反映了股东财富的增加。

其计算公式如下：

股东权益增长率=（本期股东权益增加额÷股东权益期初余额）×100%

根据香雪公司的财务报表数据：

股东权益增长率=(960－880)÷880×100%=9.09%

从股东权益增长率可以看出，2015年至2016年该公司的股东权益有一定幅度的上升，增长率达到了9.09%。这说明2016年度香雪公司的资本累积情况较好，有较为强劲的发展势头；该公司资本的保全性得以增强，持续发展能力比较乐观。

2. 资产增长率

资产增长率是本期资产增加额与资产期初余额的比率。其计算公式如下：

资产增长率=（本期资产增加额÷资产期初余额）×100%

根据香雪公司的财务报表数据：

资产增长率=(2000－1680)÷1680×100%=19.05%

资产增长率衡量企业本期资产规模的增长情况，评价企业经营规模总量上的扩张程度。它是从企业资产总量扩张衡量企业的发展能力，表明企业规模增长水平对企业发展后劲的影响。此外，企业在资产扩张的同时，应注意资产规模扩张的质与量的关系，以及企业的后续发展能力，避免资产盲目扩张。

3. 销售增长率

销售增长率是本期营业收入增加额与上期营业收入的比率。

其计算公式如下：

销售增长率=（本期营业收入增加额÷上期营业收入）×100%

根据香雪公司的财务报表数据：

销售增长率=(3000－2850)÷2850×100%=5.26%

销售增长率是衡量企业经营状况和市场占有能力、预测企业经营业务拓展趋势的重要指标，也是企业扩张增量资本和存量资本的重要前提。该指标越大，表明其增长速度越快，企业市场前景越好。

4. 净利润增长率

净利润增长率是本期净利润增加额与上期净利润的比率。其计算公式如下：

净利润增长率=（本期净利润增加额÷上期净利润）×100%

根据香雪公司的财务报表数据：

净利润增长率=(136－160)÷160×100%= -15%

净利润增长率代表企业当期净利润比上期净利润的增长幅度，指标值越大代表企业盈利能力越强。香雪公司净利润增长率为负数，表示该公司的盈利能力近期出现了问题，应通过对比财务数据来分析具体下降原因。营业利润增长率营业利润增长率是本期营业利润增加额与上期营业利润的比率。其计算公式如下：

营业利润增长率=（本期营业利润增加额÷上期营业利润）×100%

根据香雪公司的财务报表数据：

营业利润增长率=(156－163)÷163×100%= -4.29%

营业利润增长率反映企业营业利润的增减变动情况，体现企业经营活动盈利水平的增长速度。香雪公司增长率营业利润为负数，表示该公司近期的盈利能力有所下降。

第三节　上市公司基本财务分析

一、上市公司特殊财务分析指标

(一) 每股收益

每股收益是综合反映企业获利能力的重要指标，可以用来判断和评价管理层的经营业绩。

1. 基本每股收益

基本每股收益的计算公式为：

基本每股收益=归属于公司普通股股东的净利润÷发行在外的普通股加权平均数

例：某上市公司 20×× 年度归属于普通股股东的净利润为 25 000 万元。2016 年末的股本为 8 000 万股，2017 年 2 月 8日，经公司 2016 年度股东大会决议，以截至2016 年末公司总股本为基础，向全体股东每 10 股送红股 10 股，工商注册登记变更完成后公司总股本变为 16 000 万股。2016 年 11 月 29 日发行新股 6 000 万股。

基本每股收益 =25 000÷（8 000+8 000+6 000×1/12）≈ 1.52(元/股)

在上例计算中，公司 2016 年度分配 10 送 10 导致股本增加 8 000 万股，由于送红股是将公司以前年度的未分配利润转为普通股，转化与否都一直作为资本使用，因此新增的这 8 000 万股不需要按照实际增加的月份加权计算，可以直接计入分母；而公司发行新股 6 000 万股，这部分股份由于在 11 月底增加，对全年的利润贡献只有1 个月，因此应该按照 1/12 的权数进行加权计算。

假设该公司 2017 年流通在外普通股 100 万股，根据该公司的财务报表数据：

本年每股收益=136÷100=1.36（元/股）

2. 稀释每股收益

企业存在稀释性潜在普通股的，应当计算稀释每股收益。潜在普通股主要包括：可转换公司债券、认股权证和股份期权等。

（1）可转换公司债券。对于可转换公司债券，计算稀释每股收益时，分子的调整项目为可转换公司债券当期已确认为费用的利息等的税后影响额；分母的调整项目为假定可转换公司债券当期期初或发行日转换为普通股的股数加权平均数。

（2）认股权证和股份期权。认股权证、股份期权等的行权价格低于当期普通股平均市场价格时，应当考虑其稀释性。

计算稀释每股收益时，作为分子的净利润金额一般不变；分母的调整项目为增加的普通股股数，同时还应考虑时间权数。

行权价格和拟行权时转换的普通股股数，按照有关认股权证合同和股份期权合约确定。公式中的当期普通股平均市场价格，通常按照每周或每月具有代表性的股票交易价格进行简单算术平均计算。在股票价格比较平稳的情况下，可以采用每周或每月股票的收盘价作为代表性价格；在股票价格波动较大的情况下，可以采用每周或每月股票最高价与最低价的平均值作为代表性价格。无论采用何种方法计算平均市场价格，一经确定，不得随意变更，除非有确凿证据表明原计算方法不再适用。当期发行认股权证或股份期权的，普通股平均市场价格应当自认股权证或股份期权的发行日起计算。

例：某上市公司 2016 年 7 月 1 日按面值发行年利率 3%的可转换公司债券，面值 10 000 万元，期限为 5 年，利息每年末支付一次，发行结束一年后可以转换股票转换价格为每股 5 元，即每 100 元债券可转换为每 1 元面值的普通股 20 股。2016 年该公司归属于普通股股东的净利润为 30 000 万元，2016 年发行在外的普通股加权平均数为 40 000 万股，债券利息不符合资本化条件，直接计入当期损益，所得税税率 25%。假设不考虑可转换公司债券在负债成份和权益成份之间的分拆，且债券票面利率等于实际利率。则稀释每股收益计算如下：

基本每股收益=30000÷40000=0.75元

假设全部转股，所增加的净利润 =10000×3%×6/12×（1-25%）=112.5万元

假设全部转股，所增加的年加权平均普通股股数

 = 10000÷100×20×6/12=1000万股

增量股的每股收益 =112.5÷1000= 0.1125(元)

增量股的每股收益小于原每股收益，可转换债券具有稀释作用。

稀释每股收益 =（30000 +112.5）÷（40000 +1000）≈0.73

在分析每股收益指标时，应注意企业利用回购库存股的方式减少发行在外的普通股股数，使每股收益简单增加。另外，如果企业将盈利用于派发股票股利或配售股票，就会使企业流通在外的股票数量增加，这样将会大量稀释每股收益。在分析上市公司公布的信息时，投资者应注意区分公布的每股收益是按原始股股数还是按完全稀释后的股份计算规则计算的，以免受到误导。

对投资者来说，每股收益是一个综合性的盈利概念，能比较恰当地说明收益的增长或减少。人们一般将每股收益视为企业能否成功地达到其利润目标的计量标志，也可以将其看成一家企业管理效率、盈利能力和股利来源的标志。

每股收益这一财务指标在不同行业、不同规模的上市公司之间具有相当大的可比性，因而在各上市公司之间的业绩比较中被广泛地加以引用。此指标越大，盈利能力越好，股利分配来源越充足，资产增值能力越强。

(二) 每股股利

每股股利是企业股利总额与企业流通股数的比值。其计算公式为：

每股股利 = 股利总额 ÷ 流通股数

例：某上市公司 2016 年度发放普通股股利 3 600 万元，年末发行在外的普通股股数为 12 000 万股。每股股利计算如下：

每股股利 = 3 600 ÷ 12 000 = 0.3（元）

假设香雪公司 2017 年度发放普通股股利 36 万元，2017 年流通在外普通股 100 万股。根据该公司的财务报表数据：

每股股利 = 36 ÷ 100 = 0.3（元）

每股股利反映的是上市公司每一普通股获取股利的大小。每股股利越大，则企业股本获利能力就越强；每股股利越小，则企业股本获利能力就越弱。但须注意，上市公司每股股利发放多少，除了受上市公司获利能力大小影响以外，还取决于企业的股利发放政策。如果企业为了增强企业发展后劲儿增加企业的公积金，则当前的每股股利必然会减少；反之，则当前的每股股利会增加。

反映每股股利和每股收益之间关系的一个重要指标是股利发放率，即每股股利分配额与当期的每股收益之比。借助于该指标，投资者可以了解一家上市公司的股利发放政策。

(三) 市盈率

市盈率是股票每股市价与每股收益的比率，其计算公式如下：

市盈率 = 每股市价 ÷ 每股收益

例：沿用上例的资料，同时假定该上市公司 2016 年末每股市价 30.4 元。则该公司 2017 年末市盈率计算如下：

市盈率 = 30.4 ÷ 1.52 = 20（倍）

假设香雪公司 2017 年 12 月 31 日普通股每股市价 36 元，根据该公司的财务报表数据：

本年市盈率 = 36 ÷ 1.36 = 26.47（倍）

一方面，市盈率越高，意味着企业未来成长的潜力越大，也即投资者对该股票的评价越高，反之，投资者对该股票评价越低。另一方面，市盈率越高，说明投资于该股票的风险越大，市盈率越低，说明投资于该股票的风险越小。

影响企业股票市盈率的因素有：

第一，上市公司盈利能力的成长性。如果上市公司预期盈利能力不断提高，说明企业具有较好的成长性，虽然目前市盈率较高，也值得投资者进行投资。

第二，投资者所获取报酬率的稳定性。如果上市公司经营效益良好且相对稳定，则投资者获取的收益也较高且稳定，投资者就愿意持有该企业的股票，则该企业的股票市盈率会由于众多投资者的普遍看好而相应提高。

第三，市盈率也受到利率水平变动的影响。当市场利率水平变化时，市盈率也应作相应的调整。

每股市价实际上反映了投资者对未来收益的预期。然而，市盈率是基于过去年度的收益。因此，如果投资者预期收益从当年水平大幅增长，市盈率将会相当高，也许是 20、30 或更多。但是，如果投资者预期收益由当前水平下降，市盈率将会相当低，如 10 或更少。成熟市场上的成熟公司有非常稳定的收益，通常其每股市价为每股收益的 10~12 倍。因此，市盈率反映了投资者对公司未来前景的预期。

(四) 每股净资产

每股净资产，又称每股账面价值，是指企业净资产与发行在外的普通股股数之间的比率。用公式表示为：

每股净资产 = 股东权益总额÷发行在外的普通股股数

例：某上市公司 ×× 年年末股东权益为 15 600 万元，全部为普通股，年末普通股股数为 12 000 万股。则每股净资产计算如下：

每股净资产 =15600÷12000= 1.3(元)

既有优先股，又有普通股的公司，通常只为普通股计算净资产。在这种情况下，普通股每股净资产的计算需要分两步完成。首先，从股东权益总额中减去优先股，包括优先股的清算价值及全部拖欠的股利，得出普通股权益。其次，用普通股权益除以流通在外普通股股数，确定普通股每股净资产。该过程反映了普通股股东是公司剩余所有者的事实。

假设香雪公司有优先股 10 万股，清算价值为每股 15 元，拖欠股利为每股 5 元；2017 年 12 月 31 日普通股每股市价 36 元，2017 年流通在外普通股 100 万股。根据该公司的财务报表数据：

本年每股净资产=[960-（15+5）×10] ÷100=7.6（元/股）

每股净资产显示了发行在外的每一普通股股份所能分配的企业账面净资产的价值。这里所说的账面净资产是指企业账面上的总资产减去负债后的余额，即股东权益总额。每股净资产指标反映了在会计期末每一股份在企业账面上到底值多少钱，它与股票面值、发行价值、市场价值乃至清算价值等往往有较大差距。

利用该指标进行横向和纵向对比，可以衡量上市公司股票的投资价值。如在企业性质相同、股票市价相近的条件下，某一企业股票的每股净资产越高，则企业发展潜力与其股票的投资价值越大，投资者所承担的投资风险越小。但是也不能一概而论，在市场投机气氛较浓的情况下，每股净资产指标往往不太受重视。投资者，特别是短线投资者注重股票市价的变动，有的企业的股票市价低于其账面价值，投资者会认为这个企业没有前景，从而失去对该企业股票的兴趣；如果市价高于其账面价值，而且差距较大，投资者会认为企业前景良好，有潜力，因而甘愿承担较大的风险购进该企业股票。

（五）市净率

市净率是每股市价与每股净资产的比率，是投资者用以衡量、分析个股是否具有投资价值的工具之一。市净率的计算公式如下：

$$市净率 = 每股市价 \div 每股净资产$$

例：沿用上面资料，同时假定该上市公司 2016 年年末每股市价为 3.9 元，则该公司 2016 年年末市净率计算如下：

市净率 =3.9÷1.3= 3(倍)

假设香雪公司普通股每股市价 36 元，每股净资产 7.6 元，则该公司 2017 年年末市净率计算如下：

本年市净率=36÷7.6=4.74（倍）

净资产代表的是全体股东共同享有的权益，是股东拥有公司财产和公司投资价值最基本的体现，它可以用来反映企业的内在价值。一般来说，市净率较低的股票，投资价值较高；反之，则投资价值较低。但有时较低市净率反映的可能是投资者对公司前景的不良预期，而较高市净率则相反。因此，在判断某支股票的投资价值时，还要综合考虑当时的市场环境以及公司经营情况、资产质量和盈利能力等因素。

（六）市销率

市销率（或称为收入乘数）是指普通股每股市价与每股销售收入的比率，它反映普通股股东愿意为每 1 元销售收入支付的价格。其中，每股销售收入是指销售收入与流通在外普通股加权平均股数的比率，它反映每只普通股创造的销售收入。其计算公式如下：

$$市销率 = 每股市价 \div 每股销售收入$$

假设 2017 年 12 月 31 日普通股每股市价 36 元，2016 年流通在外普通股 100 万股，根据香雪公司的财务报表数据：

本年每股销售收入=3000÷100=30（元/股）

本年市销率=36÷30=1.2（倍）

二、管理层讨论与分析

管理层讨论与分析是上市公司定期报告中管理层对于本企业过去经营状况的评价

分析以及对企业和未来发展趋势的前瞻性判断，是对企业财务报表中所描述的财务状况和经营成果的解释，是对经营中固有风险和不确定性的揭示，同时也是对企业未来发展前景的预期。

管理层讨论与分析是上市公司定期报告的重要组成部分。要求上市公司编制并披露管理层讨论与分析的目的在于，使公众投资者能够有机会了解管理层自身对企业财务状况与经营成果的分析评价，以及企业未来一定时期内的计划。这些信息在财务报表及附注中并没有得到充分揭示，对投资者的投资决策却相当重要。

管理层讨论与分析信息大多涉及"内部性"较强的定性型软信息，无法对其进行详细的强制规定和有效监控，因此，西方国家的披露原则是强制与自愿相结合，企业可以自主决定如何披露这类信息。我国也基本实行这种原则，如中期报告中的"管理层讨论与分析"部分以及年度报告中的"董事会报告"部分，都是规定某些管理层讨论与分析信息必须披露，而另一些管理层讨论与分析信息鼓励企业自愿披露。

上市公司"管理层讨论与分析"主要包括两部分：报告期间经营业绩变动的解释与前瞻性信息。

1. 报告期间经营业绩变动的解释

（1）分析企业主营业务及其经营状况。

（2）概述企业报告期内总体经营情况，列示企业主营业务收入、主营业务利润、净利润的同比变动情况，说明引起变动的主要影响因素。企业应当对前期已披露的企业发展战略和经营计划的实现或实施情况、调整情况进行总结，若企业实际经营业绩较曾公开披露过的本年度盈利预测或经营计划低10%以上或高20%以上，应详细说明造成差异的原因。企业可以结合企业业务发展规模、经营区域、产品等情况，介绍与企业业务相关的宏观经济层面或外部经营环境的发展现状和变化趋势，企业的行业地位或区域市场地位，分析企业存在的主要优势和困难，分析企业经营和盈利能力的连续性和稳定性。

（3）说明报告期企业资产构成、企业销售费用、管理费用、财务费用、所得税等财务数据同比发生重大变动的情况及发生变化的主要影响因素。

（4）结合企业现金流量表相关数据，说明企业经营活动、投资活动和筹资活动产生的现金流量的构成情况，若相关数据发生重大变动，应当分析其主要影响因素。

（5）企业可以根据实际情况对企业设备利用情况、订单的获取情况、产品的销售或积压情况、主要技术人员变动情况等与企业经营相关的重要信息进行讨论和分析。

（6）企业主要控股企业及参股企业的经营情况及业绩分析。

2. 企业未来发展的前瞻性信息

（1）企业应当结合回顾的情况，分析所处行业的发展趋势及企业面临的市场竞争格局。产生重大影响的，应给予管理层基本判断的说明。

（2）企业应当向投资者提示管理层所关注的未来企业发展机遇和挑战，披露企业发展战略，以及拟开展的新业务、拟开发的新产品、拟投资的新项目等。若企业存在多种业务的，还应当说明各项业务的发展规划。同时，企业应当披露新年度的经营计划，包括(但不限于)收入、费用成本计划以及新年度的经营目标，如销售额的提升、市场份额的扩大、成本升降、研发计划等，为达到上述经营目标拟采取的策略和行动。企业可以编制并披露新年度的盈利预测，该盈利预测必须经过具有证券期货相关业务资格的会计师事务所审核并发表意见。

（3）企业应当披露为实现未来发展战略所需的资金需求及使用计划，以及资金来源情况，说明维持企业当前业务完成在建投资项目的资金需求，未来重大的资本支出计划等，包括未来已知的资本支出承诺、合同安排、时间安排等。同时，对企业资金来源的安排、资金成本及使用情况进行说明。企业应当区分债务融资、表外融资、股权融资、衍生产品融资等项目对企业未来资金来源进行披露。

（4）所有风险因素(包括宏观政策风险、市场或业务经营风险、财务风险、技术风险等)，企业应当针对自身特点进行风险揭示，披露的内容应当充分、准确、具体。同时企业可以根据实际情况，介绍已(或拟)采取的对策和措施，对策和措施应当内容具体，具备可操作性。

第四节 财务评价与考核

财务分析的最终目的在于全面、准确、客观地揭示与披露企业财务状况和经营情况，并借以对企业经济效益优劣作出合理的评价。显然，要达到这样一个分析目的，仅仅测算几个简单、孤立的财务比率，或者将一些孤立的财务分析指标堆砌在一起，彼此毫无联系地考察，不可能得出合理、正确的综合性结论的，有时甚至会得出错的结论。因此，只有将企业偿债能力、营运能力、投资收益实现能力以及发展趋势等各项分析指标有机地联系起来，作为一套完整的体系，相互配合使用，作出系统地综合评价，才能从总体意义上把握企业财务状况和经营情况的优劣。

综合分析的意义在于能够全面、正确地评价企业的财务状况和经营成果，因为局部不能替代整体，某项指标的好坏不能说明整个企业经济效益的高低。除此之外，综合分析的结果在进行企业不同时期比较分析和不同企业之间比较分析时消除了时间上和空间上的差异，使之更具有可比性，有利于总结经验、吸取教训、发现差距、赶超先进。进而，从整体上、本质上反映和把握企业生产经营的财务状况和经营成果。

一、企业综合绩效分析的方法

企业综合绩效分析方法是沃尔评分法，企业财务综合分析的先驱者之一是亚历山大·沃尔。他在 20 世纪初出版的《信用晴雨表研究》和《财务报表比率分析》中提出了信用能力指数的概念，他把若干个财务比率用线性关系结合起来，以此来评价企业的信用水平，被称为沃尔评分法。他选择了七种财务比率，分别给定了其在总评价中所占的比重，总和为 100 分；然后，确定标准比率，并与实际比率相比较，评出每项指标的得分，求出总评分。

例：某企业是一家中型电力企业，2017 年的财务状况评分的结果如下表所示。

沃尔综合评分表

财务比率	比重 1	标准比率% 2	实际比率% 3	相对比率% 4 = 3÷2	综合指数 5 = 1×4
流动比率	25	2.00	1.66	0.83	20.75
净资产/负债	25	1.50	2.39	1.59	39.75
资产/固定资产	15	2.50	1.84	0.736	11.04
销售成本/存货	10	8	9.94	1.243	12.43
销售收入/应收账款	10	6	8.61	1.435	14.35

续表

财务比率	比重 1	标准比率 2	实际比率 3	相对比率 4＝3÷2	综合指数 5＝1×4
销售收入/固定资产	10	4	0.55	0.1375	1.38
销售收入/净资产	5	3	0.40	0.133	0.67
合　　计	100				100.37

从表中可知，该企业的综合指数为 100.37，总体财务状况是不错的，综合评分达到标准的要求。但由于该方法技术上的缺陷，夸大了达到标准的程度。尽管沃尔评分法在理论上还有待证明，在技术上也不完善，但它还是在实践中被广泛地加以应用。

沃尔评分法从理论上讲，有一个弱点，就是未能证明为什么要选择这七个指标，而不是更多些或更少些，或者选择别的财务比率，以及未能证明每个指标所占比重的合理性。沃尔的分析法从技术上讲有一个问题，就是当某一个指标严重异常时，会对综合指数产生不合逻辑的重大影响。这个缺陷是由相对比率与比重相"乘"而引起的。财务比率提高一倍，其综合指数增加 100%；而财务比率缩小一倍，其综合指数只减少 50%。

现代社会与沃尔的时代相比，已有很大的变化。一般认为企业财务评价的内容首先是盈利能力，其次是偿债能力，最后是成长能力，它们之间大致可按 5∶3∶2 的比重来分配。盈利能力的主要指标是总资产报酬率、销售净利率和净资产收益率，这三个指标可按 2∶2∶1 的比重来安排。偿债能力有四个常用指标。成长能力有三个常用指标(都是本年增量与上年实际量的比值)，假定仍以 100 分为总评分。

例：仍以上例中企业 2017年的财务状况为例，以中型电力生产企业的标准值为评价基础，则其综合评分标准如下表所示。

综合评分表

指　　标	评分值	标准比率(%)	行业最高比率(%)	最高评分	最低评分	每分比率的差
盈利能力：						
总资产报酬率	20	5.5	15.8	30	10	1.03
销售净利率	20	26.0	56.2	30	10	3.02

续表

指　　标	评分值	标准比率(%)	行业最高比率(%)	最高评分	最低评分	每分比率的差
净资产收益率	10	4.4	22.7	15	5	3.66
偿债能力：						
自有资本比率	8	25.9	55.8	12	4	7.475
流动比率	8	95.7	253.6	12	4	39.475
应收账款周转率	8	290	960	12	4	167.5
存货周转率	8	800	3 030	12	4	557.5
成长能力：						
销售增长率	6	2.5	38.9	9	3	12.13
净利增长率	6	10.1	51.2	9	3	13.7
总资产增长率	6	7.3	42.8	9	3	11.83
合　　计	100			150	50	

标准比率以本行业平均数为基础，在给每个指标评分时，应规定其上限和下限，以减少个别指标异常对总分造成不合理的影响。上限可定为正常评分值的 1.5 倍，下限可定为正常评分值的 0.5 倍。此外，给分不是采用"乘"的关系，而采用"加"或"减"的关系来处理，以克服沃尔评分法的缺点。例如，总资产报酬率每分比率的差为 1.03% =（15.8%－5.5%）÷（30 分－20 分）。总资产报酬率每提高 1.03%，多给 1 分，但该项得分不得超过 30 分。

根据这种方法，对该企业的财务状况重新进行综合评价，得 124.94 分（下表），是一个中等略偏上水平的企业。

财务情况评分

指 标	实际比率% 1	标准比率% 2	差异 3=1-2	每分比率%4	调整分 5=3÷4	标准评分值 6	得分 7=5+6
盈利能力:							
总资产报酬率	10	5.5	4.5	1.03	4.37	20	24.37
销售净利率	33.54	26.0	7.54	3.02	2.50	20	22.50
净资产收益率	13.83	4.4	9.43	3.66	2.58	10	12.58
偿债能力:							
自有资本比率	72.71	25.9	46.81	7.475	6.26	8	14.26
流动比率	166	95.7	70.3	39.475	1.78	8	9.78
应收账款周转率	861	290	571	167.5	3.41	8	11.41
存货周转率	994	800	194	557.5	0.35	8	8.35
成长能力:							
销售增长率	17.7	2.5	15.2	12.13	1.25	6	7.25
净利增长率	-1.74	10.1	-11.84	13.7	-0.86	6	5.14
总资产增长率	46.36	7.3	39.06	11.83	3.30	6	9.30
合 计						100	124.94

二、综合绩效评价

综合绩效评价是综合分析的一种，一般是站在企业所有者(投资人)的角度进行的。

综合绩效评价，是指运用数理统计和运筹学的方法，通过建立综合评价指标体系，对照相应的评价标准，定量分析与定性分析相结合，对企业一定经营期间的盈利能力、资产质量、债务风险以及经营增长等经营业绩和努力程度等各方面进行的综合评判。

科学地评价企业绩效，可以为出资人行使经营者的选择权提供重要依据；可以有效地加强对企业经营者的监管和约束；可以为有效激励企业经营者提供可靠依据；还可以为政府有关部门、债权人、企业职工等利益相关方提供有效的信息支持。

（一）综合绩效评价的内容

企业综合绩效评价由财务绩效定量评价和管理绩效定性评价两部分组成。

1. 财务绩效定量评价

财务绩效定量评价是指对企业一定期间的盈利能力、资产质量、债务风险和经营增长四个方面进行定量对比分析和评判。

（1）企业盈利能力分析与评判主要通过资本及资产报酬水平、成本费用控制水平和经营现金流量状况等方面的财务指标，综合反映企业的投入产出水平以及盈利质量和现金保障状况。

（2）企业资产质量分析与评判主要通过资产周转速度、资产运行状态、资产结构以及资产有效性等方面的财务指标，综合反映企业所占用经济资源的利用效率、资产管理水平与资产的安全性。

（3）企业债务风险分析与评判主要通过债务负担水平、资产负债结构或有负债情况、现金偿债能力等方面的财务指标，综合反映企业的债务水平、偿债能力及其面临的债务风险。

（4）企业经营增长分析与评判主要通过销售增长、资本积累、效益变化以及技术投入等方面的财务指标，综合反映企业的经营增长水平及发展后劲。

2. 管理绩效定性评价

管理绩效定性评价是指在企业财务绩效定量评价的基础上，通过采取专家评议的方式，对企业一定期间的经营管理水平进行定性分析与综合评判。

管理绩效定性评价指标包括企业发展战略的确立与执行、经营决策、发展创新、风险控制、基础管理、人力资源、行业影响、社会贡献等方面。

（二）综合绩效评价指标

企业综合绩效评价指标由 22 个财务绩效定量评价指标和 8 个管理绩效定性评价指标组成。

1. 财务绩效定量评价指标

财务绩效定量评价指标由反映企业盈利能力、资产质量状况、债务风险状况和经营增长状况四方面的基本指标和修正指标构成。

其中，基本指标反映企业一定期间财务绩效的主要方面，并得出财务绩效定量评价的基本结果。修正指标是根据财务指标的差异性和互补性，对基本指标的评价结果作进一步的补充和矫正。

（1）企业盈利能力状况以净资产收益率、总资产报酬率两个基本指标和销售(营业)利润率、利润现金保障倍数、成本费用利润率、资本收益率四个修正指标进行评价，主要反映企业一定经营期间的投入产出水平和盈利质量。

（2）企业资产质量状况以总资产周转率、应收账款周转率两个基本指标和不良资产比率、流动资产周转率、资产现金回收率三个修正指标进行评价，主要反映企业所占用经济资源的利用效率、资产管理水平与资产的安全性。

（3）企业债务风险状况以资产负债率、已获利息倍数两个基本指标和速动比率、现金流动负债比率、带息负债比率或有负债比率四个修正指标进行评价，主要反映企业的债务负担水平、偿债能力及其面临的债务风险。

（4）企业经营增长状况以销售(营业)增长率、资本保值增值率两个基本指标和销售(营业)利润增长率、总资产增长率、技术投入比率三个修正指标，主要反映企业的经营增长水平、资本增值状况及发展后劲。

2. 管理绩效定性评价指标

企业管理绩效定性评价指标包括战略管理、发展创新、经营决策、风险控制、基础管理、人力资源、行业影响、社会贡献八个方面的指标，主要反映企业在一定经营期间所采取的各项管理措施及其管理成效。

（1）战略管理评价主要反映企业所制定战略规划的科学性，战略规划是否符合企业实际，员工对战略规划的认知程度，战略规划的保障措施及其执行力，以及战略规划的实施效果等方面的情况。

（2）发展创新评价主要反映企业在经营管理创新、工艺革新、技术改造、新产品开发、品牌培育、市场拓展、专利申请及核心技术研发等方面的措施及成效。

（3）经营决策评价主要反映企业在决策管理、决策程序、决策方法、决策执行、决策监督、责任追究等方面采取的措施及实施效果，重点反映企业是否存在重大经营决策失误。

（4）风险控制评价主要反映企业在财务风险、市场风险、技术风险、管理风险、信用风险和道德风险等方面的管理与控制措施及效果，包括风险控制标准、风险评估程序、风险防范与化解措施等。

（5）基础管理评价主要反映企业在制度建设、内部控制、重大事项管理、信息化建设、标准化管理等方面的情况，包括财务管理、对外投资、采购与销售、存货管理、质量管理、安全管理、法律事务等。

（6）人力资源评价主要反映企业人才结构、人才培养、人才引进、人才储备、人事调配、员工绩效管理、分配与激励、企业文化建设、员工工作热情等方面的情况。

（7）行业影响评价主要反映企业主管业务的市场占有率、对国民经济及区域经济的影响与带动力、主要产品的市场认可程度、是否具有核心竞争能力以及产业引导能力等方面的情况。

（8）社会贡献评价主要反映企业在资源节约、环境保护、吸纳就业、工资福利、安全生产、上缴税收、商业诚信、和谐社会建设等方面的贡献程度和社会责任的履行情况。

各指标评价内容与权重如下表所示。

企业综合绩效评价指标及权重表

评价内容与权重		财务绩效(70%)				管理绩效(30%)	
		基本指标	权重	修正指标	权重	评议指标	权重
盈利能力状况	34	净资产收益率 总资产报酬率	20 14	销售(营业)利润率 利润现金保障倍数 成本费用利润率 资本收益率	10 9 8 9	战略管理 发展创新 经营决策 风险控制	18 15 16 13
资产质量状况	22	总资产周转率 应收账款周转率	10 12	不良资产比率 流动资产周转率 资产现金回收率	9 7 6	基础管理 人力资源 行业影响 社会贡献	14 8 8 8
债务风险状况	22	资产负债率 已获利息倍数		速动比率 现金流动负债比率 带息负债比率 或有负债比率	6 6 5		
经营增长状况	22	销售(营业)利润 资本保值增值率	12 10	销售利润增长率 总资产增值率 技术投入比率	10 7		

(三) 企业综合绩效评价标准

综合绩效评价标准分为财务绩效定量评价标准和管理绩效定性评价标准。

1. **财务绩效定量评价标准**

财务绩效定量评价标准包括国内行业标准和国际行业标准。国内行业标准根据国内企业年度财务和经营管理统计数据，运用数理统计方法，分年度、分行业、分规模统一测算。国际行业标准根据居于行业国际领先地位的大型企业相关财务指标实际值，或者根据同类型企业组相关财务指标的先进值，在剔除会计核算差异后统一测算。其中，财务绩效定量评价标准的行业分类，按照国家统一颁布的国民经济行业分类标准结合企业实际情况进行划分。

财务绩效定量评价标准按照不同行业、不同规模及指标类别，划分为优秀(A)、良好(B)、平均(C)、较低(D)、较差(E)五个档次，对应五档评价标准的标准系数分别为 1.0、0.8、0.6、0.4、0.2，较差(E)以下为 0。

2. 管理绩效定性评价标准

管理绩效定性评价标准分为优(A)、良(B)、中(C)、低(D)、差(E)五个档次。对应五档评价标准的标准系数分别为 1.0、0.8、0.6、0.4、0.2，差(E)以下为 0。

管理绩效定性评价标准具有行业普遍性和一般性，在进行评价时，应当根据不同行业的经营特点，灵活把握个别指标的标准尺度。对于定性评价标准没有列示，但对被评价企业经营绩效产生重要影响的因素，在评价时也应予考虑。

(四) 企业综合绩效评价工作程序

1. 财务绩效评价工作程序

财务绩效定量评价工作具体包括提取评价基础数据、基础数据调整、评价计分、形成评价结果等内容。

（1）提取评价基础数据。以经社会中介机构或内部审计机构审计并经评价组织机构核实确认的企业年度财务会计报表为基础提取评价基础数据。

（2）基础数据调整。为客观、公正地评价企业经营绩效，对评价基础数据进行调整。

（3）评价计分。根据调整后的评价基础数据，对照相关年度的行业评价标准值，利用绩效评价软件或手工评价计分。

（4）形成评价结果。对任期财务绩效评价需要计算任期内平均财务绩效评价分数，并计算绩效改进度；对年度财务绩效评价除计算年度绩效改进度外，需要对定量评价得分深入分析，诊断企业经营管理存在的薄弱环节，并在财务决策批复中提示有关问题，同时进行所监管企业的分配排序分析，在一定范围内发布评价结果。

2. 管理绩效评价工作程序

管理绩效定性评价工作具体包括收集整理绩效评价资料、聘请咨询专家、召开专家评议会、形成定性评价结论等内容。

（1）收集整理管理绩效评价资料。为了深入了解被评价企业的管理绩效状况，应当通过问卷调查、访谈等方式，充分收集并认真整理管理绩效评价的有关资料。

（2）聘请咨询专家。根据所评价企业的行业情况，聘请不少于 7 名的管理绩效评价咨询专家，组成专家咨询组，并将被评价企业的有关资料提前送达咨询专家。

(3）召开专家评议会。组织咨询专家对企业的管理绩效指标进行评议打分。

(4）形成定性评价结论。汇总管理绩效定性评价指标得分，形成定性评价结论。

(五) 企业综合绩效评价计分方法

1. 财务绩效评价计分

（1）基本指标计分。财务绩效定量评价基本指标计分是按照功效系数法计分原理，将评价指标实际值对照行业评价标准值，按照规定的计分公式计算各项基本指标得分。计算公式为：

基本指标总得分 = 单项基本指标得分

单项基本指标得分 = 本档基础分＋调整分本档基础分

＝ 指标权数×本档标准系数调整分

＝ 功效系数×（上档基础分－本档基础分）

上档基础分＝ 指标权数×本档标准系数

功效系数 ＝（实际值－本指标准值）÷（上档标准值－本档标准值）

本档标准值是指上下两档标准值居于较低等级一档。

（2）修正指标的计分。财务绩效定量评价修正指标的计分是在基本指标计分结果的基础上，运用功效系数法原理，分别计算盈利能力、资产质量、债务风险和经营增长四个部分的综合修正系数，再据此计算出修正后的分数。计算公式为：

修正后总得分 = Σ各部分修正后得分

各部分修正后得分 = 各部分基本指标分数×该部分综合修正系数

某部分综合修正系数 = Σ 各部分各修正指标加权修正系数

某指标加权修正系数 ＝修正指标权数÷该部分权数×该指标单项修正系数

某指标单项修正系数 = 1.0＋（本档标准系数＋功效系数×0.2－该部分基本指标分析系数）

（单项修正系数控制修正幅度为 0.7～1.3）

某部分基本指标分析系数 = 该部分基本指标得分÷该部分权数

在计算修正指标单项修正系数过程中，对于一些特殊情况应进行调整：

① 如果修正指标单项修正系数过程中，对于一些特殊情况应进行调整：

单项修正系数 = 1.2＋本档标准系数－该部分基本指标分析系数

②如果修正指标实际值处于较差值以下，其单项修正系数的计算公式如下：

单项修正系数 = 1.0－该部分基本指标分析系数

③如果资产负债率≥100%，指标得 0 分；其他情况按照规定的公式计分。

④如果盈余现金保障利润分子为正数，分母为负数，单项修正系数确定为 1.1； 如果分子为负数，分母为正数，单项修正系数确定为 0.9；如果分子分母同为负数， 单项修正

系数确定为 0.8。

⑤ 如果不良资产比率≥100%或分母为负数，单项修正系数确定为 0.8。

⑥ 对于销售(营业)利润增长率指标，如果上年主营业务利润为负数，本年为正数，单项修正系数为 1.1；如果上年主营业务利润为零，本年为正数，或者上年为负数本年为零，单项修正系数确定为 1.0。

⑦ 如果个别指标难以确定行业标准，该指标单项修正系数确定为 1.0。

2. 管理绩效评价计分

管理绩效定性评价指标的计分一般通过专家评议打分形式完成，聘请的专家应不少于 7 名；评议专家应当在充分了解企业管理绩效状况的基础上，对照评价参考标准，采取综合分析判断法，对企业管理绩效指标做出分析评议，评判各项指标所处的水平档次，并直接给出评价分数。计算公式为：

管理绩效定性评价指标分数 = Σ单项指标分数

单项指标分数 = Σ每位专家给定的单项指标分数÷专家人数

3. 综合绩效评价计分

在得出财务绩效定量评价分数和管理绩效定性评价分数后，应当按照规定的权重，耦合形成综合绩效评价分数。计算公式为：

企业综合绩效评价分数
　　= 财务绩效定量评价分数×70%＋管理绩效定性评价分数×30%

在得出评价分数以后，应当计算年度之间的绩效改进度，以反映企业年度之间经营绩效的变化状况。计算公式为：

绩效改进度 =本期绩效评价分数÷基期绩效评价分数

绩效改进度大于 1，说明经营绩效上升；绩效改进度小于 1，说明经营绩效下滑。